证券业从业资格考试辅导丛书（2011）

根据证券业从业资格考试统编教材/大纲（2011）编写

证券投资分析

杨长汉　主编

证券业从业资格考试辅导丛书（2011）编写组

杨长汉　王力伟　段 培　陈 捷　邹照洪　张洁梅　张思远

第八版

经济管理出版社
ECONOMY & MANAGEMENT PUBLISHING HOUSE

图书在版编目(CIP)数据

证券投资分析/杨长汉主编.—8 版.—北京:经济
管理出版社,2011.8
ISBN 978-7-5096-1564-5

Ⅰ.①证⋯ Ⅱ.①杨⋯ Ⅲ.①证券投资-投资分
析-资格考试-自学参考资料 Ⅳ.①F830.91

中国版本图书馆 CIP 数据核字(2011)第 164548 号

出版发行:**经济管理出版社**

北京市海淀区北蜂窝 8 号中雅大厦 11 层

电话:(010)51915602 邮编:100038

印刷:北京交通印务实业公司 经销:新华书店

组稿编辑:陆雅丽	责任编辑:陆雅丽 解淑青
责任印制:杨国强	责任校对:曹 平

787mm×1092mm/16 13.25 印张 290 千字

2011 年 8 月第 1 版 2011 年 8 月第 1 次印刷

定价:30.00 元

书号:ISBN 978-7-5096-1564-5

前 言

证券业从业人员必须通过考试取得证券业从业资格。

从 2003 年起,证券从业人员资格考试向全社会放开了。所有高中以上学历、年满 18 周岁、有完全民事行为能力的人士都可以通过证券从业人员资格考试取得证券从业人员资格。考试科目包括:证券市场基础知识、证券交易、证券发行与承销、证券投资基金、证券投资分析。报考科目学员自选。

2011 年 7 月起,证券业从业资格考试教材、大纲、考题全部更新。**学习和应试人员迫切需要加大学习、复习、培训、强化练习的力度,才能取得良好的成绩。**证券业从业人员资格考试采取计算机上机考试。往届每套试卷 160 道题,100 分满分,60 分通过。每套试卷单项选择题 60 题、不定项选择题(或多项选择题)40 题、判断题 60 题。单科考试时间为 120 分钟。考试成绩合格可取得成绩合格证书,考试成绩长年有效。通过基础科目及任意一门专业科目考试的,即取得证券从业资格,符合《证券业从业人员资格管理办法》规定的从业人员,可通过所在公司向中国证券业协会申请执业证书。

证券业从业资格考试报名采取网上报名方式。考生登录中国证券业协会网站,按照要求报名。一般年度全年四次在北京、天津、石家庄、太原、呼和浩特、沈阳、长春、哈尔滨、上海、南京、杭州、合肥、福州、南昌、济南、郑州、武汉、长沙、广州、南宁、海口、重庆、成都、贵阳、昆明、西安、兰州、西宁、银川、乌鲁木齐、大连、青岛、宁波、厦门、深圳、苏州、烟台、温州、泉州、拉萨等 40 个城市同时举行证券业从业资格考试。

2011 年 7 月,中国证券业协会发布新的证券业从业人员资格考试教材和大纲。对考试要求、内容进行了全面更新。本辅导丛书依据证券业从业人员资格考试统编教材/大纲(2011)编写,指导 2011~2012 年度的证券业从业人员资格学习和考试。

一、学习与通过证券业从业人员资格考试的意义

学习与通过证券业从业人员资格考试,**是进入证券行业的必经途径。**在证券公司、基金管理公司、资产管理公司、投资公司就业,国内外都是"金领"的职业选择。

是就业竞争的知识和能力的一个证明。知识经济时代,知识和能力是实现自我价值的根本手段。个人对知识的投资,就是对个人最好的价值投资和长期投资。通过国内证券业从业资格考试,对于证券从业和个人发展都有持续的、巨大的价值。

有广泛的高薪的就业渠道。证券行业及其他金融机构、上市公司、大型企业集团、投资公司、会计公司、财经资讯公司、政府经济管理部门等录用人员都可以参考证券资格考试成绩。持有证券资格并能够实现良好业绩的高薪人员大有人在,其年薪水平非一

般行业可比。通过国内证券业从业资格考试之后，学员继续努力考试通过如国外 CFA 考试、国内的保荐代表人考试等，年薪数十万元乃至数百万元的人才大有人在。

是提高个人财绩的重要手段。 巴菲特专门从事证券投资而成为世界首富之一，个人财富达数百亿美元。国内个人证券投资业绩超人者也大有人在。证券投资成功并不一定需要高深的专业学术理论水平，也不一定需要巨额的原始投资。掌握了基本的市场知识和规则，以价值投资的理念和方法，普通的投资者也可能实现数千万元乃至数亿元的投资增值潜力。我们坚信：本书的读者当中必然有未来的"中国巴菲特"。

是提高企业财绩的重要手段。 不会资本经营的企业只能蹒跚如企鹅，产业经营和资本经营相结合的企业才可能纵情翱翔于无限广阔的蓝天。

是深入进行金融经济学研究的极有价值的一个起点。 证券研究同样可以成就学术上的光荣与梦想，很多经济学家因为证券研究的突出贡献获得了世界经济学的最高荣誉：诺贝尔经济学奖。

二、学习方法

证券从业人员资格考试点多面广、时间紧、题量大、单题分值小，学员考前复习时间仅仅几个月时间。应考人员或者是在职人员本职工作繁忙，或者是在校学生本身学习紧张，学习证券从业资格考试课程，难度不小。我们建议的学习方法是：

1. 全面系统学习

学员对于参加考试的课程，必须紧扣当年考试大纲全面系统地学习。对于课程的所有要点，必须全面掌握。很难说什么是重点、什么不是重点。从一些重要的历史性的时间、地点、人物，到证券价值的决定、证券投资组合的模型，再到最新的政策法规，等等，都是考试的范围。

全面学习并掌握了考试课程，应付考试可以说是游刃有余，胸有成竹。任何投机取巧的方法，猜题、押题的方法，对付这样的考试，只能是适得其反。

2. 在理解的基础上记忆

客观地说，证券资格考试的课程和相关法规的内容量很大。大量的知识点和政策法规要学习，记忆量是相当大的。一般学员都会有畏难情绪。

实际上，这种考试采取标准化试题，放弃了传统的需要"死记硬背"的考试方法，排除了简答题、论述题、填空题等题型，考试的目的是了解学员对知识面的掌握。

理解也是记忆的最好前提，如果学员理解了课程内容，应付考试就已经有一定的把握了。而且理解了学习内容，更是学员将来在工作中学以致用的前提。

3. 抓住要点

学员从报考到参加考试，这个时间过程很短，往往仅有几个月的时间。在很短的时间内，学员要学习大量的课程内容和法律法规，学习任务很重，内容很多。

面对繁杂的内容，想完全记住课程所有内容是不可能的，也是不现实的，学习的最佳方式是抓住要点。

所有知识都有一个主次轻重，学员在通读教材的同时，应该根据考试大纲、考试题型标记、总结知识要点。学员学习紧扣各科考试大纲，可以取得事半功倍的效果。

4. 条理化记忆

根据人类大脑记忆的特点，人类的知识储存习惯条理化的方式。

学习过程中，学员如果能够适当进行总结，以知识树的方式进行记忆储存，课程要点可以非常清晰地保留在学员的头脑里。

学员可以参考借鉴辅导书并根据自己的理解和需要做一些归纳总结，总结各种知识框图、知识树、知识体系图。条理化记忆既可以帮助学员加深对知识的理解，又可以帮助学员提高记忆效率和效果。

5. 注重实用

证券业从业资格考试是对实际的从业能力的考查，要重点注意掌握实际工作中需要的证券知识。

考试的大量内容是学员现在或将来实际工作中要碰到的问题，包括各种目前实用的和最新的法律、法规、政策、规则、操作规程等，这些知识既是考试的重要内容，也是学员在现在和将来工作中要用到的。证券业从业资格考试学习的功利目的首先是取得证券从业资格，其次是学以致用为实际工作打好知识基础。证券业从业资格考试学习的每一个知识点，几乎在证券业实际工作当中全部都用得上而且必须要掌握。

6. 适当的培训

参加证券资格考试的人员对证券知识的掌握程度差别很大，部分学员可以通过自学顺利通过考试。由于考试难度加大，加之很多非证券专业人士学习证券从业资格课程，适当参加证券从业资格考试培训，对应考人员有很大的帮助。高质量的考试辅导可以帮助学员理解知识、掌握要点、加深记忆、优化方法、提高效率。

7. 适当的证券法规学习

证券法规，尤其是最新的重要法规，既是教材的重点内容，也是考试的重点内容，而且是逻辑最严密、文字最精简、条理最清晰的知识，可以有针对性地适当学习相关重点法律法规。

8. 不必纠缠难点

证券业从业资格考试重点是考查学员对证券业的基础知识、基本规则的掌握，这种考试不是考研究生、博士生，高深的理论研究内容不是这种考试的重点。证券业从业资格考试教材当中一些理论层次高深的内容如证券价值的决定、各类模型、风险调整、业绩评估指数等，一般掌握基本概念、基本知识即可。

9. 优化学习步骤

我们建议的学习步骤是：

第一步：根据辅导书，快速浏览模拟测试试题和出题题型特点分析，掌握考试的考点、出题方法，了解学习方法和应试方法。这样，学员学习教材才可以有的放矢。

第二步：紧扣大纲，通读教材。根据出题特点、考试大纲，标记教材重点、要点、难点、考点。

第三步：精读教材重点、要点、难点、考点。对各章进行自我测试，基本掌握各科知识。

第四步：对各科进行模拟测试。了解自己对各科知识的掌握程度，加深对各科知识的掌握。

第五步：根据自我测试的情况，进一步通读教材，精读教材重点、要点、难点、考点，保证自己对各科各章知识了然于胸。

三、报考与应试方法

学员课程学习时间只有几个月。考试当中每科考试时间 120 分钟，平均每道题的答题时间仅仅不到一分钟。如此紧张的学习与应试，没有"门道"、没有独特的方法，是很难取得良好的效果的。我们反对猜题、押题等投机取巧的方法，但是，我们建议学员应该总结和借鉴科学的、有效的应试方法。

关于学员报考，我们的建议是：学员根据自己的情况，一次报考一门、两门甚至五门全报，都可以自行选择，关键是量力而行。财经类专业院校的学生和其他有一定财经知识基础的学员，如果知识基础较好、准备时间较充裕，可以考虑一次全部报考五门课程。

根据证券从业人员资格考试出题与考试特点，学员应试可以参考以下应试方法，也可以自己总结其他的应试方法。

1. 考前高效学习

学习与应试都是有方法的。学员考前复习时间仅仅几个月，考试当中平均每道题的答题时间仅仅不到一分钟。复习准备和应试的时间都非常紧张。

"凡事预则立"，考前充分地准备、高效地学习、全面地掌握考试知识，是顺利通过考试的根本。考前学习既要全面，又要熟悉。对应的学习与应试方法既要扎实，更要高效。如何实现高效率、高质量的学习，正是我们这套丛书的价值所在。考前应该安排必要时间学习，如果临考临时抱佛脚，学习与考试的效果、感觉都会很差。

2. 均衡答题速度

考试题量大、时间少，单题分值小而且均衡。参加考试，一定要均衡答题速度，尽量做到所有试题全部解答。在单题中过多地耽误时间，对考试的整体成绩影响不利。

3. 不纠缠难题

遇到难题，可以在草稿纸上做好记号，不要纠缠，最后有时间再解决。有的考试难题，认真解析起来，花半个小时都不为过。但是，根据证券资格考试的题型和考试特点，这种考试并没有给学员答一道题半个小时的时间。

4. 考前不押题

猜题、押题，适得其反。考试原则上是全部覆盖各科主要内容的。考试主办单位采取的是从题库中随机抽题的方式，考试是国家有专门法规规范的考试。学员猜题、押题，根本没有意义。

5. 根据常识答题

学员学习时间紧张。在很短的时间里要把所有课程内容完全"死记硬背"以全部记住是不可能的。但是，绝大部分学员在平时的工作或学习当中已经对考试内容有一定的了解，可以根据学员平时对证券业知识和工作规则的了解进行答题。

6. 把握第一感觉

学习内容繁杂，考试题量大，学习和应试的时间紧张。学员面对考卷，很容易对考题的知识模棱两可。在标准化的考试中，对自己的第一感觉的把握非常重要。很多时候，学员对考题的解答，第一感觉的正确性往往比较大。犹豫、猜疑之下，往往偏离正确的判断。

7. 健康的应试心理

心理健康是搞好所有学习和工作的前提。任何负面的心理如过度紧张、急躁、投机取巧、急功近利等，对考试和学习及工作都有害无益。健康的心理是平和、达观、踏实、积极、认真、自信，等等。

四、题型解析

近年出题有时候有不定项选择题，有时候有多项选择题。有时候题目答对得分、答错倒扣分，有时候答错不得分也不倒扣分。学员考试务必要仔细审查考试答卷要求。

根据历年的考题，尤其是 2001 年以来的标准化、规范化、专业化的考题特点，从证券从业资格考试历年出题形式到出题重点内容，可以大致归纳为如下常见的出题方法和出题特点：根据重大法律、法规、政策出题；根据重大时间出题；根据重大事件出题；根据重要数量问题出题；计算题隐蔽出题；根据市场限制条件出题；根据市场禁止规则出题；根据业务程序、业务内容、业务方式出题；根据行为的主体出题；正向出题，反向出题；根据应试者容易模糊的内容出题；根据行为范围、定义外延等出题；根据主体的行为方式出题；根据主体的权利、义务出题；根据各种市场和理论原则出题；根据各种概念分类出题；根据事物的性质、特点、特征、功能、作用、趋势等出题；根据事物之间的关系出题；根据影响事物的因素出题；根据国际证券市场知识出题；等等。

对照这些题型，学员可以在学习教材过程中，模拟自测。根据出题方法和出题特点，学员在学习当中有的放矢，学习和应试事半功倍。

五、2011 年证券业从业人员资格考试辅导丛书特点

(1) 彻底更新所有知识模块。根据最新 2011 年教材、大纲编写。

(2) 研究并综合历年教材特点、考题特点、考试特点。

(3) 总结提炼了各院校及重要券商相关考前辅导的讲义和方法。

(4) 学习和辅导的方法在历年的考前培训中已经应用，效果良好。

(5) 根据学员的实际需要，直接面向学员的实际需求。

(6) 涵盖学习与应试指导、考试大纲、题型解析、各章习题、各科模拟题及参考答案。

(7) 根据历年真题，进行题型解析，使学员的学习有的放矢。

(8) 以独特的方法辅导学员，提高学员学习效率和效果，提高学员的考试通过率。

辅导书只是对参加证券从业资格考试的一种辅导、一种帮助。这里除了提供具体的知识辅导之外，**更主要的是给学员提示一种方法。**

笔者 19 年来一边参与上市公司、证券投资、私募基金、投资银行等实际工作，一边从事证券研究。很早就亲自参加并通过了证券资格各科考试。长期听取并研究了部分券商的相关专家、中央财经大学证券期货研究所、中国人民大学金融证券研究所、原中国金融学院的相关培训教程。对考试的特点、内容、方式，尤其是参加考试的学员的实际需要有一定的了解。

连续八届主编证券业从业资格考试辅导丛书，含《证券市场基础知识》、《证券投资分析》、《证券交易》、《证券发行与承销》、《证券投资基金》等，为同类书籍中畅销作品。

连续 10 年组织并主讲大量证券从业资格考试培训班，学员成绩优异。真诚希望这套丛书对参加证券业从业资格考试的学员有实际、有效的帮助。证券从业资格考试和职业发展并非难事，机遇总是青睐有准备的人，有志者事竟成，自助者天助。

六、几点说明

提示的学习方法和应试方法只是我们建议的参考方法，仅供读者参考而已。

测试题和模拟题的目的是向读者提示要点和考点、提示学习和应试的方法、帮助学员强化训练。**测试题和模拟题及其答案如有错误和疏漏之处，请以统编教材内容为准。** 对于考试的具体要求，请大家以中国证券业协会官方网站 www. sac. net. cn 公告为准。

虽然我们对编写工作的要求是"用心编写、雕刻文字"，但由于时间仓促、水平有限，难免有错误、疏漏之处，恳请读者批评、指正。诚挚欢迎读者通过 Banker12@163.com 对本书提出意见，以便再版修订。

杨长汉（杨老金）

2011 年 7 月

目 录

第一篇 《证券投资分析》考试目的与要求

　　本部分内容包括股票、债券、证券投资基金、可转换债券以及权证等的投资价值分析；宏观经济分析的基本指标，宏观经济运行、经济政策以及国际金融市场环境等与证券市场之间的关系；股票市场的供求决定因素以及变动特点；行业的一般特征、影响行业兴衰的主要因素以及行业的定性和定量分析方法；公司的基本特征分析、财务分析以及其他主要因素的分析；证券投资技术分析的主要理论以及主要技术指标；证券组合理论、资本定价模型以及证券组合的业绩评估等；金融工程的技术应用、期货（包括股指期货）的套期保值与套利以及风险管理 VAR 方法等。

　　通过本部分的学习，要求熟练掌握证券投资的价值分析、宏观经济分析、行业分析、公司分析、技术分析、证券投资组合的基础理论和应用方法以及金融工程与期货的理论与应用。

第二篇　《证券投资分析》同步辅导

第一章　证券投资分析概述

一、本章考纲

掌握证券投资的含义及证券投资分析的目标；熟悉证券投资分析理论的发展与演化；熟悉证券投资分析的基本要素；熟悉我国证券市场现存的主要投资方法及策略；掌握基本分析法、技术分析法、量化分析法的定义、理论基础和内容；熟悉证券投资分析应注意的问题；掌握证券投资分析的信息来源。

二、本章知识体系

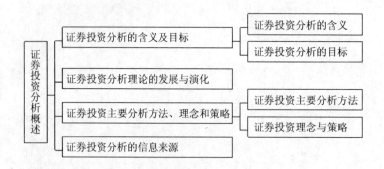

三、同步强化练习题及参考答案

同步强化练习题

一、单项选择题

1. 证券投资的理想结果是证券投资（　　）最大化。

A. 收益   B. 风险

C. 净效用   D. 股票数量

2. 投资者从事证券投资是为了获得投资回报（预期收益），但这种回报是以承担相应（   ）为代价的。

   A. 风险   B. 价格

   C. 时间成本   D. 价格波动

3. 预期收益水平越高，投资者要承担的风险也就越（   ）；预期收益水平越（   ），投资者要承担的风险也就越小。

   A. 大 低   B. 小 低

   C. 大 高   D. 小 高

4. 证券投资分析最古老、最著名的股票价格分析理论可以追溯到（   ）理论。

   A. 套利定价   B. 道氏

   C. 波浪   D. 证券组合

5. 威廉姆斯 1938 年提出了公司（股票）价值评估的（   ），为定量分析虚拟资本、资产和公司价值奠定了理论基础，也为证券投资的基本分析提供了强有力的理论根据。

   A. 股利贴现模型   B. 单因素模型

   C. 均值方差模型   D. 资本资产定价模型

6. 1939 年艾略特（R. N. Elliott）在道氏理论的基础上，提出分析预测股价变化的（   ）理论。

   A. 套利定价   B. 道氏

   C. 波浪   D. 证券组合

7. 马柯威茨发展了（   ）理论，标志着现代组合投资理论的开端。

   A. 套利定价   B. 道氏

   C. 波浪   D. 证券组合

8. 1964 年、1965 年和 1966 年，威廉·夏普、约翰·林特耐（John Lintner）和简·摩辛（Jan Mossin）三人几乎同时独立地提出了著名的（   ）。

   A. 股利贴现模型   B. 单因素模型

   C. 均值方差模型   D. 资本资产定价模型

9. 在（   ）有效市场中，证券价格充分反映了历史上一系列交易价格和交易量中所隐含的信息，从而投资者不可能通过分析以往价格获得超额利润。

   A. 弱势   B. 半强势

   C. 强势   D. 半弱势

10. （   ）作为一种企业价值评估的新概念、理论、方法和体系，最早是由美国西北大学拉巴波特、哈佛大学詹森等学者于 20 世纪 80 年代提出的。

   A. 股利贴现模型   B. 自由现金流

   C. 资本资产定价模型   D. 期权定价理论

11. （   ）作为我国中央银行，是在国务院领导下制定和实施货币政策的宏观调控部门。

A. 中国银行   B. 建设银行

C. 中国人民银行   D. 国家开发银行

12. 主要负责提供证券交易的场所和设施，接受上市申请，安排证券上市，组织、监督证券交易，对会员、上市公司进行监管等事宜的机构是（   ）。

A. 中国证券业协会   B. 中国证券监督管理委员会

C. 证券登记结算公司   D. 证券交易所

13. （   ）是国家主管财政收支、财税政策、国有资本金基础工作的宏观调控部门。

A. 中国人民银行   B. 国家税务总局

C. 财政部   D. 证监会

14. 买入持有策略是一种典型的（   ）投资策略，通常与价值型投资相联系，具有最小的交易成本和管理费用，但不能反映环境的变化。

A. 主动型   B. 被动型

C. 战略型   D. 战术型

15. 在宏观经济分析中，属于同步性指标的是（   ）。

A. 利率水平   B. 货币供给

C. GDP   D. 失业率

16. 在宏观经济分析中，属于先行性指标的是（   ）。

A. 利率水平   B. 个人收入

C. GDP   D. 失业率

17. 在宏观经济分析中，不属于滞后性指标的是（   ）。

A. 失业率   B. 库存量

C. 银行未收回贷款规模   D. 利率水平

18. 1959年，（   ）提出了"随机漫步理论"，认为股票价格的变化类似于化学中的分子"布朗运动"。

A. 尤金·法玛   B. 史蒂夫·罗斯

C. 马柯威茨   D. 奥斯本

19. 史蒂夫·罗斯（S. Ross）在多因素模型的基础上突破性地发展了资本资产定价模型，提出（   ），进一步丰富了证券组合投资理论。

A. 套利定价   B. 道氏

C. 波浪   D. 证券组合

20. 马柯威茨建立了均值方差模型，首次用（   ）作为股票风险的计量指标，使得股票的风险得以量化，并阐述了证券收益和风险水平确定的主要原理和方法。

A. 标准差   B. 协方差

C. 方差   D. 平均值

21. 投资组合保险策略是一大类投资策略的总称，这些策略的共性是强调投资人对（   ）的保障。

A. 收益   B. 最大风险损失

C. 价值   D. 价格

22. （　　）是目前西方投资界的主流派别。

    A. 证券组合分析流派　　　　　　　B. 技术分析流派

    C. 行为分析流派　　　　　　　　　D. 基本分析流派

23. （　　）主要探讨各经济指标和经济政策对证券价格的影响。

    A. 公司分析　　　　　　　　　　　B. 宏观经济分析

    C. 政策分析　　　　　　　　　　　D. 行业和区域分析

24. （　　）是基本分析的重点，无论什么样的分析报告，最终都要落实在某家公司证券价格的走势上。

    A. 公司分析　　　　　　　　　　　B. 宏观经济分析

    C. 政策分析　　　　　　　　　　　D. 行业和区域分析

25. （　　）是仅从证券的市场行为来分析证券价格未来变化趋势的方法。

    A. 证券组合分析法　　　　　　　　B. 技术分析法

    C. 行为分析法　　　　　　　　　　D. 行业分析法

26. （　　）的内容就是市场行为的内容。

    A. 证券组合分析理论　　　　　　　B. 行为分析理论

    C. 技术分析理论　　　　　　　　　D. 基本分析理论

27. （　　）认为，股票价格的波动是对市场供求均衡状态偏离的调整。

    A. 证券组合分析流派　　　　　　　B. 技术分析流派

    C. 行为分析流派　　　　　　　　　D. 基本分析流派

28. （　　）以价格判断为基础、以正确的投资时机抉择为依据。

    A. 证券组合分析流派　　　　　　　B. 技术分析流派

    C. 行为分析流派　　　　　　　　　D. 基本分析流派

29. （　　）是国家宏观经济政策的制定者，是信息发布的主体，是一国证券市场上有关信息的主要来源。

    A. 中国证券业协会　　　　　　　　B. 政府部门

    C. 上市公司　　　　　　　　　　　D. 证券交易所

30. （　　）是国家进行宏观经济管理的最高机构。

    A. 国家发展和改革委员会　　　　　B. 国务院

    C. 商务部　　　　　　　　　　　　D. 财政部

31. （　　）是直接监督管理我国证券市场的国务院直属正部级事业单位。

    A. 证券交易所　　　　　　　　　　B. 中国证券业协会

    C. 中国证券监督管理委员会　　　　D. 证券登记结算公司

32. 根据 2003 年 3 月 10 日十届全国人大一次会议通过的《国务院机构改革方案》，中国人民银行原有的对银行、资产管理公司、信托投资公司及其他存款类金融机构的监管职能，转移至新设的（　　）。

    A. 国家发展和改革委员会　　　　　B. 中国银行业监督管理委员会

    C. 国有资产监督管理委员会　　　　D. 中国证券业监督管理委员会

33. （　　）是根据 2003 年 3 月 10 日十届全国人大一次会议通过的《国务院机构改革方

案》，由原国家发展计划委员会改组而来。

    A. 国家发展和改革委员会   B. 中国银行业监督管理委员会

    C. 国有资产监督管理委员会   D. 中国证券业监督管理委员会

34. （　　）是主管统计和国民经济核算工作的国务院直属机构。

    A. 国家统计局   B. 发改委

    C. 商务部   D. 财政部

35. 根据《中华人民共和国证券法》（简称《证券法》）的规定，（　　）是为证券集中交易提供场所和设施，组织和监督证券交易、实行自律管理的法人。

    A. 中国证券业协会   B. 中国证券监督管理委员会

    C. 证券交易所   D. 证券登记结算公司

36. （　　）是为证券交易提供集中登记、存管与结算服务，不以营利为目的的法人。

    A. 中国证券业协会   B. 中国证券监督管理委员会

    C. 证券交易所   D. 证券登记结算公司

37. （　　）公布的有关信息是投资者对其证券进行价值判断的最重要来源。

    A. 中国证券业协会   B. 上市公司

    C. 证券交易所   D. 证券登记结算公司

38. 作为信息发布的主渠道，（　　）是连接信息需求者和信息供给者的桥梁。

    A. 中国证券业协会   B. 上市公司

    C. 证券交易所   D. 媒体

39. 凯恩斯（John M. Keynes，1936）和希克斯（John R. Hicks，1939）提出了（　　）的概念，认为由于金融产品中不确定性的存在，应该对不同金融产品在利率中附加一定的风险补偿。

    A. 套利定价   B. 风险补偿

    C. 波浪   D. 证券组合

40. 基本分析法的理论基础在于任何一种投资对象都有一种可以称之为（　　）的固定基准。

    A. 内在价值   B. 内在价格

    C. 外在价值   D. 外在价格

41. 奥斯本提出资本市场价格遵循"随机游走"的主张，指出市场价格是市场对随机到来的事件信息作出的反应，投资者的意志并不能主导事态的发展，从而建立了投资者（　　）这一经典假设。

    A. 整体理性   B. 逐利

    C. 不理性   D. 完全理性

42. 投资者之所以对证券进行投资，是因为证券具有一定的（　　）。

    A. 价格   B. 投资价值

    C. 流动性   D. 求偿权

43. 费雪早在其1906年的著作（　　）中就完整地论述了资本与收入和价值的关系。他认为，资本能带来一系列的未来收入，因而，资本的价值实质上就是未来收入的贴现值。

A.《资本与收入的性质》 　　　　　B.《资本论》

C.《价值发现》 　　　　　D.《资本与定价》

44.（　　）以后，随着期货和期权等衍生产品的陆续推出，衍生产品定价理论取得重大突破，尤其是布莱克（Fischer Black）和休尔斯（Myron Scholes）的期权定价理论。

A. 20 世纪 70 年代 　　　　　B. 20 世纪 80 年代

C. 20 世纪 60 年代 　　　　　D. 20 世纪 50 年代

45. 根据（　　）十届全国人大一次会议通过的《国务院机构改革方案》，财政部原有关国有资产管理的部分职能，转移至新设的国务院直属特设机构——国有资产监督管理委员会。

A. 2004 年 3 月 10 日 　　　　　B. 2003 年 3 月 10 日

C. 2003 年 7 月 10 日 　　　　　D. 2001 年 2 月 10 日

46. 商务部是根据（　　）十届全国人大一次会议通过的《国务院机构改革方案》，整合原国家经贸委的内贸管理、对外经济协调和重要工业品、原材料进出口计划组织实施等职能，原国家计委的农产品进出口计划组织实施等职能，以及原对外贸易经济合作部的职能等而组建的国务院所属部委之一。

A. 2004 年 3 月 10 日 　　　　　B. 2003 年 7 月 10 日

C. 2003 年 3 月 10 日 　　　　　D. 2001 年 2 月 10 日

47.（　　）在 1900～1902 年担任《华尔街日报》总编辑期间，发表了许多关于股价变动情况的文章和评论，基本确立了技术分析的总体思路，奠定了技术分析理论的基础。

A. 史蒂夫·罗斯 　　　　　B. 奥斯本

C. 尤金·法玛 　　　　　D. 查理士·道

48. 从最早的直觉化决策方式，到图形化决策方式，再到指标化决策方式，直到最近的模型化决策方式以及正在研究开发中的智能化决策方式，技术分析流派投资分析方法的演进遵循了一条日趋定量化、（　　）、系统化的发展道路。

A. 客观化 　　　　　B. 全面化

C. 理想化 　　　　　D. 专业化

49. 法玛将这一主张进行系统化，提出了"有效市场假说"。这个理论假设参与市场的投资者有足够的（　　），能够迅速对所有市场信息作出合理反应。

A. 聪明 　　　　　B. 理性

C. 多 　　　　　D. 资本

50. 固定比例投资组合保险策略（Constant Proportion Portfolio Insurance，CPPI）最具代表性。其基本做法是将资产分为风险较高和较低（通常采用（　　）），首先确定投资者所能承受的整个资产组合的市值底线，然后以总市值减去市值底线得到安全边际，将这个安全边际乘以事先确定的乘数就得到风险性资产的投资额。

A. 股票 　　　　　B. 期权

C. 国债　　　　　　　　　　　　D. 认股权证

二、多项选择题

1. 法玛（1970）根据市场对信息反应的强弱将有效市场分为三种，即（　　）有效市场。

A. 弱势　　　　　　　　　　　　B. 半强势

C. 强势　　　　　　　　　　　　D. 半弱势

2. 在强势有效市场中，有关证券产品信息的（　　）几乎是同时的。

A. 产生　　　　　　　　　　　　B. 公开

C. 处理　　　　　　　　　　　　D. 反馈

3. 行为金融学对人类个体和群体行为的研究日益重视。其中，个体心理分析基于（　　）进行分析。

A. 人的生存欲望　　　　　　　　B. 人的竞争欲望

C. 人的权力欲望　　　　　　　　D. 人的存在价值欲望

4. 国际金融市场比较常见且相对成熟的行为金融投资策略包括（　　）和时间分散化策略等。

A. 动量投资策略　　　　　　　　B. 反向投资策略

C. 小盘股策略　　　　　　　　　D. 风险投资策略

5. 目前，进行证券投资分析所采用的分析方法主要有（　　）。

A. 基本分析法　　　　　　　　　B. 宏观经济分析法

C. 技术分析法　　　　　　　　　D. 量化分析法

6. 基本分析主要包括（　　）。

A. 宏观经济分析　　　　　　　　B. 行业和区域分析

C. 公司分析　　　　　　　　　　D. 经济市场

7. 技术分析的理论基础是建立在（　　）假设之上。

A. 市场的行为包含一切信息　　　B. 价格沿趋势移动

C. 价格围绕价值　　　　　　　　D. 历史会重复

8. 按照策略适用期限的不同，分为（　　）投资策略。

A. 战略性　　　　　　　　　　　B. 主动性

C. 被动性　　　　　　　　　　　D. 战术性

9. 常见的长期投资策略包括（　　）。

A. 投资组合策略　　　　　　　　B. 买入持有策略

C. 固定比例策略　　　　　　　　D. 投资组合保险策略

10. 从总体上看，所发布的信息可能会对证券市场产生影响的政府部门包括（　　）。

A. 国务院　　　　　　　　　　　B. 中国证券监督管理委员会

C. 财政部　　　　　　　　　　　D. 中国人民银行

11. 以下属于证券登记结算公司履行的职能有（　　）。

A. 证券账户、结算账户的设立和管理　　B. 证券的存管和过户

C. 证券持有人名册登记及权益登记　　　D. 证券和资金的清算交收及相关管理

12. 证券市场上各种信息的来源主要有（　　）。

    A. 政府部门   B. 证券交易所

    C. 证券登记结算公司   D. 上市公司

13. 属于国务院国有资产监督管理委员会主要职责的有( )。

    A. 指导推进国有企业改革和重组

    B. 对所监管企业国有资产的保值增值进行监督

    C. 加强国有资产的管理工作

    D. 推动国有经济结构和布局的战略性调整

14. 常见的战术性投资策略包括( )。

    A. 保守型策略   B. 交易型策略

    C. 多—空组合策略   D. 事件驱动型策略

15. 证券投资策略是指导投资者进行证券投资时所采用的投资规则、行为模式、投资流程的总称，通常包括( )等内容。

    A. 资产配置   B. 证券选择

    C. 时机把握   D. 风险管理

16. 粗略地进行划分，可以将技术分析理论分为以下几类：( )、技术指标理论、波浪理论和循环周期理论。

    A. K线理论   B. 切线理论

    C. 形态理论   D. 道氏理论

17. 在( )中，证券组合的管理者往往是积极进取的，在选择证券和买卖时机上下大工夫，努力寻找价格偏离价值的证券。

    A. 弱势有效市场   B. 半强势有效市场

    C. 强势有效市场   D. 半弱势有效市场

18. 在投资决策时，投资者应当正确认识每一种证券在( )方面的特点，并制定相应的投资策略。

    A. 风险性   B. 收益性

    C. 流动性   D. 时间性

19. 证券投资分析理论是围绕( )而发展起来的一套理论体系。

    A. 证券价格变化特征   B. 证券估值

    C. 证券投资收益预测   D. 风险控制

20. 目前属于中国人民银行职责的有( )。

    A. 依法制定和执行货币政策   B. 发行人民币并管理人民币流通

    C. 负责金融业的统计   D. 拟订有关银行业监管的政策法规

21. 国家发改委的主要职责包括( )。

    A. 拟订并组织实施国民经济和社会发展战略   B. 监测和调节国民经济运行

    C. 优化重大经济结构   D. 指导和推进经济体制改革

22. 以下属于证券中介机构的是( )。

    A. 证监会   B. 会计师事务所

    C. 证券业协会   D. 资产评估事务所

23. 从信息发布主体和发布渠道来看，证券市场上各种信息的来源主要有(　　)。
    A. 证券登记结算公司和中介机构　　B. 政府部门和媒体
    C. 上市公司　　D. 证券交易所和中国证券业协会

24. 从总体上看，所发布的信息可能会对证券市场产生影响的政府部门主要包括(　　)。
    A. 国务院
    B. 中国证券监督管理委员会和中国人民银行
    C. 财政部和商务部
    D. 国家发展和改革委员会

25. 国务院根据宪法和法律所(　　)会对证券市场产生全局性的影响。
    A. 规定的各项行政措施　　B. 制定的各项行政法规
    C. 发布的各项决定和命令　　D. 颁布的重大方针政策

26. 下列不属于中国证券监督管理委员会职责的是(　　)。
    A. 制定证券市场的方针政策　　B. 提供证券交易的场所和设施
    C. 制定证券市场的有关法律法规　　D. 制定证券交易所的业务规则

27. 下列属于财政部主要职责的是(　　)。
    A. 制定证券市场的方针政策
    B. 拟订和执行财政和税收的发展战略
    C. 起草证券市场的有关法律法规
    D. 制定和执行财政、财务、会计管理的规章制度

28. 下列不属于国家发展和改革委员会主要职责的是(　　)。
    A. 拟订并组织实施国民经济和社会发展战略
    B. 安排国家重大建设项目
    C. 研究拟订规范市场运行和流通秩序的政策法规
    D. 制定和执行财政、财务、会计管理的规章制度

29. 作为宏观调控部门，(　　)发布的有关信息，对分析具有"宏观经济晴雨表"功能的证券市场而言具有重要的意义。
    A. 国家发改委　　B. 财政部
    C. 中国人民银行　　D. 商务部

30. 商务部的主要职责包括(　　)。
    A. 研究拟定规范市场运行和流通秩序的政策法规
    B. 负责组织协调反倾销、反补贴的有关事宜和组织产业损害调查
    C. 促进市场体系的建立和完善
    D. 制定和执行财政、财务、会计管理的规章制度

31. 证券交易所向社会公布的(　　)成为证券分析中的首要信息来源。
    A. 证券行情
    B. 按日制作的证券行情表
    C. 就市场内成交情况编制的日报表、周报表、月报表与年报表

D. 上市公司年报

32. 证券登记结算公司履行的职能包括( )。

A. 证券账户、结算账户的设立和管理

B. 监管的代办股份转让信息平台提供非上市公司股份转让信息

C. 证券持有人名册登记及权益登记

D. 证券的存管和过户

33. 一般来说，上市公司通过( )等形式向投资者披露其经营状况的有关信息。

A. 定期报告　　　　　　　　　　B. 年度报告

C. 中期报告　　　　　　　　　　D. 临时公告

34. 证券中介机构可以分为( )。

A. 证券经营机构

B. 证券投资咨询机构

C. 从事证券相关业务的会计师事务所、资产评估事务所、律师事务所、信用评级机构

D. 证券业协会

35. 以下说法正确的是( )。

A. 在整个金融和证券分析的框架中，"不确定性"概念的引入具有重大作用

B. 马柯威茨提出和建立的现代证券投资组合理论，其核心思想是要解决长期困扰证券投资活动的两个根本性问题

C. 证券的组合投资是为了实现风险一定情况下的收益最大化或收益一定情况下的风险最小化，具有降低证券投资活动风险的机制

D. 马柯威茨建立了均值方差模型，首次用方差作为股票风险的计量指标，使得股票的风险得以量化，并阐述了证券收益和风险水平确定的主要原理和方法

36. 以下说法正确的是( )。

A. 经历 20 多年的发展，特别在以美国安然、世通等为代表的、之前在财务报告中利润指标完美无瑕的所谓绩优公司纷纷破产后，自由现金流已成为企业价值评估领域使用最广泛、理论最健全的指标

B. 行业和区域分析是介于宏观经济分析与公司分析之间的中观层次的分析

C. 技术分析法是仅从证券的市场行为来分析证券价格未来变化趋势的方法

D. 在现实中，主动策略和被动策略是相对而言的，在完全主动和完全被动之间存在广泛的中间地带

37. 以下说法正确的是( )。

A. 信息在证券投资分析中起着十分重要的作用，是进行证券投资分析的基础。来自不同渠道的信息最终都将通过各种方式对证券的价格发生作用，导致证券价格的上升或下降，从而影响证券的收益率

B. 信息的多寡、信息质量的高低将直接影响证券投资分析的效果，影响分析报告的最终结论

C. 根据 2003 年 3 月 10 日十届全国人大一次会议通过的《国务院机构改革方案》，

财政部原有关国有资产管理的部分职能,转移至新设的国务院直属特设机构——国有资产监督管理委员会

  D. 国家统计局是主管统计和国民经济核算工作的国务院直属机构。其主要职责是拟订统计工作法规、统计改革和统计现代化建设规划以及国家统计调查计划,组织领导和监督检查各地区、各部门的统计和国民经济核算工作,监督检查统计法律法规的实施

38. 以下说法正确的是( )。

  A. 只要符合国家的有关规定,各信息发布主体都可以通过各种书籍、报纸、杂志、其他公开出版物以及电视、广播、互联网等媒介披露有关信息。这些信息包括国家的法律法规、政府部门发布的政策信息、上市公司的年度报告和中期报告等

  B. 投资者还可通过实地调研、专家访谈、市场调查等渠道获得有关的信息,也可通过家庭成员、朋友、邻居等获得有关信息,甚至包括内幕信息

  C. 中国证券业协会是证券业的自律性组织,是社会团体法人

  D. 证券交易所向社会公布的证券行情、按日制作的证券行情表以及就市场内成交情况编制的日报表、周报表、月报表与年报表等成为证券分析中的首要信息来源

39. 以下说法正确的是( )。

  A. 中国证券监督管理委员会为国务院直属正部级事业单位,依照法律、法规和国务院授权,统一监督管理全国证券期货市场,维护证券期货市场秩序,保障其合法运行

  B. 政府部门是国家宏观经济政策的制定者,是一国证券市场上有关信息的主要来源

  C. 中国证监会制定、颁发的有关发行上市、市场交易、信息披露、上市公司治理、证券经营机构业务管理等的各类部门规章、规范性文件,以及会同其他部、委、局发布的有关金融创新、证券市场收费行为的政策通知,乃至中国证监会针对个案作出的处罚决定或相关负责人发表的讲话等,往往对证券市场产生直接或间接的引导作用

  D. 根据2003年3月10日十届全国人大一次会议通过的《国务院机构改革方案》,中国人民银行原有的对银行、资产管理公司、信托投资公司及其他存款类金融机构的监管职能,如拟订有关银行业监管的政策法规、负责市场准入和运行监督、依法查处违法违规行为等职责,转移至新设的中国银行业监督管理委员会

40. 以下说法正确的是( )。

  A. 交易型策略。根据市场交易中经常出现的规律性现象,制定某种获利策略。代表性策略包括均值－回归策略、动量策略或趋势策略

  B. 多－空组合策略,有时也称为"成对交易策略",通常需要买入某个看好的资产或资产组合,同时卖空另外一个看淡的资产或资产组合,试图抵消市场风险而获取单个证券的阿尔法收益差额

    C. 战术性投资策略也称为"战术性资产配置策略"，通常是一些基于对市场前景预测的短期主动型投资策略

    D. 投资组合保险策略是一大类投资策略的总称，这些策略的共性是强调投资人对最大风险损失的保障。其中，固定比例投资组合保险策略最具代表性

三、判断题

1. 证券投资是指投资者购买股票、债券、基金有价证券以及这些有价证券的衍生产品，以获取红利、利息及资本利得的投资行为和投资过程。（   ）

    A. 正确   B. 错误

2. 在风险既定的条件下投资收益率最大化和在收益率既定的条件下风险最小化是证券投资的两大具体目标。（   ）

    A. 正确   B. 错误

3. 无论是均值方差模型、CAPM 还是 APT 模型，都没有隐含着理性人假设和市场有效的假设。（   ）

    A. 正确   B. 错误

4. 在半强势有效市场中，证券当前价格完全反映所有公开信息，不仅包括证券价格序列信息，还包括有关公司价值、宏观经济形势和政策方面的信息。（   ）

    A. 正确   B. 错误

5. 在半强势有效市场中，已公布的基本面信息有助于分析师挑选价格被高估或低估的证券。（   ）

    A. 正确   B. 错误

6. 在强势有效市场中，证券价格总是能及时、充分地反映所有相关信息，包括所有公开的信息和内幕信息。（   ）

    A. 正确   B. 错误

7. 对于证券组合的管理者来说，如果市场是强势有效的，管理者会选择积极进取的态度。（   ）

    A. 正确   B. 错误

8. 行为金融学弥补了现代金融理论只注重最优决策模型，简单地认为理性投资决策模型就是决定证券市场价格变化的不足。（   ）

    A. 正确   B. 错误

9. 目前，世界上几乎所有的公众上市公司都需要披露现金流量表。（   ）

    A. 正确   B. 错误

10. 基本分析流派是指以宏观经济形势、行业特征及上市公司的基本财务数据作为投资分析对象与投资决策基础的投资分析流派，是目前西方投资界的主流派别。（   ）

    A. 正确   B. 错误

11. 基本分析流派的两个假设为：股票的价值决定其价格和股票的价格围绕价值波动。（   ）

    A. 正确   B. 错误

12. 经济政策主要包括货币政策、财政政策、信贷政策、债务政策、税收政策、利率与

汇率政策、产业政策、收入分配政策等。（　　　）

    A．正确　 B．错误

13. 技术分析流派认为，股票价格的波动是对市场供求均衡状态偏离的调整。该流派以价值判断为基础、以正确的投资时机抉择为依据。（　　　）

    A．正确　 B．错误

14. 投资市场的数量化与人性化理解之间的平衡，是技术分析流派面对的最艰巨的研究任务之一。（　　　）

    A．正确　 B．错误

15. 基本分析法对基本面数据的真实、完整性具有较强依赖，短期价格走势的预测能力较强。（　　　）

    A．正确　 B．错误

16. 技术分析法直接选取公开的市场数据，采用图表等方法对市场走势作出直观的解释。它缺乏牢固的经济金融理论基础，对证券价格行为模式的判断有很大随意性。（　　　）

    A．正确　 B．错误

17. 量化分析法较多采用复杂的数理模型和计算机数值模拟，能够提供较为粗略化的分析结论。（　　　）

    A．正确　 B．错误

18. 事实上，并不存在完美的证券分析方法，任何投资分析理论或分析方法都有其适用的前提和假设。（　　　）

    A．正确　 B．错误

19. 主动型投资策略的假设前提是市场有效性不存在瑕疵。（　　　）

    A．正确　 B．错误

20. 主动型投资策略要求投资者根据市场情况变动对投资组合进行积极调整，并通过灵活的投资操作获取平均收益。（　　　）

    A．正确　 B．错误

21. 被动型策略是指根据事先确定的投资组合构成及调整规则进行投资，同时也对市场环境的变化主动地实施调整。（　　　）

    A．正确　 B．错误

22. 战术性投资策略也称为"战术性资产配置策略"，通常是一些基于对市场前景预测的短期主动型投资策略。（　　　）

    A．正确　 B．错误

23. 国务院根据《中华人民共和国宪法》和法律所规定的各项行政措施、制定的各项行政法规、发布的各项决定和命令以及颁布的重大方针政策，会对证券市场产生全局性的影响。（　　　）

    A．正确　 B．错误

24. 作为宏观调控部门，国家发改委、中国人民银行、财政部及商务部发布的有关信息，对分析具有"宏观经济晴雨表"功能的证券市场而言具有重要的意义。（　　　）

A. 正确　　　　　　　　　　　B. 错误

25. 国家统计局定期对外发布的国民经济和社会发展中的有关统计数据，不是证券投资分析中判断宏观经济运行状况、行业先进水平或平均水平等的重要数据类信息来源。（　　）

A. 正确　　　　　　　　　　　B. 错误

26. 证券登记结算公司是为证券交易提供集中登记、存管与结算服务，以营利为目的的法人。（　　）

A. 正确　　　　　　　　　　　B. 错误

27. 证券分析师应当非常谨慎地处理所获得的非公开信息。（　　）

A. 正确　　　　　　　　　　　B. 错误

28. 上市公司作为经营主体，其经营状况的好坏直接影响投资者对其价值的判断，从而影响其股价水平的高低。（　　）

A. 正确　　　　　　　　　　　B. 错误

29. 固定比例策略保持投资组合中各类资产占总市值的比例固定不变。在各类资产的市场表现出现变化时应进行相应调整，买入下跌的资产，卖出上涨的资产。（　　）

A. 正确　　　　　　　　　　　B. 错误

30. 固定比例策略保持投资组合中各类资产占总市值的比例固定不变。在各类资产的市场表现出现变化时应进行相应调整，卖出下跌的资产，买入上涨的资产。（　　）

A. 正确　　　　　　　　　　　B. 错误

31. 公司分析是基本分析的重点，无论什么样的分析报告，最终都要落实在某家公司证券价格的走势上。（　　）

A. 正确　　　　　　　　　　　B. 错误

32. 在宏观经济分析中，企业工资支出属于先行性指标。（　　）

A. 正确　　　　　　　　　　　B. 错误

33. 基本分析法的理论基础在于：（1）任何一种投资对象都有一种可以称之为"内在价值"的固定基准，且这种内在价值可以通过对该种投资对象的现状和未来前景的分析获得。（2）市场价格和内在价值之间的差距最终会被市场所纠正，因此，市场价格低于（或高于）内在价值之日，便是买（卖）机会到来之时。（　　）

A. 正确　　　　　　　　　　　B. 错误

34. 自由现金流量，是在不影响公司持续发展的前提下可供分配给企业资本供应者（股东和债券持有人）的最大现金额。（　　）

A. 正确　　　　　　　　　　　B. 错误

35. 强势有效市场假设下，任何专业投资者的边际市场价值为零，因为没有任何资料来源和加工方式能够稳定地增加收益。（　　）

A. 正确　　　　　　　　　　　B. 错误

36. 在弱势有效市场中，要想取得超额回报，必须寻求历史价格信息以外的信息。（　　）

A. 正确　　　　　　　　　　　B. 错误

37. 有效市场假说理论认为，在一个充满信息交流和信息竞争的社会里，一个特定的信

息能够在股票市场上迅即被投资者知晓。（　　）

  A. 正确　　　　　　　　　　B. 错误

38. 由于资金拥有量及其他条件的不同，不同的投资者会拥有不同的风险承受能力、不同的收益要求和不同的投资周期。（　　）

  A. 正确　　　　　　　　　　B. 错误

39. 1963 年，马柯威茨的学生史蒂夫·罗斯提出了均值方差模型的一种简化的计算方法。（　　）

  A. 正确　　　　　　　　　　B. 错误

40. 自由现金流已成为企业价值评估领域使用最广泛、理论最健全的指标。（　　）

  A. 正确　　　　　　　　　　B. 错误

41. 只要证券的市场价格充分及时地反映了全部有价值的信息、市场价格代表着证券的真实价值，这样的市场就称为"有效市场"。（　　）

  A. 正确　　　　　　　　　　B. 错误

42. 证券的组合投资是为了实现风险一定情况下的收益最大化或收益一定情况下的风险最小化，具有降低证券投资活动风险的机制。（　　）

  A. 正确　　　　　　　　　　B. 错误

43. 只有当证券处于投资价值区域时，投资该证券才有利可图；否则可能导致投资失败。（　　）

  A. 正确　　　　　　　　　　B. 错误

44. 在强势有效市场中，每位投资者都掌握了有关证券产品的所有信息，而且每位投资者所占有的信息都是一样的，每位投资者对该证券产品的价值判断都是一致的。（　　）

  A. 正确　　　　　　　　　　B. 错误

45. 自由现金流弥补了传统的会计利润、经营现金净流量等反映公司真实盈利能力上的缺陷，其贴现值反映了企业的真实价值。（　　）

  A. 正确　　　　　　　　　　B. 错误

46. 在弱势有效市场中，使用当前及历史价格对未来作出预测将是有用的。（　　）

  A. 正确　　　　　　　　　　B. 错误

47. 如果市场是半强势有效的，那么仅仅以公开资料为基础的分析将不能提供任何帮助。（　　）

  A. 正确　　　　　　　　　　B. 错误

48. 在半强势有效市场中，只有那些利用内幕信息者才能获得非正常的超额回报。（　　）

  A. 正确　　　　　　　　　　B. 错误

49. 战略性投资策略也称为"战略性资产配置策略"或者长期资产配置策略，是指着眼较长投资期限，追求收益与风险最佳匹配的投资策略。（　　）

  A. 正确　　　　　　　　　　B. 错误

50. 投资组合保险策略是一大类投资策略的总称，这些策略的共性是强调投资人对最大风险损失的保障。（　　）

A. 正确 　　　　　　　　　　B. 错误

51. 多—空组合策略，通常需要买入某个看好的资产或资产组合，同时卖空另外一个看淡的资产或资产组合，试图抵消市场风险而获取单个证券的阿尔法收益差额。（　　　）
A. 正确 　　　　　　　　　　B. 错误

52. 证监会是为证券集中交易提供场所和设施，组织和监督证券交易、实行自律管理的法人。（　　　）
A. 正确 　　　　　　　　　　B. 错误

53. 中国证券业协会是证券业的营利性组织，是社会团体法人。（　　　）
A. 正确 　　　　　　　　　　B. 错误

54. 一般来说，上市公司通过定期报告和临时公告等形式向投资者披露其经营状况的有关信息。（　　　）
A. 正确 　　　　　　　　　　B. 错误

55. 证券中介机构是指为证券市场参与者如发行人、投资者等提供各种服务的专职机构。（　　　）
A. 正确 　　　　　　　　　　B. 错误

56. 人们用不着学习现代证券投资组合理论就知道"不要把所有鸡蛋放在一个篮子里"可以分散和降低风险，但却知其然而不知其所以然。现代证券投资组合理论不仅是要告诉人们"不要把所有鸡蛋放在一个篮子里"，更重要的是要告诉人们这是真理而不是谬误。（　　　）
A. 正确 　　　　　　　　　　B. 错误

57. 尽管马柯威茨的均值方差模型和 CAPM 在理论上是严密的，为人们从事证券投资提供了理论依据，但由于模型依赖的假设过于理想化，与现实相差较远，因此，许多理论界和实务界人士对这两个模型提出了批评。（　　　）
A. 正确 　　　　　　　　　　B. 错误

58. 基本分析法又称"基本面分析法"，是指证券分析师根据经济学、金融学、财务管理学及投资学等基本原理，对决定证券价值及价格的基本要素，如宏观经济指标、经济政策走势、行业发展状况、产品市场状况、公司销售和财务状况等进行分析，评估证券的投资价值，判断证券的合理价位，提出相应投资建议的一种分析方法。（　　　）
A. 正确 　　　　　　　　　　B. 错误

59. 量化分析法是利用统计、数值模拟和其他定量模型进行证券市场相关研究的一种方法，具有"使用大量数据、模型和电脑"的显著特点，广泛应用于解决证券估值、组合构造与优化、策略制定、绩效评估、风险计量与风险管理等投资相关问题，是继传统的基本分析和技术分析之后发展起来的一种重要的证券投资分析方法。（　　　）
A. 正确 　　　　　　　　　　B. 错误

60. 量化分析法所采用的各种数理模型本身存在模型风险，一旦外部环境发生较大变化，原有模型的稳定性就会受影响。此外，量化分析法往往需要和程序化交易技术相结合，对交易系统的速度和市场数据的精确度有较高要求，这也在一定程度上限

制了其应用范围。（　　）

A. 正确　　　　　　　　　　　　　B. 错误

参考答案

一、单项选择题

1. C	2. A	3. A	4. B	5. A
6. C	7. D	8. D	9. A	10. B
11. C	12. D	13. C	14. B	15. C
16. A	17. D	18. D	19. A	20. C
21. B	22. D	23. B	24. A	25. B
26. C	27. B	28. B	29. B	30. B
31. C	32. B	33. A	34. A	35. C
36. D	37. B	38. D	39. B	40. A
41. A	42. B	43. A	44. A	45. B
46. C	47. D	48. A	49. B	50. C

二、多项选择题

1. ABC	2. ABCD	3. ACD	4. ABC	5. ACD
6. ABC	7. ABD	8. AD	9. BCD	10. ABCD
11. ABCD	12. ABCD	13. ABCD	14. BCD	15. ABCD
16. ABC	17. AB	18. ABCD	19. ABCD	20. ABC
21. ABCD	22. BD	23. ABCD	24. ABCD	25. ABCD
26. BD	27. BD	28. CD	29. ABCD	30. ABC
31. ABC	32. ACD	33. ABCD	34. ABC	35. ABCD
36. ABCD	37. ABCD	38. ABCD	39. ABCD	40. ABCD

三、判断题

1. A	2. A	3. B	4. A	5. B
6. A	7. B	8. A	9. A	10. A
11. A	12. A	13. B	14. A	15. B
16. A	17. B	18. A	19. B	20. B
21. B	22. A	23. A	24. A	25. B
26. B	27. A	28. A	29. A	30. B
31. A	32. B	33. A	34. A	35. A
36. A	37. A	38. A	39. B	40. A
41. A	42. A	43. A	44. A	45. A
46. B	47. A	48. A	49. A	50. A
51. A	52. B	53. B	54. A	55. A
56. A	57. A	58. A	59. A	60. A

第二章 有价证券的投资价值分析与估值方法

一、本章考纲

熟悉证券估值的含义；熟悉虚拟资本及其价格运动形式；掌握有价证券的市场价格、内在价值、公允价值和安全边际的含义及相互关系；熟悉货币的时间价值、复利、现值和贴现的含义及其例证；掌握现金流贴现和净现值的计算；掌握绝对估值和相对估值方法并熟悉其模型常用指标和适用性；熟悉资产价值；熟悉衍生产品常用估值方法。

掌握债券估值的原理；掌握债券现金流的确定因素；掌握债券贴现率概念及其计算公式；熟悉债券报价；掌握不同类别债券累计利息的惯例计算和实际支付价格的计算；熟悉债券估值模型；掌握零息债券、附息债券、累息债券的定价计算；掌握债券当期收益率、到期收益率、即期利率、持有期收益率、赎回收益率的计算；熟悉利率的风险结构、收益率差、信用利差等概念；熟悉利率的期限结构；掌握收益率曲线的概念及其基本类型；熟悉期限结构的影响因素及利率期限结构基本理论。

熟悉影响股票投资价值的内外部因素及其影响机制；熟悉计算股票内在价值的不同股息增长率下的现金流贴现模型。

掌握计算股票内在价值的不同股息增长率下的现金流贴现模型公式及应用；熟悉计算股票市场价格的市盈率估价方法及其应用缺陷；熟悉市净率的基本概念及其在股票估值方面的应用。

熟悉金融期货合约的定义及其标的，掌握金融期货理论价格的计算公式和影响因素；熟悉金融期权的定义，掌握期权的内在价值、时间价值及期权价格影响因素；掌握可转换证券的定义，熟悉可转换证券的投资价值、转换价值、理论价值和市场价值的含义及计算方法，掌握可转换证券转换平价、转换升水、转换贴水的计算，熟悉可转换证券转换升水比率、转换贴水比率的计算；掌握权证的概念及分类，熟悉权证的理论价值的含义、各变量变动对权证价值的影响以及权证理论价值的计算方法；掌握认股权证溢价计算公式，熟悉认股权证的杠杆作用。

二、本章知识体系

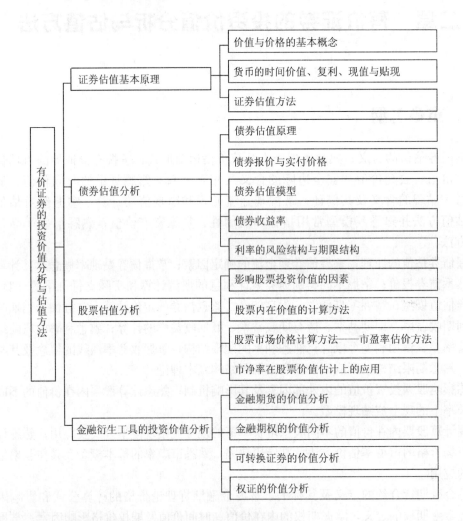

三、同步强化练习题及参考答案

同步强化练习题

一、单项选择题

1. 可转换证券的理论价值是指将可转换证券转股前的利息收入和转股时的转换价值按适当的(　　)折算的现值。

    A. 内部收益率   B. 净资产收益率

    C. 市盈率   D. 必要收益率

2. 证券估值是指对证券(　　)的评估。

    A. 价值   B. 价格

C. 收益　　　　　　　　　　　　　　D. 交易价值

3. 2009 年 3 月 5 日，某年息 6％、面值 100 元、每半年付息 1 次的 1 年期债券，上次付息为 2008 年 12 月 31 日。如市场净价报价为 96 元，则按实际天数计算的利息累积天数为(　　)。

　　A. 52 天　　　　　　　　　　　　B. 53 天

　　C. 62 天　　　　　　　　　　　　D. 63 天

4. 某投资者投资 1000 元于一项期限为 3 年、年息 8％的债券（按年计息），按复利计算该项投资的终值为(　　)。

　　A. 831 元　　　　　　　　　　　B. 1240 元

　　C. 1580 元　　　　　　　　　　D. 1259.71 元

5. 利率期限结构理论建立的基本因素不包括(　　)。

　　A. 对未来利率变动方向的预期

　　B. 利率是不断变化的

　　C. 债券预期收益中可能存在的流动性溢价

　　D. 市场效率低下或者资金从长期（或短期）市场向短期（或长期）市场流动可能存在的障碍

6. 上年年末某公司支付每股股息为 4 元，预计在未来该公司的股票按每年 4％的速度增长，必要收益率为 12％，则该公司股票的内在价值为(　　)。

　　A. 26.37 元　　　　　　　　　　B. 37.87 元

　　C. 45 元　　　　　　　　　　　D. 52 元

7. 关于影响股票投资价值的因素，以下说法错误的是(　　)。

　　A. 在一般情况下，股利水平越高，股价越高；股利水平越低，股价越低

　　B. 从理论上讲，公司净资产增加，股价上涨；净资产减少，股价下跌

　　C. 股份分割往往比增加股利分配对股价上涨的刺激作用更大

　　D. 公司增资一定会使每股净资产下降，因而促使股价下跌

8. 在决定优先股的内在价值时，(　　)相当有用。

　　A. 可变增长模型　　　　　　　　B. 不变增长模型

　　C. 二元增长模型　　　　　　　　D. 零增长模型

9. 下列对股票市盈率的简单估计方法中不属于利用历史数据进行估计的方法是(　　)。

　　A. 算术平均数法或中间数法　　　B. 市场预期回报率倒数法

　　C. 趋势调整法　　　　　　　　　D. 回归调整法

10. 金融期货的标的物包括(　　)。

　　A. 股票　　　　　　　　　　　　B. 外汇

　　C. 利率　　　　　　　　　　　　D. 以上都是

11. 下列说法正确的是(　　)。

　　A. 从理论上说，实值期权的内在价值为正，虚值期权的内在价值为负，平价期权的内在价值为零

　　B. 对看跌期权而言，若市场价格高于协定价格，期权的买方执行期权将有利

C. 对看涨期权而言，若市场价格低于协定价格，期权的买方执行期权将有利

D. 实际上，期权的内在价值可能大于零，可能等于零，也可能为负值

12. 下列对金融期权价格影响的因素，说法不正确的是（   ）。

    A. 利率提高，期权标的物的市场价格将下降，从而使看涨期权的内在价值下降，看跌期权的内在价值提高

    B. 在其他条件不变的情况下，期权期间越长，期权价格越高；反之，期权价格越低

    C. 在期权有效期内标的资产产生的收益将使看涨期权价格上升，使看跌期权价格下降

    D. 标的物价格的波动性越大，期权价格越高；波动性越小，期权价格越低

13. 下列不是影响股票投资价值内部因素的是（   ）。

    A. 公司净资产   B. 公司盈利水平

    C. 股份分割   D. 市场因素

14. 股票内在价值的计算方法模型中，假定股票永远支付固定股利的模型是（   ）。

    A. 现金流贴现模型   B. 市盈率估价模型

    C. 不变增长模型   D. 零增长模型

15. 可转换证券转换价值的公式是（   ）。

    A. 转换价值＝标的股票市场价格×转换比例

    B. 转换价值＝标的股票净资产×转换比例

    C. 转换价值＝标的股票市场价格/转换比例

    D. 转换价值＝标的股票净资产/转换比例

16. 某公司可转换债券的转换比例为20％，其普通股股票当期市场价格为40元，债券的市场价格为1000元，则（   ）。

    A. 转换升水比率15％   B. 转换贴水比率15％

    C. 转换升水比率25％   D. 转换贴水比率25％

17. 下列关于认股权证的杠杆作用的说法正确的是（   ）。

    A. 对于某一认股权证来说，其溢价越高杠杆作用就越高

    B. 认股权证价格的涨跌能够引起其可选购股票价格更大幅度的涨跌

    C. 认股权证的市场价格同其可选购股票的市场价格保持相同的涨跌数

    D. 认股权证的市场价格要比其可选购股票的市场价格的上涨或下跌的速度快得多

18. 转换贴水的计算公式是（   ）。

    A. 可转换证券的转换价值＋可转换证券的市场价格

    B. 可转换证券的投资价值＋可转换证券的市场价格

    C. 可转换证券的转换价值－可转换证券的市场价格

    D. 可转换证券的市场价格－可转换证券的转换价值

19. （   ）是全体股东的权益，是决定股票投资价值的重要基准。

    A. 总负债   B. 总资产

    C. 资产净值   D. 股票股利

20. 一般来说，债券的期限越长，流动性溢价（   ），体现了期限长的债券拥有较高的价格风险。

    A. 越小   B. 越大

    C. 不变   D. 不确定

21. 下列不属于股票投资价值外部因素的是（   ）。

    A. 宏观经济因素   B. 股利政策

    C. 行业因素   D. 市场因素

22. 关于债券当期收益率，以下说法不正确的是（   ）。

    A. 反映每单位投资的资本损益

    B. 反映每单位投资能够获得的债券年利息收益

    C. 度量的是债券年利息收益占购买价格的百分比

    D. 可以用于期限和发行人均较为接近的债券之间进行比较

23. 关于各变量的变动对权证价值的影响方向，以下说法错误的是（   ）。

    A. 在其他变量保持不变的情况下，股票价格与认沽权证价值反方向变化

    B. 在其他变量保持不变的情况下，到期期限与认股权证价值同方向变化

    C. 在其他变量保持不变的情况下，无风险利率与认沽权证价值反方向变化

    D. 在其他变量保持不变的情况下，股价的波动率与认沽权证的价值反方向变化

24. 企业的资产价值、负债价值与权益价值三者之间存在（   ）关系。

    A. 权益价值＝资产价值＋负债价值   B. 权益价值＝资产价值－负债价值

    C. 负债价值＝权益价值＋资产价值   D. 权益价值＝资产价值

25. 在贷款或融资活动进行时，贷款者和借款者并不能自由地在利率预期的基础上将证券从一个偿还期部分替换成另一个偿还期部分，是（   ）的观点。

    A. 流动性偏好理论   B. 市场预期理论

    C. 市场分割理论   D. 有效市场理论

26. 对给定的终值计算现值的过程称为（   ）。

    A. 映射   B. 转换

    C. 回归   D. 贴现

27. 下列影响股票投资价值的外部因素中，不属于宏观经济因素的是（   ）。

    A. 货币政策   B. 财政政策

    C. 经济周期   D. 产业政策

28. 作为虚拟资本载体的有价证券，本身并无价值，其交换价值或市场价格来源于其（   ）。

    A. 规避市场风险的能力   B. 产生未来收益的能力

    C. 流动性   D. 交易性

29. 如果通货膨胀率是（   ），今天 100 元所代表的购买力比明年的 100 元要大。

    A. 0   B. 负数

    C. 正数   D. 不变

30. 资本现金流模型以（   ）为指标，以无杠杆权益成本为贴现系数。

A. 权益现金流   B. 自由现金流

C. 资本现金流   D. 经济利润

31. 调整现值模型以(   )为指标，以无杠杆权益成本为贴现系数。

    A. 权益现金流   B. 自由现金流

    C. 资本现金流   D. 经济利润

32. 权益现金流模型以(   )为指标，以无杠杆权益成本为贴现系数。

    A. 权益现金流   B. 自由现金流

    C. 资本现金流   D. 经济利润

33. 经济利润估值模型以(   )为指标，以加权平均资本成本为贴现系数。

    A. 权益现金流   B. 自由现金流

    C. 资本现金流   D. 经济利润

34. 对于重置成本变动较大的公司、固定资产较少的服务行业，不适合用(   )来对证券进行估值。

    A. 市净率   B. 市盈率

    C. 股价/销售额比率   D. 市值回报增长比

35. 对于亏损公司、周期性的公司，不适合用(   )来对证券进行估值。

    A. 市净率   B. 市盈率

    C. 股价/销售额比率   D. 市值回报增长比

36. 对于可以持续经营的企业一般用(   )来计算其资产价值。

    A. 公允价值法   B. 重置成本法

    C. 清算价值法   D. 历史成本法

37. 对于停止经营的企业一般用(   )来计算其资产价值。

    A. 公允价值法   B. 重置成本法

    C. 清算价值法   D. 历史成本法

38. 债券交易中，报价是指每(   )面值债券的价格。

    A. 1 元   B. 10 元

    C. 100 元   D. 1000 元

39. 我国交易所市场对附息债券的计息规定是，全年天数统一按(   )天计算，利息累积天数规则是"按实际天数计算，算头不算尾、闰年 2 月 29 日不计息"。

    A. 360   B. 364

    C. 365   D. 366

40. 我国交易所市场对短期债券的计息规定是，全年天数统一按(   )天计算，利息累积天数规则是"按实际天数计算和按每月 30 天计算两种"。

    A. 360   B. 364

    C. 365   D. 366

41. 某投资者的一项投资预计两年后价值 10000 元，假设必要收益率是 20%，下述最接近按复利计算的该投资现值的是(   )。

    A. 5500 元   B. 6000 元

C. 6900 元　　　　　　　　　　　　　　D. 7500 元

42. 某投资者投资如下的项目,在未来第 10 年末将得到收入 50000 元,其间没有任何货币收入。假设希望得到的年利率为 12%,则按复利计算的该项投资的现值为( )。

    A. 12727.27 元　　　　　　　　　　　B. 13277.16 元

    C. 16098.66 元　　　　　　　　　　　D. 18833.30 元

43. 某公司在未来无限时期内每年支付的股利为 5 元/股,必要收益率为 10%,则采用零增长模型计算的该公司股票在期初的内在价值为( )。

    A. 10 元　　　　　　　　　　　　　　B. 30 元

    C. 50 元　　　　　　　　　　　　　　D. 100 元

44. 如果某投资者以 52.5 元的价格购买某公司的股票,该公司在上年年末支付每股股息 5 元,预计在未来该公司的股票按每年 5% 的速度增长,则该投资者的预期收益率为( )。

    A. 11%　　　　　　　　　　　　　　B. 15%

    C. 14%　　　　　　　　　　　　　　D. 16%

45. 如果以 EV_t 表示期权在 t 时点的内在价值,x 表示期权合约的协定价格,S_t 表示该期权标的物在 t 时点的市场价格,m 表示期权合约的交易单位,当 x=9 980、S_t=10000、m=10 时,则每一看涨期权在 t 时点的内在价值为( )。

    A. −20　　　　　　　　　　　　　　B. 200

    C. −200　　　　　　　　　　　　　　D. 20

46. 某可转换债券面值 1000 元,转换价格 10 元,该债券市场价格 990 元,标的股票市场价格 8 元/股,则当前转换价值为( )。

    A. 990 元　　　　　　　　　　　　　B. 1010 元

    C. 980 元　　　　　　　　　　　　　D. 800 元

47. 假设某认股权证目前股价为 5 元,权证的行权价为 4.5 元,存续期为 1 年,股价年波动率为 0.25,无风险利率为 8%,则认股权证的价值为( )。已知累积正态分布表 N(1.34)=0.908,N(1.09)=0.862,e−0.08=0.9231。

    A. 0.46 元　　　　　　　　　　　　　B. 0.96 元

    C. 0.66 元　　　　　　　　　　　　　D. 0.54 元

48. 某认股权证的理论价值为 7 元,市场价格为 9 元,则该认股权证的溢价为( )。

    A. −2 元　　　　　　　　　　　　　　B. 2 元

    C. −9 元　　　　　　　　　　　　　　D. 9 元

49. 根据协定价格与标的物市场价格的关系,可将期权分为三种类型。不属于这三种类型的是( )。

    A. 实值期权　　　　　　　　　　　　B. 虚值期权

    C. 零值期权　　　　　　　　　　　　D. 平价期权

50. ( )是指证券的市场价格低于其内在价值的部分,任何投资活动均以之为基础。

    A. 价值　　　　　　　　　　　　　　B. 交换价值

C. 安全边际　　　　　　　　　　D. 内在价值

51. 有价证券的（　　）是指该证券在市场中的交易价格，反映了市场参与者对该证券价值的评估。

A. 价值　　　　　　　　　　　　B. 内在价值

C. 市场价格　　　　　　　　　　D. 公允价值

52. 证券的市场价格与内在价值是一致的，但是现实中的证券市场却并非完全有效。多数情况下，两者存在差异，不属于两者差异的是（　　）。

A. 市场价格基本上是围绕内在价值形成的

B. 有些情况下，即便发生了交易，交易价格可能也未必真实

C. 估值模型千差万别，相关变量和假设各不相同，"内在价值"并不具有唯一性

D. 在某些情况下，某种证券可能没有活跃的市场价格（例如股票停牌）

53. 现代金融学关于证券估值的讨论，基本上是运用各种主观的假设变量，结合相关金融原理或者估值模型，得出某种"理论价格"，并认为那就是证券的"内在价值"。在这种理论的指导下，投资行为简化为（　　）。

A. 市场价格＜内在价值→价格被高估→买入证券

B. 市场价格＞内在价值→价格被高估→卖出证券

C. 市场价格＜内在价值→价格被低估→卖出证券

D. 市场价格＞内在价值→价格被低估→卖出证券

54. 关于债券的嵌入式期权条款，下面说法错误的是（　　）。

A. 债券条款中可能包含发行人提前赎回权、债券持有人提前返售权、转股权、转股修正权、偿债基金条款等嵌入式期权

B. 这些条款极大地影响了债券的未来现金流模式

C. 一般来说，凡是有利于发行人的条款都会相应降低债券价值

D. 一般来说，凡是有利于持有人的条款都会相应降低债券价值

55. 债券的贴现率是投资者对该债券要求的最低回报率，也称为"必要回报率"。其计算公式为（　　）。

A. 债券必要回报率＝真实无风险收益率＋预期通货膨胀率－风险溢价

B. 债券必要回报率＝真实无风险收益率＋预期通货膨胀率＋风险溢价

C. 债券必要回报率＝真实无风险收益率－预期通货膨胀率＋风险溢价

D. 债券必要回报率＝真实无风险收益率－预期通货膨胀率－风险溢价

56. 属于债券报价形式的是（　　）。

A. 全价报价　　　　　　　　　　B. 折价报价

C. 溢价报价　　　　　　　　　　D. 平价报价

二、多项选择题

1. 作为虚拟资本载体的有价证券，它们的价格运动形式具体表现为（　　）。

A. 其市场价值由证券的预期收益和市场利率决定，不随职能资本价值的变动而变动

B. 其市场价值与预期收益的多少成正比，与市场利率的高低成反比

C. 其风险大小，既取决于投资者的投资能力，也取决于市场的总体情况

D. 其价格波动，既取决于有价证券的供求，也取决于货币的供求

2. 利率期限结构理论建立的基本因素包括(　　)。

   A. 市场预期理论　　　　　　　　　　B. 流动性偏好理论

   C. 内在价值理论　　　　　　　　　　D. 市场分割理论

3. 股票市盈率估计的简单估计法主要包括(　　)。

   A. 算术平均数法或中间数法　　　　　B. 现金流贴现法

   C. 趋势调整法　　　　　　　　　　　D. 回归调整法

4. 下列属于影响股票投资价值内部因素的是(　　)。

   A. 公司净资产　　　　　　　　　　　B. 公司盈利水平

   C. 股份分割　　　　　　　　　　　　D. 公司资产重组

5. 通常将有价证券的市场价格区分为(　　)。

   A. 历史价格　　　　　　　　　　　　B. 当前价格

   C. 发行价格　　　　　　　　　　　　D. 预期市场价格

6. 关于内在价值，以下说法正确的有(　　)。

   A. 是一种相对"客观"的价格

   B. 围绕着内在价值形成的

   C. 由证券自身的内在属性或者基本面因素决定

   D. 不受外在因素比如短期供求关系变动、投资者情绪波动等的影响

7. 关于安全边际，以下说法正确的有(　　)。

   A. 任何投资活动均以之为基础

   B. 证券的市场价格高于其内在价值的部分

   C. 对债券或优先股而言，它通常代表盈利能力超过利率或者必要红利率

   D. 对普通股而言，它代表了计算出的内在价值高于市场价格的部分

8. 在任一时点上，影响利率期限结构形状的因素有(　　)。

   A. 市场效率低下

   B. 债券预期收益中可能存在的流动性溢价

   C. 对未来利率变动方向的预期

   D. 资金在长期和短期市场之间的流动可能存在的障碍

9. 影响期权价格的因素包括(　　)。

   A. 利率　　　　　　　　　　　　　　B. 协定价格与市场价格

   C. 标的资产的收益　　　　　　　　　D. 权利期间

10. 根据协定价格与标的物市场价格的关系，可将期权分为(　　)。

    A. 看涨期权　　　　　　　　　　　　B. 虚值期权

    C. 平价期权　　　　　　　　　　　　D. 实值期权

11. 以下情况属于实值期权的有(　　)。

    A. 对看跌期权而言，当市场价格高于协定价格时

    B. 对看涨期权而言，当市场价格低于协定价格时

    C. 对看涨期权而言，当市场价格高于协定价格时

D. 内在价值为正的金融期权

12. 下列期权属于虚值期权的是（　　）。

A. 市场价格低于协定价格的看涨期权　　B. 市场价格高于协定价格的看跌期权

C. 市场价格高于协定价格的看涨期权　　D. 市场价格低于协定价格的看跌期权

13. 下列关于影响期权价格的论述正确的有（　　）。

A. 期权期间越长，期权价格越高

B. 协定价格与市场价格间的差距越大，时间价值越小

C. 标的物价格的波动性越小，期权价格越高

D. 利率提高，股票看涨期权的内在价值下降，而看跌期权的内在价值会提高

14. 下列关于可转换证券价值的说法正确的是（　　）。

A. 可转换证券的投资价值是指将可转换证券转股前的利息收入和转股时的转换价值按适当的必要收益率折算的现值

B. 可转换证券的理论价值是指当它作为不具有转股选择权的一种证券的价值

C. 可转换证券的转换价值是指实施转换时得到的标的股票的市场价值

D. 可转换证券的价值有投资价值、转换价值、理论价值及市场价值之分

15. 下面关于权证的说法正确的是（　　）。

A. 认股权证的持有人有权买入标的证券，认沽权证的持有人有权卖出标的证券

B. 按权证的内在价值，可以将权证分为平价权证、价内权证和价外权证

C. 美式权证的持有人只有在约定的到期日才有权买卖标的证券，而欧式权证的持有人在到期日前的任意时刻都有权买卖标的证券

D. 现金结算权证行权时，发行人仅对标的证券的市场价与行权价格的差额部分进行现金结算，实物交割权证行权时则涉及标的证券的实际转移

16. 若以 S 表示标的股票的价格，X 表示权证的执行价格，则（　　）。

A. 认股权证的内在价值为 max（X−S，0）

B. 认沽权证的内在价值为 max（X−S，0）

C. 认沽权证的内在价值为 max（S−X，0）

D. 认沽权证的内在价值为 max（S−X，0）

17. 影响权证理论价值的主要有（　　）。

A. 到期期限　　　　　　　　　B. 权证的行权价格

C. 股价的波动率　　　　　　　D. 无风险利率

18. 下列关于认股权证杠杆作用的说法，正确的是（　　）。

A. 杠杆作用表现为认股权证的市场价格要比其可认购股票的市场价格上涨或下跌的速度快得多

B. 杠杆作用可以用考察期内认股权证的市场价格变化百分比与同一时期内可认购股票的市场价格变化百分比的比值表示

C. 杠杆作用可以用考察期期初可认购股票的市场价格与考察期期初认股权证的市场价格的比值近似表示

D. 杠杆作用反映了认股权证市场价格上涨（或下跌）幅度是可认购股票市场价格

上涨（或下跌）幅度的几倍

19. 关于可转换债券，下列说法正确的是（　　）。

　　A. 可转换证券是指可以在一定时期内，按一定比例或价格转换成一定数量的另一种证券的特殊公司证券

　　B. 可转换证券具有投资价值、转换价值、理论价值和市场价值

　　C. 发行可转换证券时需同时规定转换比例和转换价格

　　D. 可转换证券的价值与标的证券的价值有关

20. （　　）假设市场参与者会按照他们的利率预期从债券市场的一个偿还期部分自由地转移到另一个偿还期部分，而不受任何阻碍。

　　A. 市场预期理论　　　　　　　　B. 期限结构理论

　　C. 市场分割理论　　　　　　　　D. 流动性偏好理论

21. 如果不存在活跃交易的市场，确定公允价值采用的估值技术包括（　　）。

　　A. 市场报价

　　B. 现金流量折现法和期权定价模型

　　C. 参照实质上相同的其他金融工具的当前公允价值

　　D. 参考熟悉情况并自愿交易的各方最近进行的市场交易中使用的价格

22. 公平交易要求（　　）。

　　A. 现金流出的现值大于现金流入的现值

　　B. 现金流出的现值正好等于现金流入的现值

　　C. 该投资行为所产生的现金流的净现值等于 0

　　D. 该投资行为所产生的现金流的净现值大于 0

23. 以下贴现现金流估值法中，以自由现金流作为指标的模型有（　　）。

　　A. 权益现金流模型　　　　　　　B. 现金流贴现模型

　　C. 调整现值模型　　　　　　　　D. 资本现金流模型

24. 以下贴现现金流估值法中，以加权平均资本成本为贴现系数的模型有（　　）。

　　A. 现金流贴现模型　　　　　　　B. 权益现金流模型

　　C. 调整现值模型　　　　　　　　D. 经济利润估值模型

25. 下列影响股票投资价值的外部因素中，属于宏观经济因素的是（　　）。

　　A. 货币政策　　　　　　　　　　B. 财政政策

　　C. 收入分配政策　　　　　　　　D. 产业政策

26. 下列股票模型中，较为接近实际情况的是（　　）。

　　A. 零增长模型　　　　　　　　　B. 不变增长模型

　　C. 二元增长模型　　　　　　　　D. 三元增长模型

27. 下列关于回归分析法建立市盈率模型的说法，正确的是（　　）。

　　A. 回归分析法得出的有关市盈率估计方程具有很强的时效性

　　B. 尚有该模型没有捕捉到的其他重要因素

　　C. 能成功地解释较长时间内市场的复杂变化

　　D. 当市场兴趣发生变化时，表示各变量权重的那些系数将有所变化

28. 股票市盈率估计的主要方法有（　　）。

    A. 试算法
                  B. 回归分析法

    C. 简单估计法
              D. 现金贴现法

29. 下列关于市净率的说法，正确的是（　　）。

    A. 市净率越大，说明股价处于较高水平；市净率越小，则说明股价处于较低水平

    B. 市净率反映的是相对于净资产股票当前市场价格是处于较高水平还是较低水平

    C. 市净率又称价格收益比或本益比，是每股价格与每股收益之间的比率

    D. 市净率通常用于考察股票的内在价值，多为长期投资者所重视

30. 在金融期货合约中对有关交易的（　　）有标准化的条款规定。

    A. 标的物
                B. 合约规模

    C. 交割时间
            D. 标价方法

31. 影响期货价格的因素包括（　　）。

    A. 市场利率
                     B. 财政政策、货币政策

    C. 期货合约的流动性
          D. 期货合约的有效期

32. 下列关于金融期权的说法，正确的是（　　）。

    A. 金融期权是指其持有者能在规定的期限内按交易双方商定的价格购买或出售一定数量的某种金融工具的权利

    B. 期权的价格是在期权交易中期权的买方为获得期权合约所赋予的权利而向期权的卖方支付的费用

    C. 期权价格受多种因素影响，但从理论上说由两个部分组成，即内在价值和时间价值

    D. 金融期权的时间价值是指期权的买方如果立即执行该期权所能获得的收益

33. 以下贴现现金流估值法中，以无杠杆权益成本为贴现系数的模型有（　　）。

    A. 权益现金流模型
           B. 现金流贴现模型

    C. 调整现值模型
           D. 资本现金流模型

34. 相对估值方法包括（　　）。

    A. 市盈率
                  B. 市净率

    C. 股价/销售额比率
         D. 市值回报增长比（PEG）

35. 对于（　　）适用市盈率对证券进行估值。

    A. 周期性较弱企业
         B. 重组型公司

    C. 一般制造业
           D. 服务业

36. 对于（　　）适用市净率对证券进行估值。

    A. 周期性公司
           B. 成熟行业

    C. 重组型公司
           D. 亏损公司

37. 对企业资产进行估值常用方法包括（　　）。

    A. 账面成本法
           B. 重置成本法

    C. 公允价值法
           D. 清算价值法

38. 在金融工程领域中，常见的估值方法有（　　），它们在衍生产品估值中得到广泛

应用。

A. 无套利定价
B. 风险中性定价
C. 套利定价模型
D. 资本资产定价模型

39. 债券必要回报率由( )组成。

A. 真实无风险收益率
B. 当期收益率
C. 预期通货膨胀率
D. 风险溢价

40. 名义无风险收益率一般用相同期限零息国债的( )来近似。

A. 零利率
B. 即期利率
C. 到期收益率
D. 真实无风险收益率

41. 债券交易中，较为普遍采用的报价形式是( )。

A. 溢价报价
B. 全价报价
C. 折价报价
D. 净价报价

三、判断题

1. 股票、债券均属虚拟资本的范畴。( )

A. 正确
B. 错误

2. 虚拟资本的市场价值由证券的预期收益和市场利率决定，不随职能资本价值的变动而变动。( )

A. 正确
B. 错误

3. 在期权有效期内标的资产产生收益将使看涨期权价格下降，使看跌期权价格上升。( )

A. 正确
B. 错误

4. 当可转换证券的市场价格大于可转换证券的转换价值时，前者减后者所得的数值被称为可转换证券的转换贴水。( )

A. 正确
B. 错误

5. 在其他变量保持不变的情况下，到期期限与认股权证价值反方向变化。( )

A. 正确
B. 错误

6. 美式权证的持有人只有在约定的到期日才有权买卖标的证券，而欧式权证的持有人在到期日前的任意时刻都有权买卖标的证券。( )

A. 正确
B. 错误

7. 期货价格相当于交易者持有现货金融工具至到期日所必须支付的成本，也称为持有成本。( )

A. 正确
B. 错误

8. 金融期权的内在价值是指期权的买方如果立即执行该期权所能获得的收益。( )

A. 正确
B. 错误

9. 金融期权时间价值也称"外在价值"，是指期权的买方购买期权而实际支付的价格超过该期权内在价值的那部分价值。( )

A. 正确
B. 错误

10. 全价报价的优点是可以更好地反映债券价格的波动程度。( )

A. 正确   B. 错误

11. 净价报价的缺点是含混了债券价格涨跌的真实原因。（　　）

     A. 正确   B. 错误

12. 我国目前对于贴现发行的零息债券按照实际全年天数计算累计利息，闰年 2 月 29 日也计利息。（　　）

     A. 正确   B. 错误

13. 有价证券的市场价格是指该证券在市场中的交易价格，反映了市场参与者对该证券价值的评估。（　　）

     A. 正确   B. 错误

14. 如果通货膨胀率是正数，今天 100 元所代表的购买力比明年的 100 元要小。（　　）

     A. 正确   B. 错误

15. 债券投资者持有债券，会获得利息和本金偿付，把它的现金流入用适当的贴现率进行贴现并求和，便可得到债券的理论价格。（　　）

     A. 正确   B. 错误

16. 市净率越大，说明股价处于较低水平；市净率越小，则说明股价处于较高水平。（　　）

     A. 正确   B. 错误

17. 市净率与市盈率相比，前者通常用于考察股票的供求状况，更为短期投资者所关注；后者通常用于考察股票的内在价值，多为长期投资者所重视。（　　）

     A. 正确   B. 错误

18. 理论上，期货价格一定高于相应的现货金融工具。（　　）

     A. 正确   B. 错误

19. 金融期权合约是约定在未来时间以事先协定的价格买卖某种金融工具的双边合约。（　　）

     A. 正确   B. 错误

20. 一般来说，凡是有利于发行人的条款都会相应增加债券价值；反之，有利于持有人的条款则会降低债券价值。（　　）

     A. 正确   B. 错误

21. 绝对估值是指通过对证券的基本财务要素的计算和处理得出该证券的相对金额值。（　　）

     A. 正确   B. 错误

22. 在市场分割理论中，如果短期资金市场供需曲线交叉点利率高于长期资金市场供需曲线交叉点利率，则利率期限结构呈现向上倾斜的趋势。（　　）

     A. 正确   B. 错误

23. 流动性偏好理论的基本观点是投资者并不认为长期债券是短期债券的理想替代物。（　　）

     A. 正确   B. 错误

24. 从理论上讲，资产净值应与股价保持一定比例，即资产净值增加，股价上涨；资产

净值减少，股价下跌。（　　）

A. 正确　　　　　　　　　　　　B. 错误

25. 股票价格的涨跌和公司盈利的变化同时发生。（　　）

A. 正确　　　　　　　　　　　　B. 错误

26. 在一般情况下，股票价格与股利水平成反比，股利水平越高，股票价格越低。（　　）

A. 正确　　　　　　　　　　　　B. 错误

27. 如果 NPV>0，这种股票价格被高估，因此不可购买这种股票。（　　）

A. 正确　　　　　　　　　　　　B. 错误

28. 内部收益率就是指使得投资净现值大于零的贴现率。（　　）

A. 正确　　　　　　　　　　　　B. 错误

29. 在决定优先股的内在价值时，零增长模型相当有用。（　　）

A. 正确　　　　　　　　　　　　B. 错误

30. 每股净资产的数额越大，表明公司内部积累越雄厚，抵御外来因素影响的能力越强。（　　）

A. 正确　　　　　　　　　　　　B. 错误

31. 对看涨期权而言，若市场价格高于协定价格，期权的买方执行期权将有利可图，此时为虚值期权。（　　）

A. 正确　　　　　　　　　　　　B. 错误

32. 对看跌期权而言，市场价格低于协定价格为实值期权，市场价格高于协定价格为虚值期权。（　　）

A. 正确　　　　　　　　　　　　B. 错误

33. 一般而言，协定价格与市场价格间的差距越大，期权的时间价值越大；反之亦然。（　　）

A. 正确　　　　　　　　　　　　B. 错误

34. 期权的时间价值乃至期权价格都将随标的物价格波动的增大而提高，随标的物价格波动的缩小而降低。（　　）

A. 正确　　　　　　　　　　　　B. 错误

35. 在其他条件不变的情况下，期权期间越长，期权价格越高；反之，期权价格越低。（　　）

A. 正确　　　　　　　　　　　　B. 错误

36. 利率提高，期权标的物的市场价格将下降，从而使看涨期权的内在价值下降，看跌期权的内在价值提高；利率提高，又会使期权价格的机会成本提高，进而使期权价格下降。（　　）

A. 正确　　　　　　　　　　　　B. 错误

37. 在期权有效期内标的资产产生的收益将使看涨期权价格下降，使看跌期权价格上升。（　　）

A. 正确　　　　　　　　　　　　B. 错误

38. 可转换证券的转换价值等于标的股票每股市场价格与转换比例的乘积。（　　）
    A. 正确　　　　　　　　　　　　B. 错误

39. 可转换证券的内在价值，是指将可转换证券转股前的利息收入和转股时的转换价值按适当的必要收益率折算的现值。（　　）
    A. 正确　　　　　　　　　　　　B. 错误

40. 当转换平价大于标的股票的市场价格时，可转换证券的转换价值大于可转换证券的市场价格。如果不考虑标的股票价格未来变化，此时转股对持有人有利。（　　）
    A. 正确　　　　　　　　　　　　B. 错误

41. 转换平价可被视为已将可转换证券转换为标的股票的投资者的盈亏平衡点。（　　）
    A. 正确　　　　　　　　　　　　B. 错误

42. 权证是指标的证券发行人或其以外的第三人发行的，约定持有人在规定期间内或特定到期日有权按约定价格向发行人购买或出售标的证券，或以现金结算方式收取结算差价的有价证券。（　　）
    A. 正确　　　　　　　　　　　　B. 错误

43. 欧式权证的持有人只有在约定的到期日才有权买卖标的证券，而美式权证的持有人在到期日前的任意时刻都有权买卖标的证券。（　　）
    A. 正确　　　　　　　　　　　　B. 错误

44. 备兑权证由上市公司发行，持有人行权时上市公司增发新股，对公司股本具有稀释作用。（　　）
    A. 正确　　　　　　　　　　　　B. 错误

45. 认股权证的杠杆作用反映了认股权证市场价格上涨（或下跌）幅度是可认购股票市场价格上涨（或下跌）幅度的几倍。（　　）
    A. 正确　　　　　　　　　　　　B. 错误

46. 认股权证的市场价格很少与其理论价值相同。在许多情况下，前者要大于后者。（　　）
    A. 正确　　　　　　　　　　　　B. 错误

47. 按发行人（基础资产的来源）分类。根据权证行权所买卖的股票来源不同，可分为股本权证和备兑权证。（　　）
    A. 正确　　　　　　　　　　　　B. 错误

48. 向下倾斜的利率曲线表示期限相对较短的债券，利率与期限呈正向关系；期限相对较长的债券，利率与期限呈反向关系。（　　）
    A. 正确　　　　　　　　　　　　B. 错误

49. 实践中，通常采用信用评级来确定不同债券的违约风险大小。（　　）
    A. 正确　　　　　　　　　　　　B. 错误

50. 认股权证的杠杆作用是指认股权证价格的小幅波动能够引起可选购股票价格的大幅波动。（　　）
    A. 正确　　　　　　　　　　　　B. 错误

51. 在经济繁荣时期，低等级债券与无风险债券之间的收益率差通常比较小，而一旦进

入衰退或者萧条，信用利差就会急剧扩大，导致低等级债券价格暴跌。（　　）

A. 正确　　　　　　　　　　　　B. 错误

52. 可赎回债券是指允许发行人在债券到期以前按某一约定的价格赎回已发行的债券。（　　）

A. 正确　　　　　　　　　　　　B. 错误

53. 通过股份分割后，公司的收益会增加。（　　）

A. 正确　　　　　　　　　　　　B. 错误

54. 流动性偏好理论的基本观点是相信投资者认为长期债券是短期债券的理想替代物。（　　）

A. 正确　　　　　　　　　　　　B. 错误

55. 在投资学中，持有期收益率被定义为债券的年利息收入与买入债券的实际价格的比率。（　　）

A. 正确　　　　　　　　　　　　B. 错误

56. 可赎回债券的约定赎回价格可以是发行价格、债券面值，也可以是某一指定价格或是与不同赎回时间对应的一组赎回价格。（　　）

A. 正确　　　　　　　　　　　　B. 错误

57. 持有期收益率是指买入债券到卖出债券期间所获得的年平均收益，它与到期收益率的区别仅仅在于末笔现金流是卖出价格而非债券到期偿还金额。（　　）

A. 正确　　　　　　　　　　　　B. 错误

58. 在债券定价公式中，即期利率就是用来进行现金流贴现的贴现率。（　　）

A. 正确　　　　　　　　　　　　B. 错误

59. 股份分割给投资者带来的是现实的利益，因为股份分割前后投资者持有的公司净资产和以前不一样。（　　）

A. 正确　　　　　　　　　　　　B. 错误

60. 从财务投资者的角度看，买入某个证券就等于买进了未来一系列现金流，证券估值也就等价于现金流估值。（　　）

A. 正确　　　　　　　　　　　　B. 错误

61. 由于每个投资者对证券"内在"信息的掌握并不相同，主观假设（比如未来市场利率、通货膨胀率、汇率等）也不一致，即便大家都采用相同的计算模型，每个人算出来的内在价值也不会一样。（　　）

A. 正确　　　　　　　　　　　　B. 错误

62. 格雷厄姆和多德在其经典著作《证券分析》一书中数十次提及"安全边际"（Margin-of- safety）概念。按照他们的理论，安全边际是指证券的市场价格低于其内在价值的部分，任何投资活动均以之为基础。"就债券或优先股而言，它通常代表盈利能力超过利率或者必要红利率，或者代表企业价值超过其优先索偿权的部分；对普通股而言，它代表了计算出的内在价值高于市场价格的部分，或者特定年限内预期收益或红利超过正常利息率的部分。"（　　）

A. 正确　　　　　　　　　　　　B. 错误

63. 可赎回债券是指允许发行人在债券到期以前按某一约定的价格赎回已发行的债券。通常在预期市场利率下降时，发行人会发行可赎回债券，以便未来用低利率成本发行的债券替代成本较高的已发债券。（　　）

　　A. 正确　　　　　　　　　　　B. 错误

64. 可赎回债券的约定赎回价格可以是发行价格、债券面值，也可以是某一指定价格或是与不同赎回时间对应的一组赎回价格。（　　）

　　A. 正确　　　　　　　　　　　B. 错误

65. 股份公司的股利政策直接影响股票投资价值。在一般情况下，股票价格与股利水平成正比。股利水平越高，股票价格越高；反之，股利水平越低，股票价格越低。股利来自于公司的税后盈利，但公司盈利的增加只为股利分配提供了可能，并非盈利增加股利一定增加。（　　）

　　A. 正确　　　　　　　　　　　B. 错误

参考答案

一、单向选择题

1. D	2. A	3. D	4. D	5. B
6. D	7. D	8. D	9. B	10. D
11. A	12. C	13. D	14. D	15. A
16. C	17. D	18. C	19. C	20. B
21. B	22. A	23. C	24. B	25. C
26. D	27. D	28. B	29. C	30. C
31. B	32. A	33. D	34. A	35. B
36. B	37. C	38. C	39. C	40. A
41. C	42. C	43. C	44. B	45. A
46. D	47. B	48. B	49. C	50. C
51. C	52. A	53. B	54. D	55. B
56. A				

二、多项选择题

1. ABD	2. ABD	3. ACD	4. ABCD	5. ABD
6. ABCD	7. ACD	8. ABCD	9. ABCD	10. BCD
11. CD	12. AB	13. ABD	14. CD	15. ABD
16. BC	17. ABCD	18. ABCD	19. ABD	20. AD
21. BCD	22. BC	23. BC	24. AD	25. ABC
26. CD	27. ABD	28. BC	29. ABD	30. ABCD
31. ABCD	32. ABC	33. ACD	34. ABCD	35. ACD
36. AC	37. BD	38. AB	39. ACD	40. ABC
41. BD				

三、判断题

1. A	2. A	3. A	4. B	5. B
6. B	7. A	8. A	9. A	10. B
11. B	12. A	13. A	14. B	15. A
16. B	17. B	18. B	19. B	20. B
21. B	22. B	23. A	24. A	25. B
26. B	27. B	28. B	29. A	30. A
31. B	32. A	33. B	34. A	35. A
36. A	37. A	38. A	39. A	40. B
41. A	42. A	43. A	44. B	45. A
46. A	47. A	48. B	49. A	50. B
51. A	52. A	53. B	54. B	55. B
56. A	57. A	58. A	59. B	60. A
61. A	62. A	63. A	64. A	65. A

第三章 宏观经济分析

一、本章考纲

熟悉宏观经济分析的意义；熟悉总量分析和结构分析的定义、特点和关系；熟悉宏观分析资料的搜集与处理方法。

熟悉国民经济总体指标、投资指标、消费指标、金融指标、财政指标的主要内容，熟悉各项指标变动对宏观经济的影响。

掌握国内生产总值的概念及计算方法，熟悉国内生产总值与国民生产总值的区别与联系；掌握失业率与通货膨胀的概念，熟悉 CPI 的计算方法以及 PPI 与 CPI 的传导特征，熟悉失业率与通货膨胀率的衡量方式；掌握零售物价指数、生产者价格指数、国民生产总值物价平减指数的概念；熟悉国际收支、社会消费品零售总额、城乡居民储蓄存款余额、居民可支配收入等指标的内容；掌握货币供应量的三个层次；熟悉金融机构各项存贷款余额、金融资产总量的含义和构成；熟悉外汇储备及外汇储备变动情况；掌握利率及基准利率的概念；熟悉再贴现率、熟悉同业拆借利率、回购利率和各项存贷款利率的变动影响；熟悉汇率的概念、汇率制度及汇率变动的影响；熟悉财政收支内容以及财政赤字或结余的概念。

掌握证券市场与宏观经济运行之间的关系；熟悉中国股市表现与 GDP、经济周期、通货变动对证券市场的影响；熟悉我国证券市场指数走势与我国 GDP 增长趋势的实际关系。

掌握财政政策和主要财政政策手段，熟悉积极财政政策及紧缩财政政策对证券市场的影响；掌握货币政策和货币政策工具，熟悉货币政策的调控作用以及货币政策对证券市场的影响；掌握收入政策含义，熟悉收入政策的目标及其传导机制，熟悉我国收入政策的变化及其对证券市场的影响；熟悉国际金融市场环境对我国证券市场的影响途径。

熟悉证券市场供求关系的决定原理；熟悉我国证券市场供需方的发展及现状；掌握影响证券市场供给和需求的因素以及影响我国证券市场供求关系的基本制度变革。

二、本章知识体系

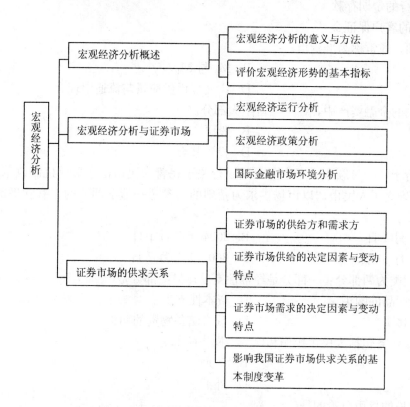

三、同步强化练习题及参考答案

同步强化练习题

一、单项选择题

1. 为了消除消费习惯或产品等因素的影响，通常在一定周期内对基期或权重进行调整。我国采用（ ）年一次对基期和 CPI 权重进行调整。
   A. 1　　　　　　　　　　　　B. 5
   C. 3　　　　　　　　　　　　D. 10

2. 温和的通货膨胀是指年通货膨胀率低于（ ）的通货膨胀。
   A. 10%　　　　　　　　　　　B. 1%
   C. 5%　　　　　　　　　　　　D. 8%

3. 目前，我国统计部门公布的失业率为（ ）登记失业率。
   A. 农村　　　　　　　　　　　B. 全国
   C. 城镇　　　　　　　　　　　D. 农村和城镇

4. 属于流通中现金（M_0）的是（ ）。

A. 单位库存现金

B. 单位在银行的可开支票进行支付的活期存款

C. 单位在银行的定期存款

D. 证券公司的客户保证金

5. （　　）的差额，通常称为准货币。

A. M_0 与 M_1

B. M_2 与 M_1

C. M_2 与 M_0

D. 广义货币供应量与流通中现金

6. 目前我国居民的金融资产中，（　　）占绝大部分。

A. 储蓄存款

B. 股票

C. 债券

D. 投资基金

7. 中国人民银行于（　　）颁布了《中国人民银行关于完善人民币汇率形成机制改革的公告》，以此确立了人民币"以市场供求为基础的、参考一篮子调节的、有管理的"浮动汇率制度。

A. 2003 年 1 月 1 日

B. 2004 年 7 月 1 日

C. 2005 年 7 月 21 日

D. 2007 年 7 月 7 日

8. 政府支出可归类为两部分：一部分是经常性支出；另一部分是（　　）。

A. 公共消费产品的购买

B. 资本性支出

C. 经常性转移

D. 政府储备物资的购买

9. 中国公开市场业务包括人民币操作和（　　）操作两部分。

A. 美元

B. 日元

C. 英镑

D. 外汇

10. 以下属于宽松的货币政策的是（　　）。

A. 减少货币供应量

B. 提高利率

C. 降低利率

D. 加强信贷控制

11. 1978～1998 年欧洲货币体系（EMS）是（　　）汇率制度。

A. 自由浮动汇率制度

B. 有管理的浮动汇率制度

C. 目标区间管理

D. 固定汇率制度

12. 实施（　　）财政政策时，政府积极投资于能源、交通、住宅等建设，从而刺激相关产业如水泥、钢材、机械等行业的发展。

A. 扩张性

B. 紧缩性

C. 中性

D. 保守

13. 证券市场素有"经济晴雨表"之称，这表明证券市场是宏观经济的（　　）指标，也表明宏观经济的走向决定了证券市场的长期趋势。

A. 滞后

B. 同步

C. 先行

D. 不相关

14. 关于国内生产总值与国民生产总值，以下说法正确的是（　　）。

A. GDP＝GNP－本国居民在国外的收入＋外国居民在本国的收入

B. GDP＝GNP＋本国居民在国外的收入－外国居民在本国的收入

C. GNP＝GDP－本国居民在国外的收入＋外国居民在本国的收入

D. GNP＝C＋I＋G＋（X－M）

15. 劳动力人口是指年龄在（　　）具有劳动能力的人的全体。

A. 20 岁以上   B. 16 岁以上

C. 18 岁以上   D. 以上都不正确

16. 下列关于通货膨胀的说法，错误的是（　　）。

A. 通货膨胀有被预期和未被预期之分，从程度上则有温和的、严重的和恶性的三种

B. 温和的通货膨胀是指年通货膨胀率低于 60％的通货膨胀

C. 严重的通货膨胀是指两位数的通货膨胀

D. 恶性通货膨胀则是指三位数以上的通货膨胀

17. 长期资本是指合同规定偿还期超过（　　）的资本或未定偿还期的资本。

A. 半年   B. 1 年

C. 2 年   D. 3 年

18. 居民储蓄存款是居民（　　）扣除消费支出以后形成的。

A. 总收入   B. 工资收入

C. 可支配收入   D. 税前收入

19. 从利率角度分析，（　　）形成了利率下调的稳定预期。

A. 温和的通货膨胀   B. 严重的通货膨胀

C. 恶性通货膨胀   D. 通货紧缩

20. （　　）具有强制性、无偿性和固定性的特征，它既是筹集财政收入的主要工具，又是调节宏观经济的重要手段。

A. 国债   B. 税收

C. 财政补贴   D. 转移支付

21. （　　）是指中央银行规定的金融机构为保证客户提取存款和资金清算需要而准备的在中央银行的存款占其存款总额的比例。

A. 法定存款准备金率   B. 存款准备金率

C. 超额准备金率   D. 再贴现率

22. （　　）筹备 10 年的深圳证券交易所创业板终于正式开板。

A. 2009 年 10 月 23 日   B. 2010 年 1 月 1 日

C. 2008 年 10 月 1 日   D. 2007 年 1 月 1 日

23. （　　）是指银行同业之间的短期资金借贷利率。

A. 同业拆借利率   B. 贴现率

C. 回购利率   D. 再贴现率

24. 同业拆借有两个利率，即（　　）。

A. 存款利率和贷款利率   B. 拆进利率与拆出利率

C. 回购利率和转出利率   D. 贴现率和再贴现率

25. 同业拆借中大量使用的利率是（　　）。

A. 巴黎同业拆借利率　　　　　　　B. 伦敦同业拆借利率

C. 柏林同业拆借利率　　　　　　　D. 纽约同业拆借利率

26. 通过货币乘数的作用，（　　）的作用效果十分明显。

　　A. 再贴现率　　　　　　　　　　B. 直接信用控制

　　C. 法定存款准备金率　　　　　　D. 公开市场业务

27. 恶性通货膨胀是指年通货膨胀率达（　　）的通货膨胀。

　　A. 10%以下　　　　　　　　　　B. 2 位数

　　C. 3 位数以上　　　　　　　　　D. 4 位数以上

28. （　　）是指中央银行通过道义劝告、窗口指导等办法来间接影响商业银行等金融机构行为的做法。

　　A. 再贴现率　　　　　　　　　　B. 间接信用指导

　　C. 法定存款准备金率　　　　　　D. 公开市场业务

29. 下面关于货币政策对证券市场的影响，错误的是（　　）。

　　A. 一般来说，利率下降时，股票价格就上升；而利率上升时，股票价格就下降

　　B. 如果中央银行大量购进有价证券，会推动利率下调，推动股票价格上涨

　　C. 如果中央银行提高存款准备金率，货币供应量便大幅度减少，证券市场价格趋于下跌

　　D. 如果中央银行提高再贴现率，会使证券市场行情走势上扬

30. （　　）主要反映一国的贸易和劳务往来状况，包括贸易收支（也就是通常的进出口）、劳务收支（如运输、港口、通讯和旅游等）和单方面转移（如侨民汇款、无偿援助和捐赠、国际组织收支等），是最具综合性的对外贸易的指标。

　　A. 经常项目　　　　　　　　　　B. 资本项目

　　C. 短期资本　　　　　　　　　　D. 长期资本

31. （　　）是指国民经济各行业通过多种商品流通渠道向城乡居民和社会集团供应的消费品总额。

　　A. 居民可支配收入　　　　　　　B. 社会消费品零售总额

　　C. 商品流通总额　　　　　　　　D. 城乡居民储蓄存款余额

32. 关于居民可支配收入下列说法不正确的是（　　）。

　　A. 居民可支配收入是居民家庭在一定时期内获得并且可以用来自由支配的收入

　　B. 居民可支配收入是通过居民家庭日常获得的总收入计算得来的

　　C. 居民可支配收入＝城镇居民家庭总收入－交纳所得税－个人交纳的社会保障支出

　　D. 居民可支配收入不包括从事第二职业、其他兼职和偶尔劳动得到的劳动收入

33. （　　）是单位和居民个人在银行的各项存款和手持现金之和，其变化反映着中央银行货币政策的变化，对企业生产经营、金融市场尤其是证券市场的运行和居民个人的投资行为有着重大的影响。

　　A. 金融资产总量　　　　　　　　B. 货币供应量

　　C. 外汇储备　　　　　　　　　　D. 金融机构各项存贷款余额

34. 关于我国货币供应量的三个层次：流通中现金（M_0）、狭义货币供应量（M_1）及广义货币供应量（M_2）下列说法不正确的是(　　)。

A. 流通中现金（M_0）指单位库存现金和居民手持现金之和

B. 狭义货币供应量（M_1）指 M_0 加上单位在银行的可开支票进行支付的活期存款

C. 广义货币供应量（M_2）指 M_0 加上单位在银行的定期存款和城乡居民个人在银行的各项储蓄存款以及证券公司的客户保证金

D. 中国人民银行从 2001 年 7 月起，将证券公司客户保证金计入狭义货币供应量 M_1

35. (　　)是一国对外债权的总和，用于偿还外债和支付进口，是国际储备的一种。

A. 特别提款权　　　　　　　　B. 外汇储备

C. 储备头寸　　　　　　　　　D. 黄金储备

36. (　　)是指银行同业之间的短期资金借贷利率。

A. 同业拆借利率　　　　　　　B. 贴现率

C. 回购利率　　　　　　　　　D. 再贴现率

37. 从交易品种看，以下不属于中国人民银行公开市场业务债券交易的是(　　)。

A. 回购交易　　　　　　　　　B. 贴现

C. 现券交易　　　　　　　　　D. 发行中央银行票据

38. 中国人民银行借鉴国际经验而推动建立的报价制中国金融市场基准利率——上海银行间同业拆借利率（Shibor）于 2006 年 10 月 8 日起开始运行，(　　)正式对外发布。

A. 2008 年 1 月 4 日　　　　　B. 2007 年 1 月 4 日

C. 2008 年 4 月 1 日　　　　　D. 2007 年 4 月 1 日

39. (　　)是交易双方在全国统一同业拆借中心进行的以债券（包括国债、政策性金融债券和中央银行融资券）为权利质押的一种短期资金融通业务，是指资金融入方（正回购方）在将债券出质给资金融出方（逆回购方）融入资金的同时，双方约定在将来某一日期由正回购方按某一约定利率计算的资金额向逆回购方返还资金，逆回购方向正回购方返还原出质债券的融资行为。

A. 同业拆借　　　　　　　　　B. 贴现

C. 回购　　　　　　　　　　　D. 再贴现

40. 一般来说，国际金融市场上的(　　)是由一国货币所代表的实际社会购买力平价和自由市场对外汇的供求关系决定的。

A. 同业拆借利率　　　　　　　B. 利率

C. 回购利率　　　　　　　　　D. 外汇汇率

41. 无论从长期看还是从短期看，(　　)是影响公司生存、发展的最基本因素。

A. 宏观经济环境　　　　　　　B. 经济政策

C. 科技创新　　　　　　　　　D. 行业特性

42. 证券市场一般(　　)对 GDP 的变动做出反应。

A. 同时　　　　　　　　　　　B. 提前

C. 不定时   D. 延后

43. ( )是政府依据客观经济规律制定的指导财政工作和处理财政关系的一系列方针、准则和措施的总称。

    A. 收入政策   B. 财政政策

    C. 财政行为   D. 货币政策

44. ( )是财政政策的主要手段。

    A. 国债   B. 财政补贴

    C. 国家预算   D. 税收

45. ( )是国家按照有偿信用原则筹集财政资金的一种形式，也是实现政府财政政策、进行宏观调控的重要工具。

    A. 国债   B. 财政补贴

    C. 国家预算   D. 税收

46. 所谓( )，是指政府为实现一定的宏观经济目标所制定的关于货币供应和货币流通组织管理的基本方针和基本准则。

    A. 税收政策   B. 财政政策

    C. 货币政策   D. 收入政策

47. ( )是指中央银行规定的金融机构为保证客户提取存款和资金清算需要而准备的在中央银行的存款占其存款总额的比例。

    A. 再贴现率   B. 贴现率

    C. 回购利率   D. 法定存款准备率

48. ( )是指中央银行对商业银行用持有的未到期票据向中央银行融资所作的政策规定。

    A. 再贴现政策   B. 公开市场业务

    C. 货币政策   D. 法定存款准备金率

49. ( )是国家为实现宏观调控总目标和总任务，针对居民收入水平高低、收入差距大小在分配方面制定的原则和方针。

    A. 税收政策   B. 财政政策

    C. 货币政策   D. 收入政策

50. 中国人民银行从( )开始建立公开市场业务一级交易商制度，选择了一批能够承担大额债券交易的商业银行作为公开市场业务的交易对象。

    A. 1998 年   B. 2000 年

    C. 2005 年   D. 1989 年

51. 2005 年 7 月 21 日，我国对完善人民币汇率形成机制进行改革。人民币汇率不再盯住单一( )，而是选择若干种主要货币组成一个货币篮子。

    A. 日元   B. 英镑

    C. 欧元   D. 美元

52. 我国和日本将金融机构发行的债券定义为( )债券。

    A. 金融   B. 企业

C. 银行   D. 国债

53. 按照中国证监会 2005 年 9 月 4 日颁布的《上市公司股权分置改革管理办法》，第一类受限股中首次公开发行前股东持有股份超过 5% 的股份在股改结束 12 个月后解禁流通量为 5%，24 个月流通量不超过 10%，在其之后成为全部可上市流通股。该类股份被市场称之为（　　）。
A. 限制股   B. 小非
C. 股改股   D. 大非

54. （　　）是指向客户出借资金供其买入上市证券或者出借上市证券供其卖出，并收取担保物的经营活动。
A. 融资融券业务   B. 股指期货业务
C. 资金融通业务   D. 融资租赁业务

55. 市场通常说的融资融券一般指（　　）。
A. 金融机构对券商的融资、融券
B. 券商为投资者提供的融资和融券交易
C. 金融机构对券商的融资
D. 金融机构对券商的融券

56. 下列不属于融资融券带来风险的主要表现是（　　）。
A. 融资融券业务对标的证券具有助涨助跌的作用
B. 融资融券业务的推出使得证券交易更容易被操纵
C. 融资融券业务可能会对金融体系的稳定性带来一定威胁
D. 融资融券不利于提高监管的有效性

57. 按照中国证监会 2006 年 5 月 8 日和 5 月 18 日分别公布的《上市公司证券发行管理办法》和《首次公开发行股票并上市管理办法》，第二类受限股有三种，其中首次公开发行前公司持有的股份自发行人股票上市之日起（　　）个月内不得流通。
A. 12   B. 24
C. 36   D. 6

58. （　　）是指对影响宏观经济运行总量指标的因素及其变动规律进行分析，进而说明整个经济的状态和全貌。
A. 横向分析法   B. 总量分析法
C. 纵向分析法   D. 结构分析法

59. （　　）是指对经济系统中各组成部分及其对比关系变动规律的分析。
A. 横向分析法   B. 总量分析法
C. 纵向分析法   D. 结构分析法

60. 结构分析主要是一种（　　），即对一定时间内经济系统中各组成部分变动规律的分析。
A. 绝对分析   B. 相对分析
C. 静态分析   D. 动态分析

二、多项选择题

1. 总量分析法是指对影响宏观经济运行总量指标的因素及其变动规律进行分析，如对（ ）及物价水平的变动规律的分析等，进而说明整个经济的状态和全貌。
   - A. 国民生产总值
   - B. 消费额
   - C. 投资额
   - D. 银行贷款总额

2. 国内生产总值有三种表现形态，即（ ）。
   - A. 价值形态
   - B. 收入形态
   - C. 价格形态
   - D. 产品形态

3. 属于国民经济总体指标的有（ ）。
   - A. 国内生产总值
   - B. 工业增加值
   - C. 失业率
   - D. 通货膨胀

4. 通货膨胀对社会经济产生的影响主要有（ ）。
   - A. 引起收入和财富的再分配
   - B. 扭曲商品相对价格
   - C. 降低资源配置效率
   - D. 引发泡沫经济

5. 工业增加值的计算方法有（ ）。
   - A. 生产法
   - B. 收入法
   - C. 支出法
   - D. 综合法

6. 对通货膨胀的衡量可以通过对一般物价水平上涨幅度的衡量来进行。一般说来，常用的指标有（ ）。
   - A. GDP
   - B. 零售物价指数
   - C. 生产者价格指数
   - D. 国民生产总值物价平减指数

7. 国际收支一般是一国居民在一定时期内与非本国居民在（ ）及其他往来中所产生的全部交易的系统记录。
   - A. 政治
   - B. 经济
   - C. 军事
   - D. 文化

8. 目前属于我国财政收入范畴的是（ ）。
   - A. 增值税
   - B. 营业税
   - C. 征收城市水资源费收入
   - D. 国有企业计划亏损补贴

9. 宏观经济运行对证券市场的影响主要表现在以下方面（ ）。
   - A. 企业经济效益
   - B. 居民收入水平
   - C. 投资者对股价的预期
   - D. 资金成本

10. 一般性政策工具是指中央银行经常采用的（ ）政策工具。
    - A. 间接信用指导
    - B. 法定存款准备金率
    - C. 再贴现政策
    - D. 公开市场业务

11. 货币政策工具可分为一般性政策工具和选择性政策工具，其中选择性政策工具包括（ ）。
    - A. 再贴现政策
    - B. 公开市场业务
    - C. 直接信用控制
    - D. 间接信用指导

12. 直接信用控制是指以行政命令或其他方式，直接对金融机构尤其是商业银行的信用活动进行控制。其具体手段包括（   ）。
    A. 规定利率限额与信用配额   B. 信用条件限制
    C. 规定金融机构流动性比率   D. 直接干预

13. 财政政策是当代市场经济条件下国家干预经济、与货币政策并重的一项手段，财政政策手段包括（   ）。
    A. 国家预算   B. 税收
    C. 国债   D. 财政补贴

14. 税收具有（   ）的特征。
    A. 强制性   B. 时间性
    C. 无偿性   D. 固定性

15. 我国财政补贴主要包括（   ）。
    A. 价格补贴   B. 企业亏损补贴
    C. 财政贴息   D. 房租补贴

16. 扩大财政支出，加大财政赤字。其政策效应是（   ）。
    A. 扩大社会总需求   B. 刺激投资
    C. 减少社会总需求   D. 扩大就业

17. 通常来讲，汇率制度主要有（   ）。
    A. 自由浮动汇率制度   B. 有管理的浮动汇率制度
    C. 目标区间管理   D. 固定汇率制度

18. 央行对外汇市场的干预分为（   ）。
    A. 积极的   B. 被动的
    C. 有对冲的   D. 无对冲的

19. 如果一个国家货币处于贬值压力之中，比如长时间的贸易赤字，政府可以通过下面一些货币政策来减轻这种贬值压力（   ）。
    A. 外汇市场操作   B. 提高本币的利率
    C. 削减政府支出和增加税收   D. 增加政府支出和减少税收

20. "三元悖论"确实存在，即（   ）是不可能同时达到的，一个国家只能达到其中两个目标。
    A. 自由的资本流动   B. 固定的汇率
    C. 独立的货币政策   D. 浮动的汇率

21. 与上市公司质量相比，上市公司数量直接决定证券市场供给。而影响公司数量的主要因素包括（   ）。
    A. 宏观经济环境   B. 制度因素
    C. 市场因素   D. 消费需求

22. 财政发生赤字时候的弥补方式有（   ）。
    A. 发行国债   B. 向银行借款
    C. 印制货币   D. 增加税收

23. 证券市场的供给主体是( )。
    A. 公司（企业）　　　　　　　　B. 政府与政府机构
    C. 金融机构　　　　　　　　　　D. 团体

24. 根据投资者的行为主体不同，可以把投资者分为( )。
    A. 短期投资者　　　　　　　　　B. 长期投资者
    C. 个人投资者　　　　　　　　　D. 机构投资者

25. 根据投资证券市场的目的不同，可以把投资者分为( )。
    A. 短期投资者　　　　　　　　　B. 长期投资者
    C. 个人投资者　　　　　　　　　D. 机构投资者

26. 中央银行的货币政策对证券市场的影响，可以从以下方面加以分析( )。
    A. 当利率上升时，同一股票的内在投资价值下降，从而导致股票价格下跌；反之，
       则股价上升
    B. 利率低，可以降低公司的利息负担，增加公司盈利，股票价格也将随之上升；
       反之，利率上升，股票价格下跌
    C. 利率降低，部分投资者将把储蓄投资转成股票投资，需求增加，促成股价上升
    D. 若利率上升，一部分资金将会从银行存款转向证券市场，致使股价上升

27. 影响上市公司数量的主要因素包括( )。
    A. 宏观经济环境　　　　　　　　B. 制度因素
    C. 国际因素　　　　　　　　　　D. 市场因素

28. 证券市场需求主要受到的影响因素是( )。
    A. 机构投资者的培育和壮大　　　B. 宏观经济环境
    C. 政策因素　　　　　　　　　　D. 居民金融资产结构的调整

29. 资本市场开放包含( )。
    A. 产品性开发　　　　　　　　　B. 服务性开放
    C. 投资性开放　　　　　　　　　D. 资金性开发

30. 我国政府在入世谈判中对资本市场的逐步开放作出的实质性的承诺包括( )。
    A. 资产管理服务　　　　　　　　B. B 股业务
    C. 合资证券经营机构　　　　　　D. 以上都不是

31. 由于特殊历史原因，我国 A 股上市公司内部普遍形成了不同性质的股票( )。
    A. B 股　　　　　　　　　　　　B. 非流通股
    C. H 股　　　　　　　　　　　　D. 社会流通股

32. ( )上市公司成为首批股权分置改革的试点公司。
    A. 三一重工　　　　　　　　　　B. 紫江企业
    C. 清华同方　　　　　　　　　　D. 金牛能源

33. 股权分置改革的完成对沪、深证券市场产生以下极其深刻、积极的影响，包
    括( )。
    A. 不同股东之间的利益行为机制在股改后趋于一致化
    B. 大股东违规行为将被利益牵制，理性化行为趋于突出

    C. 有利于上市公司定价机制的统一，市场的资源配置功能和价值发现功能进一步得到优化

    D. 有利于建立和完善上市公司管理层的激励和约束机制

34. 股价波动与经济周期相互关联的总体轮廓给我们的启示是( )。

    A. 经济总是处在周期性运动中

    B. 收集有关宏观经济资料和政策信息，随时注意经济发展动向

    C. 把握经济周期，认清经济形势

    D. 以上都正确

35. 通货膨胀对证券市场的影响分析的一般性原则有( )。

    A. 温和的、稳定的通货膨胀对股价的影响较小

    B. 通货膨胀时期，并不是所有价格和工资都按同一比率变动，而是相对价格发生变化

    C. 严重的通货膨胀是很危险的，经济将被严重扭曲，货币加速贬值，这时人们将会囤积商品、购买房屋等进行保值

    D. 通货膨胀不仅产生经济影响，还可能产生社会影响，并影响投资者的心理预期，从而对股价产生影响

36. 下列属于财政政策手段的是( )。

    A. 转移支付制度   B. 国家预算

    C. 财政补贴   D. 财政管理体制

37. 财政政策分为( )。

    A. 温和性财政政策   B. 扩张性财政政策

    C. 紧缩性财政政策   D. 中性财政政策

38. 实施积极财政政策有( )。

    A. 减少税收，降低税率，扩大减免税范围

    B. 扩大财政支出，加大财政赤字

    C. 减少国债发行（或回购部分短期国债）

    D. 增加财政补贴

39. 减少税收对证券市场的影响为( )。

    A. 增加收入直接引起证券市场价格上涨，增加投资需求和消费支出又会拉动社会总需求

    B. 总需求增加反过来刺激投资需求，从而使企业扩大生产规模，增加企业利润

    C. 利润增加，又将刺激企业扩大生产规模的积极性，进一步增加利润总额，从而促进股票价格上涨

    D. 以上都不对

40. 正确地运用财政政策为证券投资决策服务，应( )。

    A. 关注有关的统计资料信息，认清经济形势

    B. 分析过去类似形势下的政府行为及其经济影响，据此预期政策倾向和相应的经济影响

C. 关注年度财政预算，从而把握财政收支总量的变化趋势，更重要的是对财政收支结构及其重点作出分析，以便了解政府的财政投资重点和倾斜政策

D. 在预见和分析财政政策的基础上，进一步分析相应政策对经济形势的综合影响（比如通货膨胀、利率等），结合行业分析和公司分析作出投资选择

41. 货币政策对宏观经济进行全方位的调控，其调控作用突出表现在(　　)。

A. 通过调控货币供应总量保持社会总供给与总需求的平衡

B. 通过调控利率和货币总量控制通货膨胀，保持物价总水平的稳定

C. 调节国民收入中消费与储蓄的比例

D. 引导储蓄向投资的转化并实现资源的合理配置

42. 总量是反映整个社会经济活动状态的经济变量，包括(　　)。

A. 个量的总和 　　　　　　　　B. 平均量

C. 比例量 　　　　　　　　　　D. 数量

43. 关于核心 CPI 说法正确的是(　　)。

A. 依靠核心 CPI 来判断价格形势这种方法最早是由美国经济学家戈登于 1975 年提出的

B. 目前，我国对核心 CPI 尚未明确界定

C. 一般将剔除了食品和能源消费价格之后的居民消费价格指数作为"核心消费价格指数"

D. "核心消费价格指数"（Core CPI），被认为是衡量通货膨胀的最佳指标

44. PPI 向 CPI 的传导通常有(　　)途径。

A. 以工业品为原材料的生产，存在"原材料→生产资料→生活资料"的传导

B. 以农产品为原料的生产，存在"农业生产资料→农产品→食品"的传导

C. 以房地产的传导

D. 以第三产业的传导

45. 国际收支主要反映(　　)。

A. 一国与他国之间的商品、劳务和收益等交易行为

B. 该国持有的货币、黄金、特别提款权的变化以及与他国债权、债务关系的变化

C. 凡不需要偿还的单方转移项目和相应的科目，由于会计上必须用来平衡的尚未抵消的交易

D. 汇率变化

46. 以下关于进口和出口说法正确的是(　　)。

A. 进口和出口是国际收支中最主要的部分

B. 进口量是指一个国家（或地区）所有常住居民向非常住居民购买或无偿得到的各种货物和服务的价值

C. 出口量则指一个国家（或地区）所有常住居民向非常住居民出售或无偿转让的各种货物和服务的价值

D. 进出口总量及其增长是衡量一国经济开放程度的重要指标

47. 随着我国改革开放的不断深入，投资主体呈现出多元化的趋势，主要包括(　　)。

A. 个人投资 　　　　　　　　 B. 政府投资

C. 企业投资 　　　　　　　　 D. 外商投资

48. 关于居民可支配收入说法正确的是(　　　)。

　　A. 居民可支配收入是通过居民家庭日常获得的总收入计算得来的

　　B. 居民可支配收入＝城镇居民家庭总收入－交纳所得税－个人交纳的社会保障支出

　　C. 分析一国的消费能力时，应注意该国居民可支配收入占国民收入的占比及占比变化

　　D. 居民可支配收入是居民家庭在一定时期内获得并且可以用来自由支配的收入

49. 关于外汇储备说法正确的是(　　　)。

　　A. 外汇储备是一国对外债权的总和，用于偿还外债和支付进口，是国际储备的一种

　　B. 外汇储备的变动是由国际收支产生差额引起的

　　C. 只有在国际收支账户上的所有项目综合起来产生综合差额，才会引起国际储备变动特别是外汇储备变动

　　D. 国际储备主要由黄金和外汇储备构成

50. 关于我国证券市场机构投资者的发展阶段说法正确的是(　　　)。

　　A. 第一阶段是 1991～1997 年。该阶段的机构投资者为证券公司、信托公司、老基金和非专业证券投资的企业法人

　　B. 第二阶段是 1998～2000 年。该阶段的特点是管理层开始有计划、有步骤地推出一系列旨在培育机构投资者的政策措施

　　C. 第三阶段是 2001 年至今，开放式基金的出现是该阶段的特点

　　D. 第四阶段是融资融券和股指期货的推出

三、判断题

1. 在证券投资中，宏观经济分析是一个重要环节，只有把握住宏观经济运行的大方向，才能把握证券市场的总体变动趋势，作出正确的投资决策。(　　　)

　　A. 正确 　　　　　　　　　　 B. 错误

2. 国民生产总值是指一个国家（或地区）所有常住居民在一定时期内（一般按年统计）生产活动的最终成果。(　　　)

　　A. 正确 　　　　　　　　　　 B. 错误

3. 宏观分析所需的有效资料一般包括政府的重点经济政策与措施、一般生产统计资料、金融物价统计资料、贸易统计资料、每年国民收入统计与景气动向、突发性非经济因素等。(　　　)

　　A. 正确 　　　　　　　　　　 B. 错误

4. CPI 是一个固定权重的价格指数，随着时间的推移，一篮子中的商品和服务会发生变化，其反映的价格变化与实际情况不会有出入。(　　　)

　　A. 正确 　　　　　　　　　　 B. 错误

5. 通货膨胀有被预期和未被预期之分，从程度上则有温和的、严重的和恶性的三

种。（　　）

  A. 正确   B. 错误

6. 一国的国内生产总值是指在一国的领土范围内，本国居民和外国居民在一定时期内所生产的、以市场价格表示的产品和劳务的总值。（　　）

  A. 正确   B. 错误

7. 国民生产总值包含本国公民在国外取得的收入，但不包含外国居民在国内取得的收入。（　　）

  A. 正确   B. 错误

8. 所谓核心 CPI，是指将受气候和季节因素影响较大的产品价格剔除之后的居民消费物价指数，其含义代表消费价格长期趋势。（　　）

  A. 正确   B. 错误

9. 外商直接投资是指外国企业和经济组织或个人（不包括华侨、港澳台胞以及我国在境外注册的企业）按我国有关政策、法规，用现汇、实物、技术等在我国境内开办外商独资企业。（　　）

  A. 正确   B. 错误

10. 当国际收支发生顺差时，外汇储备就会减少；当发生逆差时，外汇储备增加。（　　）

  A. 正确   B. 错误

11. 如果中央银行提高再贴现率，就意味着商业银行向中央银行再融资的成本降低了。（　　）

  A. 正确   B. 错误

12. 我国对外筹资成本通常是在 LIBOR 基础上加一定百分点。（　　）

  A. 正确   B. 错误

13. 全国银行间债券市场的回购交易是以国家主权级的债券作为质押品的交易。其回购利率可以说是一种无风险利率。（　　）

  A. 正确   B. 错误

14. 在其他条件不变时，由于利率水平上浮引起存款减少和贷款增加。（　　）

  A. 正确   B. 错误

15. 一般来说，国际金融市场上的外汇汇率是由一国货币所代表的实际社会购买力平价和自由市场对外汇的供求关系决定的。（　　）

  A. 正确   B. 错误

16. 如果财政赤字过大，就会引起社会总需求的膨胀和社会总供求的失衡。（　　）

  A. 正确   B. 错误

17. 发行国债对国内需求总量是会产生影响的。（　　）

  A. 正确   B. 错误

18. 从长期看，在上市公司的行业结构与该国产业结构基本一致的情况下，股票平均价格的变动与 GDP 的变化趋势是相吻合的。（　　）

  A. 正确   B. 错误

19. 如果 GDP 一定时期以来呈负增长，当负增长速度逐渐减缓并呈现向正增长转变的

趋势时,表明恶化的经济环境逐步得到改善,证券市场走势也将由下跌转为上升。( )

    A. 正确   B. 错误

20. 由于影响证券市场走势的因素很多,有时一国证券市场与本国 GDP 走势在 2~5 年内都有可能出现背离。( )

    A. 正确   B. 错误

21. 温和的、稳定的通货膨胀对股价的影响较小。通货膨胀提高了债券的必要收益率,从而引起债券价格下跌。( )

    A. 正确   B. 错误

22. 财政投资主要运用于能源、交通及重要的基础产业、基础设施的建设,财政投资的多少和投资方向直接影响和制约国民经济的部门结构,因而具有造就未来经济结构框架的功能,也有矫正当期结构失衡状态的功能。( )

    A. 正确   B. 错误

23. 财政补贴往往使财政支出扩大。其政策效应是扩大社会总需求和刺激供给增加,从而使整个证券市场的总体水平趋于下跌。( )

    A. 正确   B. 错误

24. 在资本自由流动的世界经济中,央行不能在实施固定汇率的同时实施独立的货币政策。( )

    A. 正确   B. 错误

25. 一个国家如果允许资本流动,同时也可能在汇率固定的条件下实施国内货币政策从而稳定经济增长。( )

    A. 正确   B. 错误

26. 一般来讲,一国的经济越开放,证券市场的国际化程度越高,证券市场受汇率的影响越大。( )

    A. 正确   B. 错误

27. 一般而言,以外币为基准,汇率上升,本币贬值,本国产品竞争减弱,出口型企业将减少收益。( )

    A. 正确   B. 错误

28. 一般而言,以外币为基准,汇率上升时,本币表示的进口商品价格提高,进而带动国内物价水平上涨,引起通货膨胀。( )

    A. 正确   B. 错误

29. 收入结构目标着眼于近期的宏观经济总量平衡,着重处理积累和消费、人们近期生活水平改善和国家长远经济发展的关系以及失业和通货膨胀的问题。( )

    A. 正确   B. 错误

30. 国际金融市场按经营业务的种类划分,可以分为债务市场、证券市场、外汇市场、黄金市场和期权期货市场。( )

    A. 正确   B. 错误

31. 从长期来看,证券价格由其内在价值决定,但就中、短期的价格分析而言,证券的

市场交易价格由供求关系决定。（　　）

A. 正确　　　　　　　　　　B. 错误

32. 长期投资者的目的是为了获得资本差价，而短期投资者的目的是为了获得公司的分红和资本的长期增值。（　　）

A. 正确　　　　　　　　　　B. 错误

33. 证券市场供给的主体是上市公司，上市公司的质量和数量是证券市场供给方的主要影响因素。（　　）

A. 正确　　　　　　　　　　B. 错误

34. 沪、深 300 股指期货合约交易手续费为成交金额的千分之零点五，交割手续费标准为交割金额的万分之一。（　　）

A. 正确　　　　　　　　　　B. 错误

35. 股权分置改革的完成表明国有资产管理体制改革、历史遗留的制度性缺陷、被扭曲的证券市场定价机制、公司治理缺乏共同利益基础等一系列问题逐步得到解决。（　　）

A. 正确　　　　　　　　　　B. 错误

36. 在中国加入 WTO 的 3 年后，外国证券商、投资银行可与中国证券经营机构合资成立外资股份不超过 49％的证券经营机构，从事 A 股、B 股和 H 股以及政府债券的承销服务。（　　）

A. 正确　　　　　　　　　　B. 错误

37. 目前，我国证券市场机构投资者已经形成了以证券投资基金、券商、保险公司、社会保障基金、QFII、信托公司、财务公司和企业法人等为主体的多元化格局。（　　）

A. 正确　　　　　　　　　　B. 错误

38. 改革开放以来，我国国民经济的对外依存度大大提高，国际金融市场动荡会导致出口增幅下降、外商直接投资下降，从而影响经济增长率。（　　）

A. 正确　　　　　　　　　　B. 错误

39. 对中央银行而言，再贴现是卖出票据，获得资金；对商业银行而言，再贴现是买进票据，让渡资金。（　　）

A. 正确　　　　　　　　　　B. 错误

40. 当再贴现率提高时，就会扩大总需求；当再贴现率降低时，则会降低总需求。（　　）

A. 正确　　　　　　　　　　B. 错误

41. 我国对外筹资成本通常是在 LIBOR（伦敦同业拆借利率）基础上加一定百分点。（　　）

A. 正确　　　　　　　　　　B. 错误

42. 随着改革开放，尤其是加入 WTO 以来，我国内地与香港在经济发展上关系日益密切，反映在证券市场就是 A 股和 B 股关联性不断加强。（　　）

A. 正确　　　　　　　　　　B. 错误

43. 从价值形态看，国内生产总值是所有常住居民在一定时期内最终使用的货物和服务价值与货物和服务净出口价值之和。（　　）

A. 正确　　　　　　　　　　B. 错误

44. 从收入形态看，国内生产总值是所有常住居民在一定时期内创造并分配给常住居民和非常住居民的初次收入分配之和。（　　）

    A. 正确　　　　　　　　　　　　B. 错误

45. 国内生产总值的增长速度一般用来衡量经济增长率，是反映一定时期经济发展水平变化程度的动态指标，也是反映一个国家经济是否具有活力的基本指标。（　　）

    A. 正确　　　　　　　　　　　　B. 错误

46. 工业增加值率则是指一定时期内工业增加值占工业总产值的比重，反映降低中间消耗的经济效益。（　　）

    A. 正确　　　　　　　　　　　　B. 错误

47. 我国统计部门公布的失业率为农村登记失业率。（　　）

    A. 正确　　　　　　　　　　　　B. 错误

48. 通常所说的充分就业是指对劳动力的充分利用，但不是完全利用，因为在实际的经济生活中不可能达到失业率为零的状态。（　　）

    A. 正确　　　　　　　　　　　　B. 错误

49. 通货膨胀一般以两种方式影响到经济：通过收入和财产的再分配以及通过改变产品产量与类型影响经济。（　　）

    A. 正确　　　　　　　　　　　　B. 错误

50. 温和的通货膨胀是指年通货膨胀率低于50%的通货膨胀；严重的通货膨胀是指两位数以上的通货膨胀；恶性通货膨胀则是指三位数以上的通货膨胀。（　　）

    A. 正确　　　　　　　　　　　　B. 错误

51. 进口和出口是国际收支中最主要的部分。（　　）

    A. 正确　　　　　　　　　　　　B. 错误

52. 在国际金融市场相互影响和日益动荡的今天，我国政府部门将吸取国际金融市场动荡的教训，采取降低证券市场风险、加强监管、提高上市公司的素质等积极措施，促使证券市场的稳健发展。（　　）

    A. 正确　　　　　　　　　　　　B. 错误

53. 像我国这样的新兴市场，证券价格在很大程度上由证券的供求关系决定。（　　）

    A. 正确　　　　　　　　　　　　B. 错误

54. 2005年，为解决股权分置这个影响证券市场发展的根本性问题，上市公司融资处于停顿状态，总筹资额只有60.25亿元人民币。（　　）

    A. 正确　　　　　　　　　　　　B. 错误

55. 在财政收支平衡条件下，财政支出的总量能扩大和缩小总需求。（　　）

    A. 正确　　　　　　　　　　　　B. 错误

56. 在当前汇率的变动对一国的国内经济、对外经济以及国际经济联系没有重大影响。（　　）

    A. 正确　　　　　　　　　　　　B. 错误

57. 以外币为基准，当汇率上升时，本币贬值，国外的本币持有人就会抛出本币，或者加快从国内市场购买商品的速度。（　　）

A. 正确　　　　　　　　　　　　　　B. 错误

58. 财政支出是指国家财政将筹集起来的资金进行分配使用，以满足经济建设和各项事业的需要。（　　）

A. 正确　　　　　　　　　　　　　　B. 错误

59. 在财政收支平衡条件下，财政支出的结构不会改变消费需求和投资需求的结构。（　　）

A. 正确　　　　　　　　　　　　　　B. 错误

60. 由于货币乘数的作用，法定存款准备金率的作用效果并不十分明显。（　　）

A. 正确　　　　　　　　　　　　　　B. 错误

61. 根据我国国家统计局《居民消费价格指数调查方案》，CPI 权重是根据居民家庭用于各种商品或服务的开支，在所有消费商品或服务总开支中所占的比重来计算。目前，统计部门调查全国近 12 万户居民家庭住户，根据其消费支出调查材料中消费额较大的项目及居民消费习惯，确定 CPI 中八大类 263 个基本分类。（　　）

A. 正确　　　　　　　　　　　　　　B. 错误

62. 对于通货膨胀产生的原因，传统的理论解释主要有三种：需求拉上的通货膨胀、成本推进的通货膨胀、结构性通货膨胀。而在实践中，要正确把握通货膨胀可能的发展变化，还必须把它与经济增长的动态比较结合起来考虑，并考虑各种对通货膨胀产生影响的重要冲击因素，如政治经济体制改革、经济结构转变、战争、国际收支状况以及一些突发的不确定性事件等。（　　）

A. 正确　　　　　　　　　　　　　　B. 错误

63. 金融资产的多样化是社会融资方式变化发展的标志。改革开放以来，中国金融资产由单一的银行资产向市场化、多元化的方向发展。非银行金融机构提供的其他各种类型的金融资产比重相对上升；同时，银行贷款形式的金融资产比重相对下降，被证券化的金融资产开始不断涌现。（　　）

A. 正确　　　　　　　　　　　　　　B. 错误

64. 尽管 21 世纪前 5 年中国处在宏观经济向好的时期，但证券市场长期积累的问题成为制约市场发展的障碍，指数表现不尽如人意。这是因为股市建立初期制度设计上的局限和体制性的问题，资本市场存在一些深层次问题和结构性矛盾没有得到解决。（　　）

A. 正确　　　　　　　　　　　　　　B. 错误

65. 中央银行票据即中国人民银行发行的短期债务凭证。中国人民银行通过发行中央银行票据可以回笼基础货币，中央银行票据到期则体现为投放基础货币。（　　）

A. 正确　　　　　　　　　　　　　　B. 错误

参考答案

一、单项选择题

| 1. B | 2. A | 3. C | 4. A | 5. B |
| 6. A | 7. C | 8. B | 9. D | 10. C |

11. C	12. A	13. C	14. A	15. B
16. B	17. B	18. C	19. D	20. B
21. A	22. A	23. A	24. B	25. B
26. C	27. C	28. B	29. D	30. A
31. B	32. D	33. B	34. D	35. B
36. A	37. B	38. B	39. C	40. D
41. A	42. B	43. B	44. C	45. A
46. C	47. D	48. A	49. D	50. A
51. D	52. A	53. D	54. A	55. B
56. D	57. D	58. B	59. D	60. C

二、多项选择题

1. ABCD	2. ABD	3. ABCD	4. ABCD	5. AB
6. BCD	7. ABCD	8. ABCD	9. ABCD	10. BCD
11. CD	12. ABCD	13. ABCD	14. ACD	15. ABCD
16. ABD	17. ABCD	18. CD	19. ABC	20. ABC
21. ABC	22. AB	23. ABC	24. CD	25. AB
26. ABC	27. ABD	28. ABCD	29. BC	30. ABC
31. BD	32. ABCD	33. ABCD	34. ABCD	35. ABCD
36. ABCD	37. BCD	38. ABCD	39. ABC	40. ABCD
41. ABCD	42. ABC	43. ABCD	44. AB	45. ABC
46. ABCD	47. BCD	48. ABCD	49. ABCD	50. ABC

三、判断题

1. A	2. B	3. A	4. B	5. A
6. A	7. A	8. A	9. B	10. B
11. B	12. A	13. A	14. B	15. A
16. A	17. B	18. A	19. A	20. A
21. A	22. A	23. B	24. A	25. B
26. A	27. B	28. A	29. B	30. B
31. A	32. B	33. A	34. B	35. A
36. B	37. A	38. A	39. B	40. B
41. A	42. B	43. B	44. A	45. A
46. A	47. B	48. A	49. A	50. B
51. A	52. A	53. A	54. A	55. B
56. B	57. A	58. A	59. B	60. B
61. A	62. A	63. A	64. A	65. A

第四章　行业分析

一、本章考纲

掌握行业和行业分析的定义；熟悉行业与产业的差别；熟悉行业分析的任务、地位及意义；熟悉行业分析与公司分析、宏观分析的关系；掌握行业分类方法。

掌握行业的市场结构及各类市场的含义、特点及构成；熟悉政府完全垄断与私人完全垄断的概念；掌握行业集中度概念，熟悉以行业集中度为划分标准的产业市场结构分类；熟悉行业竞争结构的五因素及其静动态影响；熟悉产业价值链概念；掌握行业的类型、各类行业的运行状态与经济周期的变动关系、具体表现、产生原因及投资者偏好；掌握行业生命周期的含义、发展顺序、表现特征与判断标准；熟悉处于各周期阶段的企业的风险、盈利表现及投资者偏好；熟悉行业衰退的种类；熟悉判断行业生命周期的指标及其变化过程；熟悉产出增长率的经验数据界限。

掌握行业兴衰的实质及影响因素；熟悉技术进步的行业特征及影响；掌握技术产业群的划分标准；熟悉摩尔定律、吉尔德定律等概念；熟悉产业政策的概念、内容；熟悉我国目前的主要产业政策；熟悉产业组织创新的内容；熟悉经济全球化、协议型分工和后天因素的含义；熟悉经济全球化的主要表现及原因；熟悉产业全球性转移、国际分工基础与模式变化的主要内容；熟悉贸易与投资一体化理论。

熟悉历史资料研究法和调查研究法的含义与优缺点；熟悉历史资料的来源；熟悉调查研究的具体方式、优缺点、适用性；掌握归纳法与演绎法、横向比较法与纵向比较法的含义；熟悉横向比较的指标选取与判断方法；熟悉判断行业生命周期阶段的增长预测分析方法。掌握相关关系、时间数列的概念和分类；熟悉因果关系与共变关系；熟悉积矩相关系数和自相关系数的含义、数值范围及计算；掌握一元线性回归方程的应用；掌握时间数列的判别准则；熟悉常用的时间数列预测方法。

二、本章知识体系

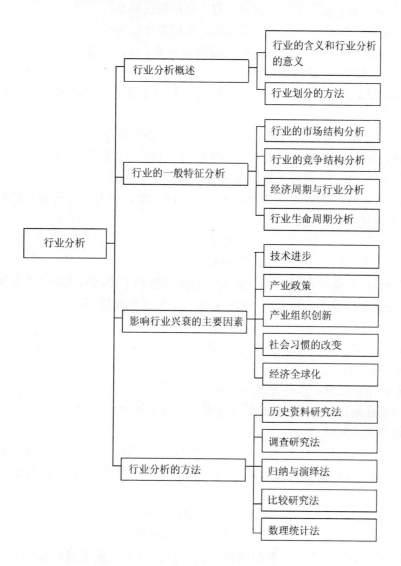

三、同步强化练习题及参考答案

同步强化练习题

一、单项选择题

1. 在《国际标准行业分类》中，对每个门类又划分为（　　）。
   A. 大类、中类、小类　　　　　B. A 类、B 类、C 类
   C. 甲类、乙类、丙类　　　　　D. Ⅰ类、Ⅱ类、Ⅲ类
2. 低集中竞争型产业市场结构是指（　　）。

A. CR8≥80%　　　　　　　　B. 20%≤CR8<40%

C. 40%≤CR8<70%　　　　　　D. CR8<10%

3. 按照《上市公司行业分类指引》的编码规则，以下说法错误的是（　　）。

　　A. 总体编码采用层次编码法　　　B. 类别编码采用顺序编码法

　　C. 门类编码采用层次编码法　　　D. 门类编码采用单字母升序编码法

4. 下列关于回归模型的说法，正确的是（　　）。

　　A. 一元线性回归模型是用于分析一个自变量 Y 与一个因变量 X 之间线性关系的数
学方程

　　B. 判定系数 r_2 表明指标变量之间的依存程度，r_2 越大，表明依存度越小

　　C. 在一元线性回归分析中，b 的 t 检验和模型整体的 F 检验二者取其一即可

　　D. 在多元回归分析中，b 的 t 检验和模型整体的 F 检验是等价的

5. 对于收益型的投资者，可以建议优先选择处于（　　）的行业，因为这些行业基础稳
定，盈利丰厚，市场风险相对较小。

　　A. 幼稚期　　　　　　　　　　B. 成长期

　　C. 成熟期　　　　　　　　　　D. 衰退期

6. 某一行业有如下特征：企业的利润由于一定程度的垄断达到了很高的水平，竞争风
险比较稳定，新企业难以进入。那么这一行业最有可能处于生命周期的（　　）。

　　A. 幼稚期　　　　　　　　　　B. 成长期

　　C. 成熟期　　　　　　　　　　D. 衰退期

7. 行业处于成熟期的特点不包括（　　）。

　　A. 企业规模空前，地位显赫，产品普及程度高

　　B. 行业生产能力接近饱和，市场需求也趋于饱和，买方市场出现

　　C. 行业在空间转移活动继续进行

　　D. 构成支柱产业地位，其生产要素份额、产值、利税份额在国民经济中占有一席之地

8. 《国民经济行业分类》国家标准（GB/T4754—2002）将我国国民经济行业划分
为（　　）。

　　A. 门类、大类、中类、小类　　　B. 大类、中类、小类

　　C. 门类、大类、中类　　　　　　D. 门类、大类、小类

9. 当前的现实生活中没有真正的完全垄断市场，以下接近完全垄断市场类型的行业
有（　　）。

　　A. 钢铁、汽车等重工业

　　B. 资本密集型产品

　　C. 少数储量集中的矿产品

　　D. 公用事业如发电厂、煤气公司、自来水公司

10. 汽车制造业属于（　　）。

　　A. 完全垄断型市场　　　　　　B. 完全竞争市场

　　C. 寡头垄断市场　　　　　　　D. 衰退型行业

11. 分析某行业是否属于增长型行业，可采用的方法有（　　）。

A. 用该行业的历年统计资料与一个同类型行业进行比较

B. 用该行业的历年统计资料与一个增长型行业进行比较

C. 用该行业的历年统计资料与一个成熟型行业进行比较

D. 用该行业的历年统计资料与国民经济综合指标进行比较

12. 石油行业的市场结构属于（　　）。

    A. 完全竞争　　　　　　　　　　B. 不完全竞争

    C. 寡头垄断　　　　　　　　　　D. 完全垄断

13. （　　）是对上市公司进行分析的前提，也是连接宏观经济分析和上市公司分析的桥梁，是基本分析的重要环节。

    A. 行业分析　　　　　　　　　　B. 宏观经济分析

    C. 政策分析　　　　　　　　　　D. 产业分析

14. （　　）是在19世纪末为选取在纽约证券交易所上市的有代表性的股票而对各公司进行的分类，是证券指数统计中最常用的分类法之一。

    A. 纽约证券交易所分类　　　　　B. 标准行业分类法

    C. 道琼斯分类法　　　　　　　　D. 标准普尔分类法

15. （　　），我国国家统计局明确国民经济划分三大产业。

    A. 1979 年　　　　　　　　　　B. 1991 年

    C. 1986 年　　　　　　　　　　D. 1985 年

16. 《上市公司行业分类指引》将上市公司分成（　　）个门类，以及90个大类和288个中类。

    A. 31　　　　　　　　　　　　　B. 13

    C. 18　　　　　　　　　　　　　D. 20

17. （　　）是指相对少量的生产者在某种产品的生产中占据很大市场份额，从而控制了这个行业的供给的市场结构。

    A. 寡头垄断型市场　　　　　　　B. 完全竞争型市场

    C. 完全垄断型市场　　　　　　　D. 垄断竞争型市场

18. 在国民经济各行业中，制成品的市场类型一般都属于（　　）。

    A. 寡头垄断　　　　　　　　　　B. 完全竞争

    C. 完全垄断　　　　　　　　　　D. 垄断竞争

19. （　　）是指某行业相关市场内前 N 家最大的企业所占市场份额（产值、产量、销售额、销售量、职工人数、资产总额等）的总和。

    A. 产品集中度　　　　　　　　　B. 产业集中度

    C. 行业集中度　　　　　　　　　D. 公司集中度

20. 关于增长型、周期型与防守型三种行业与经济周期的关系下列说法不正确的是（　　）。

    A. 增长型行业的运行状态与经济活动总水平的周期及其振幅并不紧密相关

    B. 周期型行业的运行状态与经济周期紧密相关

    C. 防守型行业的经营状况在经济周期的上升和下降阶段都很稳定

D. 增长型行业的运行状态与经济周期紧密相关

21. 一个行业的萌芽和形成,最基本和最重要的条件是( )。

A. 人们的物质文化需求　　　　　B. 市场的发展

C. 科学技术的进步　　　　　　　D. 人们生活水平的提高

22. 道琼斯分类法把大多数股票分为( )。

A. 3类　　　　　　　　　　　　B. 5类

C. 6类　　　　　　　　　　　　D. 10类

23. 如果产品的销售价格下降将导致销量上升,那么产品的销售价格和销量之间存在的关系是( )。

A. 自相关关系　　　　　　　　　B. 共变关系

C. 因果关系　　　　　　　　　　D. 非相关关系

24. 根据行业中企业数量的多少、进入限制程度和产品差别,行业基本上可以分为四种市场结构,即( )。

A. 完全竞争、不完全竞争、垄断竞争、完全垄断

B. 公平竞争、不公平竞争、完全垄断、不完全垄断

C. 完全竞争、垄断竞争、寡头垄断、完全垄断

D. 完全竞争、垄断竞争、部分垄断、完全垄断

25. ( )行业的产品往往是生活必需品或必要的公共服务。

A. 增长型　　　　　　　　　　　B. 周期型

C. 防守型　　　　　　　　　　　D. 初创型

26. 在道琼斯股价平均指数中,商业属于( )。

A. 公用事业　　　　　　　　　　B. 工业

C. 运输业　　　　　　　　　　　D. 农业

27. ( )主要是利用行业的历史数据,分析过去的增长情况,并据此预测行业的未来发展趋势。

A. 横向比较　　　　　　　　　　B. 纵向比较

C. 历史资料研究法　　　　　　　D. 调查研究法

28. 政府实施较多干预的行业是( )。

A. 所有的行业

B. 大企业

C. 关系到国计民生基础行业和国家发展的战略性行业

D. 初创行业

29. 耐用品制造业属于( )。

A. 增长型行业　　　　　　　　　B. 周期型行业

C. 防守型行业　　　　　　　　　D. 衰退型行业

30. 生产者众多,各种生产资料可以完全流动的市场属于( )。

A. 完全竞争　　　　　　　　　　B. 不完全竞争

C. 寡头竞争　　　　　　　　　　D. 完全垄断

31. 在比较研究法中，（ ）一般是取某一时点的状态或者某一固定时段（比如 1 年）的指标，在这个横截面上对研究对象及其比较对象进行比较研究。

    A. 横向比较   B. 环比

    C. 同比   D. 纵向比较

32. （ ）是对两个具有相关关系的数量指标进行线性拟合获得最佳直线回归方程，从而在相关分析的基础上进行指标预测。

    A. 大数法则   B. 相关分析

    C. 时间数列   D. 一元线性回归

33. （ ）是指指标变量之间不确定的依存关系。

    A. 渐变关系   B. 因果关系

    C. 相关关系   D. 近因关系

34. （ ）是对指标变量之间的相关关系的分析，其任务是对指标变量之间是否存在必然的联系、联系的形式、变动的方向作出符合实际的判断，并测定它们联系的密切程度，检验其有效性。

    A. 大数法则   B. 相关分析

    C. 时间数列   D. 一元线性回归

35. 通常认为显著相关时，相关系数 r 的取值范围是（ ）。

    A. $0 < |r| \leqslant 0.3$ B. $0.3 < |r| \leqslant 0.5$

    C. $0.5 < |r| \leqslant 0.8$ D. $0.8 < |r| < 1$

36. 关于归纳法和演绎法，下列论述正确的是（ ）。

    A. 归纳法是从个别出发以达到一般性

    B. 演绎法是从个别出发以达到一般性

    C. 归纳法是先推论后观察

    D. 演绎法是先观察后推论

37. （ ）是通过对已存在资料的深入研究，寻找事实和一般规律，然后根据这些信息去描述、分析和解释过去的过程，同时揭示当前的状况，并依照这种一般规律对未来进行预测。

    A. 历史资料研究法   B. 调查研究法

    C. 归纳与演绎法   D. 数理统计法

38. 目前多数国家和组织以（ ）投入占产业或行业销售收入的比重来划分或定义技术产业群。

    A. 人力资源   B. 设备

    C. 市场营销   D. R&D

39. 随着行业生产技术的成熟、生产成本的降低和市场需求的扩大，新行业从幼稚期迈入成长期，其变化是（ ）。

    A. 由低风险、低收益变为高风险、高收益

    B. 由高风险、低收益变为高风险、高收益

    C. 由低风险、高收益变为高风险、高收益

　　D. 由高风险、低收益变为低风险、高收益

40. 下列关于行业生命周期分析的说法，错误的是（　　）。

　　A. 在幼稚期，由于新行业刚刚诞生或初建不久，只有为数不多的投资公司投资于这个新兴的行业

　　B. 成长期企业的利润虽然增长很快，但所面临的竞争风险也非常大，破产率与被兼并率相当高

　　C. 一般而言，技术含量高的行业成熟期历时相对较长，而公用事业行业成熟期持续的时间较短

　　D. 行业的衰退期往往比行业生命周期的其他三个阶段的总和还要长，大量的行业都是衰而不亡

41. 所谓"吉尔德定律"，是指在未来 25 年，主干网的带宽将（　　）增加 1 倍。

　　A. 每 6 个月　　　　　　　　　　B. 每 12 个月

　　C. 每 18 个月　　　　　　　　　　D. 每 24 个月

42. 产出增长率在成长期较高，在成熟期以后减低，经验数据一般以（　　）为界。

　　A. 8%　　　　　　　　　　　　　B. 10%

　　C. 15%　　　　　　　　　　　　　D. 20%

43. 高清数字播放机产业的崛起导致了 DVD 机产业的衰退，这属于（　　）。

　　A. 绝对衰退　　　　　　　　　　B. 相对衰退

　　C. 自然衰退　　　　　　　　　　D. 偶然衰退

44. 煤炭开采、自行车、钟表等行业正处于行业生命周期的（　　）。

　　A. 幼稚期　　　　　　　　　　　B. 成长期

　　C. 成熟期　　　　　　　　　　　D. 衰退期

45. 对经济周期性波动来说，提供了一种财富"套期保值"手段的行业属于（　　）。

　　A. 增长型　　　　　　　　　　　B. 周期型

　　C. 防守型　　　　　　　　　　　D. 幼稚型

46. 技术高度密集型行业一般属于（　　）市场。

　　A. 完全竞争型　　　　　　　　　B. 垄断竞争型

　　C. 寡头垄断型　　　　　　　　　D. 完全垄断型

47. 下列不属于垄断竞争型市场特点的是（　　）。

　　A. 生产者众多，各种生产资料可以流动

　　B. 生产的产品同种但不同质

　　C. 这类行业初始投入资本较大，阻止了大量中小企业的进入

　　D. 生产者对其产品的价格有一定的控制能力

48. 负责《上市公司行业分类指引》的具体执行，并负责上市公司类别变更等日常管理工作和定期报备对上市公司类别的确认结果的机构是（　　）。

　　A. 中国证券监督管理委员会　　　B. 证券交易所

　　C. 地方证券监管部门　　　　　　D. 以上都不是

49.《上市公司行业分类指引》以上市公司营业收入为分类标准，规定当公司某类业务

的营业收入比重大于或等于( )，则将其划入该业务相对应的类别。

A. 30%   B. 50%

C. 60%   D. 75%

50. 中国证券监督管理委员会公布的《上市公司行业分类指引》是以( )为主要依据。

    A. 道琼斯分类法

    B. 联合国的《国际标准产业分类》

    C. 北美行业分类体系

    D. 中国国家统计局《国民经济行业分类与代码》

51. 在联合国经济和社会事务统计局制定《全部经济活动国际标准行业分类》中，把国民经济划分为( )个门类。

    A. 3   B. 6

    C. 10   D. 13

52. 在道琼斯指数中，公用事业类股票取自( )家公用事业公司。

    A. 6   B. 10

    C. 15   D. 30

53. 道琼斯分类法将大多数股票分为( )。

    A. 农业、工业和商业   B. 制造业、建筑业和金融业

    C. 工业、公用事业和高科技行业   D. 工业、运输业和公用事业

54. 行业经济活动是( )的主要对象之一。

    A. 微观经济分析   B. 中观经济分析

    C. 宏观经济分析   D. 技术分析

55. 美国哈佛商学院教授( )在其1985年出版的《竞争优势》一书中提出了"价值链（Value Chain）"理论。

    A. 迈克尔·波特   B. 凯恩斯

    C. 威廉·夏普   D. 马柯威茨

56. 迈克尔·波特认为，一个行业激烈竞争的局面源于其内存的竞争结构。一个行业内存在着五种基本竞争力量，即( )、替代产品、供方、需方以及行业内现有竞争者。

    A. 潜在入侵者   B. 垄断者

    C. 资本家   D. 法律法规

57. 关于行业处于成熟期说法正确的是( )。

    A. 企业规模空前、地位显赫，产品普及程度高

    B. 行业生产能力接近饱和，市场需求也趋于饱和，卖方市场出现

    C. 通常在短期内很难识别一个行业何时真正进入成熟期

    D. 产品价格稳定

58. 关于衰退期说法错误的是( )。

    A. 对于收益型的投资者，可以建议优先选择处于成长期的行业

B. 行业衰退是客观的必然，是行业经济新陈代谢的表现

C. 行业衰退可以分为自然衰退和偶然衰退。自然衰退是一种自然状态下到来的衰退。偶然衰退是指在偶然的外部因素作用下，提前或者延后发生的衰退

D. 由于大量替代品的出现，原行业产品的市场需求开始逐渐减少，产品的销售量也开始下降，某些厂商开始向其他更有利可图的行业转移资金，因而原行业出现了厂商数目减少、利润水平停滞不前或不断下降的萧条景象

59. 20 世纪 90 年代末，以微电子、网络技术、计算机和通信为代表的信息产业每年以（   ）以上的速度高速发展，最终取代汽车、化工、钢铁等行业成为发达国家的主导产业，是迄今为止发展最快、渗透性最强、应用关键技术最广的行业之一。

    A. 30%   B. 40%

    C. 20%   D. 50%

60. 我国比较系统地实行产业政策是在（   ）后半期。

    A. 20 世纪 80 年代   B. 20 世纪 90 年代

    C. 20 世纪 70 年代   D. 20 世纪 60 年代

二、多项选择题

1. 《上市公司行业分类指引》借鉴了（   ）有关内容的基础上制定而成的。

    A. 道琼斯分类法   B. 联合国的《国际标准产业分类》

    C. 北美行业分类体系   D. 以上都不是

2. 对行业未来的发展趋势作出预测的方法主要有（   ）。

    A. 行业增长比较分析   B. 行业规模分析

    C. 行业增长预测分析   D. 行业结构分析

3. 经济全球化对各国产业发展的重大影响有（   ）。

    A. 制造业结构正在向技术密集型和高新技术行业加速转移

    B. 使生产要素与商品、服务跨国界流动的障碍与成本大大降低，一个国家的优势行业也不再主要取决于资源禀赋

    C. 将越来越多的国家纳入跨国公司的全球生产与服务网络之中，这种新的国际分工表现在贸易结构上，就是行业内贸易和公司内贸易的比重大幅度提高

    D. 导致贸易理论与国际直接投资理论一体化

4. 产业组织是指同一产业内企业的组织形态和企业间的关系，包括（   ）。

    A. 市场结构   B. 市场规模

    C. 市场行为   D. 市场绩效

5. 产业技术政策是促进产业技术进步的政策，是产业政策的重要组成部分。它主要包括（   ）。

    A. 产业技术结构的选择和技术发展政策

    B. 产业合理化政策

    C. 促进资源向技术开发领域投入的政策

    D. 产业布局政策

6. 在贸易与投资一体化理论中，企业行为可分为（   ）。

A. 总部行为 B. 贸易行为

C. 实际生产行为 D. 投资行为

7.《外商投资产业指导目录》2007 年修订内容主要涉及( )。

A. 坚持扩大对外开放，促进产业结构升级

B. 节约资源，保护环境，鼓励外商投资发展循环经济、清洁生产、可再生能源和生态环境保护

C. 调整单纯鼓励出口的导向政策

D. 维护国家经济安全

8. 关于指数平滑法，下列说法正确的是( )。

A. 应用指数平滑法预测的一个关键是修正常数 α 的取值。一般情况下，时间数列越平稳，α 取值越小

B. 它需要大量的历史资料，且权数的选择具有较大的随意性，所以预测的准确性相对较差

C. 只需要本期实际数值和本期预测值便可预测下期数值，不需要大量历史数据

D. 指数平滑法是由移动平均法演变而来的

9. 关于调查研究法，下列说法正确的是( )。

A. 在描述性、解释性和探索性的研究中都可以运用调查研究的方法

B. 通过抽样调查、实地调研、深度访谈等形式进行

C. 可以获得最新的资料和信息

D. 缺点是这种方法的成功与否取决于研究者和访问者的技巧和经验

10. 下列( )是技术进步对行业影响的具体表现。

A. 蒸汽动力行业被电力行业逐渐取代

B. 喷气式飞机代替了螺旋桨飞机

C. 纳米技术等将催生新的优势行业

D. 大规模集成电路计算机取代一般的电子计算机

11. 一个行业内存在的基本竞争力量包括（ ）。

A. 替代品 B. 潜在进入者

C. 行业内现有竞争者 D. 供方和需方

12. 根据行业变动与国民经济总体的周期变动的关系密切程度，可以将行业分为（ ）。

A. 增长型行业 B. 衰退型行业

C. 周期型行业 D. 防守型行业

13. 一般来说，行业的生命周期可分为（ ）。

A. 幼稚期 B. 成长期

C. 衰退期 D. 成熟期

14. 行业形成的方式有（ ）。

A. 分化 B. 整合

C. 衍生 D. 新生长

15. 各个行业成长的能力主要体现在（　　）。

    A. 改革创新的能力   B. 区域的横向渗透能力

    C. 自身组织结构的变革能力   D. 生产能力和规模的扩张

16. 判断一个行业的成长能力，可以考察的方面有（　　）。

    A. 需求弹性和生产技术   B. 行业在空间的转移活动

    C. 产业关联度   D. 市场容量与潜力

17. 根据上海证券交易所公司行业分类，下面属于"可选消费"行业是（　　）。

    A. 休闲设备和产品   B. 纸类与林业加工

    C. 饮料   D. 纺织品、服装

18. 时间数列分析的一个重要任务是根据现象发展变化的规律进行外推预测。最常见的时间数列预测方法有（　　）。

    A. 趋势外推法   B. 移动平均法

    C. 回归分析法   D. 指数平滑法

19. 根据时间数列自相关系数可以对时间数列的性质和特征作出判别，判别的标准是（　　）。

    A. 如果所有的自相关系数都近似地等于零，表明该时间数列属于平稳性时间数列

    B. 如果 r_1 比较大，r_2、r_3 渐次减小，从 r_4 开始趋近于零，表明该时间数列是随机性时间数列

    C. 如果 r_1 最大，r_2、r_3 等多个自相关系数逐渐递减但不为零，表明该时间数列存在着某种趋势

    D. 如果一个数列的自相关系数出现周期性变化，每间隔若干个便有一个高峰，表明该时间数列是季节性时间数列

20. 下列关于时间数列的说法，正确的是（　　）。

    A. 季节性时间数列是指按月统计的各期数值，随一年内季节变化而周期性波动的时间数列

    B. 趋势性时间数列是指各期数值逐期增加或逐期减少，呈现一定的发展变化趋势的时间数列

    C. 平稳性时间数列是指由确定性变量构成的时间数列，其特点是影响数列各期数值的因素是确定的，且各期的数值总是保持在一定的水平上下波动

    D. 随机性时间数列是指由随机变量组成的时间数列

21. 按照指标变量的性质和数列形态不同，时间数列可分为（　　）。

    A. 随机性时间数列   B. 非随机性时间数列

    C. 平稳性时间数列   D. 趋势性时间数列

22. 行业成熟表现在（　　）。

    A. 产业组织上的成熟   B. 产品的成熟

    C. 生产工艺的成熟   D. 技术上的成熟

23. 行业衰退可以分为（　　）。

    A. 绝对衰退   B. 自然衰退

C. 相对衰退 　　　　　　　　　　D. 偶然衰退

24. 数理统计法包括(　　　)。

A. 对比研究 　　　　　　　　　　B. 时间数列

C. 线性回归 　　　　　　　　　　D. 相关分析

25. 下列关于比较研究法的说法，正确的是(　　　)。

A. 横向比较一般是取某一时点的状态或者某一固定时段的指标，在这个横截面上对研究对象及其比较对象进行比较研究

B. 纵向比较主要是利用行业的历史数据，分析过去的增长情况，并据此预测行业的未来发展趋势

C. 如果在大多数年份中该行业的年增长率都高于国民经济综合指标的年增长率，说明这一行业是增长型行业

D. 如果在国民经济繁荣阶段行业的销售额也逐年同步增长，或是在国民经济处于衰退阶段时行业的销售额也同步下降，说明这一行业很可能是周期性行业

26. 下列关于实地调研的说法，正确的是(　　　)。

A. 实地调研最大好处就是研究者能够在行为现场观察并且思考，形成了其他研究方法所不及的弹性

B. 实地调研特别适合于那些不宜简单定量的研究课题

C. 实地调研通过尽可能完全直接的观察与思考，对研究课题进行深入和周全的探索

D. 实地调研可以揭露一些并非显而易见的事实

27. 下列关于产业组织创新的说法，正确的是(　　　)。

A. 产业组织创新是推动产业结构升级的重要力量之一

B. 产业组织创新不仅是产业内企业与企业之间垄断抑或竞争关系平衡的结果，更是企业组织创新与产业组织创新协调互动的结果

C. 产业技术创新在很大程度上由产业组织创新的过程和产业组织创新的结果所驱动

D. 产业组织创新与产业技术创新共同成为产业不断适应外部竞争环境或者从内部增强产业核心能力的关键

28. 产业组织创新的直接效应包括(　　　)。

A. 实现规模经济 　　　　　　　　B. 专业化分工与协作

C. 提高产业集中度 　　　　　　　D. 促进技术进步和有效竞争

29. 产业布局政策一般遵循的原则有(　　　)。

A. 经济性原则 　　　　　　　　　B. 合理性原则

C. 协调性原则 　　　　　　　　　D. 平衡性原则

30. 对衰退产业的调整和援助政策主要包括(　　　)。

A. 限制进口 　　　　　　　　　　B. 财政补贴

C. 减免税 　　　　　　　　　　　D. 鼓励出口

31. 影响一个行业兴衰的因素有(　　　)。

A. 技术进步   B. 产业组织创新

C. 社会习惯改变   D. 经济全球化

32. 道琼斯指数中，运输业类股票取自 20 家交通运输业公司，包括( )。

  A. 航空   B. 铁路

  C. 汽车运输   D. 航运业

33. 行业处于成熟期的特点主要有( )。

  A. 企业规模空前、地位显赫，产品普及程度高

  B. 行业中企业组织不断向集团化、大型化方向发展

  C. 行业生产能力接近饱和，市场需求也趋于饱和，买方市场出现

  D. 构成支柱产业地位，其生产要素份额、产值、利税份额在国民经济中占有一席之地

34. 增长型行业主要依靠( )，从而使其经常呈现出增长形态。

  A. 技术的进步   B. 新产品推出

  C. 政府的产业政策   D. 更优质的服务

35. 下列受经济周期影响较为明显的行业有( )。

  A. 消费品业   B. 耐用品制造业

  C. 生活必需品   D. 需求的收入弹性较高的行业

36. 根据美国经济学家贝恩和日本通产省对产业集中度的划分标准，将产业市场结构粗分为寡占型和竞争型两类。其中，( )。

  A. 极高寡占型（CR8≥70%）

  B. 低集中寡占型（40%≤CR8<70%）

  C. 低集中竞争型（20%≤CR8<40%）

  D. 分散竞争型（CR8<30%）

37. 完全竞争型市场的特点是( )。

  A. 生产者众多，各种生产资料可以完全流动

  B. 企业永远是价格的接受者

  C. 生产者可自由进入或退出这个市场

  D. 市场信息对买卖双方都是畅通的

38. 下列关于寡头垄断行业特点的说法正确的是( )。

  A. 在寡头垄断的市场上，由于少数生产者的产量非常大，因此对市场的价格和交易具有一定的垄断能力

  B. 每个生产者的价格政策和经营方式及其变化不会对其他生产者产生重要的影响

  C. 在这个市场上，通常存在着一个起领导作用的企业，其他企业跟随该企业定价与经营方式的变化而相应进行某些调整

  D. 因为生产这些产品所必需的巨额投资、复杂的技术或产品储量的分布限制了新企业对这个市场的侵入

39. 下列产业属于第三产业的是( )。

  A. 制造业   B. 农业

C. 邮电通信业   D. 金融保险业

40. 行业分析的主要任务包括( )。

A. 解释行业本身所处的发展阶段及其在国民经济中的地位

B. 分析影响行业发展的各种因素以及判断对行业影响的力度

C. 预测并引导行业的未来发展趋势

D. 判断行业投资价值，揭示行业投资风险

三、判断题

1. 按照《上市公司行业分类指引》的编码规则，类别编码采用顺序编码法。( )

  A. 正确   B. 错误

2. 行业处于成熟期的特点包括，行业在空间转移活动继续进行。( )

  A. 正确   B. 错误

3. 在道琼斯股价平均指数中，电话公司属于工业。( )

  A. 正确   B. 错误

4. "摩尔定律"，即微处理器的速度会6个月翻一番，同等价位的微处理器的计算速度会越来越快，同等速度的微处理器会越来越便宜。( )

  A. 正确   B. 错误

5. 生物工程、海洋产业等行业正处于行业生命周期的成熟期。( )

  A. 正确   B. 错误

6. 研发活动的投入强度成为划分高技术群类和衡量产业竞争力的标尺。( )

  A. 正确   B. 错误

7. 历史资料研究法的缺陷是只能被动地囿于现有资料，不能主动地去提出问题并解决问题。( )

  A. 正确   B. 错误

8. 1890年美国制定了《克雷顿反垄断法》等法律对行业的经营活动进行管理。( )

  A. 正确   B. 错误

9. 同一行业在不同发展水平的不同国家或者在同一国家的不同发展时期，可能处于生命周期的不同阶段。( )

  A. 正确   B. 错误

10. 高增长行业对经济周期性波动提供了一种财富"套期保值"的手段，因此投资者对其十分感兴趣。( )

  A. 正确   B. 错误

11. 潜在进入者、替代品、供方、需方以及行业内现有竞争者这五种基本竞争力量的状况及其综合强度决定着行业内的竞争激烈程度，决定着行业内的企业可能获得利润的最终潜力。( )

  A. 正确   B. 错误

12. 增长型行业的运行状态与经济活动总水平的周期及其振幅完全紧密相关。( )

  A. 正确   B. 错误

13. 周期型行业的经营状况在经济周期的上升和下降阶段都很稳定。( )

A. 正确　　　　　　　　　　　B. 错误

14. 社会的物质文化需要是行业经济活动的最基本动力。（　　）

　　A. 正确　　　　　　　　　　　B. 错误

15. 行业的成长实际上就是行业的扩大再生产。（　　）

　　A. 正确　　　　　　　　　　　B. 错误

16. 行业的绝对衰退是指行业因结构性原因或者无形原因引起行业地位和功能发生衰减的状况，而并不一定是行业实体发生了绝对的萎缩。（　　）

　　A. 正确　　　　　　　　　　　B. 错误

17. 产业结构政策与产业技术政策是产业政策的核心。（　　）

　　A. 正确　　　　　　　　　　　B. 错误

18. 所谓战略产业，一般是指具有较低需求弹性和收入弹性、能够带动国民经济其他部门发展的产业。（　　）

　　A. 正确　　　　　　　　　　　B. 错误

19. 制成品的市场类型一般属于垄断竞争市场类型。（　　）

　　A. 正确　　　　　　　　　　　B. 错误

20. 行业经济是宏观经济的构成部分，宏观经济是行业经济活动的总和。（　　）

　　A. 正确　　　　　　　　　　　B. 错误

21. 行业经济活动是宏观经济分析的主要对象之一。（　　）

　　A. 正确　　　　　　　　　　　B. 错误

22. 处于产业生命周期初创阶段的企业适合投资者投资，不适合投机者。（　　）

　　A. 正确　　　　　　　　　　　B. 错误

23. 成熟期的行业盈利很大，投资风险也相对较高。（　　）

　　A. 正确　　　　　　　　　　　B. 错误

24. 当经济衰退时，防御型行业或许会有实际增长。（　　）

　　A. 正确　　　　　　　　　　　B. 错误

25. 周期型行业的运动状态与经济周期呈负相关，即当经济处于上升时期，这些行业会收缩；当经济衰退时，这些行业会扩张。（　　）

　　A. 正确　　　　　　　　　　　B. 错误

26. 公用事业、稀有金属矿藏开采业等属于寡头垄断的市场类型。（　　）

　　A. 正确　　　　　　　　　　　B. 错误

27. 经济全球化的不断深化，使生产要素与商品、服务跨国界流动的障碍与成本大大降低，但一个国家的优势行业还是主要取决于资源禀赋。（　　）

　　A. 正确　　　　　　　　　　　B. 错误

28. 当需要对研究对象进行研究时，并不一定能够完全得到研究者想要的资料，这时可以采取问卷调查或电话访问的方式。（　　）

　　A. 正确　　　　　　　　　　　B. 错误

29. 在调查研究法采取的方式中，深度访谈的最大好处就是研究者能够在行为现场观察并且思考，具有其他研究方法所不及的弹性。（　　）

  A. 正确   B. 错误

30. 演绎法是先推论后观察，归纳法则是从观察开始。（ ）

  A. 正确   B. 错误

31. 在完全竞争的市场类型中，所有的企业都无法控制市场的价格和产品差异化。（ ）

  A. 正确   B. 错误

32. 如果一个数列的自相关系数出现周期性变化，每间隔若干个便有一个高峰，表明该时间数列是趋势性时间数列。（ ）

  A. 正确   B. 错误

33. 利用回归方程进行统计控制，通过控制 X 的范围来实现指标 Y 统计控制的目标。（ ）

  A. 正确   B. 错误

34. 判定系数 r_2 表明指标变量之间的依存程度，r_2 越大表明依存度越大。（ ）

  A. 正确   B. 错误

35. 所谓自相关，是指时间数列前后各期数值之间的相关关系，对这种相关关系程度的测定便是自相关系数。（ ）

  A. 正确   B. 错误

36. 横向比较主要是利用行业的历史数据，如销售收入、利润、企业规模等，分析过去的增长情况，并据此预测行业的未来发展趋势。（ ）

  A. 正确   B. 错误

37. 协议性分工主要是由跨国公司经营的分工和由地区经贸集团成员内组织的分工。（ ）

  A. 正确   B. 错误

38. 产业组织创新的间接影响包括创造产业增长机会、促进产业增长实现、构筑产业赶超效应、适应产业经济增长等多项功效。（ ）

  A. 正确   B. 错误

39. 产业结构政策是调整市场结构和规范市场行为的政策，以反对垄断、促进竞争、规范大型企业集团、扶持中小企业发展为主要核心。（ ）

  A. 正确   B. 错误

40. 对战略产业的保护和扶植政策是产业组织政策的重点。（ ）

  A. 正确   B. 错误

41. 政府对于行业的管理和调控主要是通过财政政策来实现的。（ ）

  A. 正确   B. 错误

42. 新旧行业并存未来全球行业发展的基本规律和特点。（ ）

  A. 正确   B. 错误

43. 煤炭开采、自行车、钟表等行业已进入衰退期。（ ）

  A. 正确   B. 错误

44. 石油冶炼、超级市场和电力等行业已进入成长阶段。（ ）

A. 正确　　　　　　　　　B. 错误

45. 相对衰退是指行业内在的衰退规律起作用而发生的规模萎缩、功能衰退、产品老化。（　　）

    A. 正确　　　　　　　　　B. 错误

46. 在时间数列中，趋势性时间数列是指各期数值逐期增加或逐期减少，呈现一定的发展变化趋势的时间数列。（　　）

    A. 正确　　　　　　　　　B. 错误

47. 时间数列分析的一个重要任务是根据现象发展变化的规律进行外推预测。（　　）

    A. 正确　　　　　　　　　B. 错误

48. 指数平滑法需要大量的历史资料，且权数的选择具有较大的随意性，所以预测的准确性相对较差。（　　）

    A. 正确　　　　　　　　　B. 错误

49. 移动平均法特点是只需要本期实际数值和本期预测值便可预测下期数值，不需要大量历史数据。（　　）

    A. 正确　　　　　　　　　B. 错误

50. 进入成熟期的行业，市场已被少数资本雄厚、技术先进的大厂商控制，各厂商分别占有自己的市场份额，整个市场的生产布局和份额在相当长的时期内处于稳定状态。（　　）

    A. 正确　　　　　　　　　B. 错误

51. 进入加速成长期后，企业的产品和劳务已为广大消费者接受，销售收入和利润开始加速增长，新的机会不断出现，但企业仍然需要大量资金来实现高速成长。（　　）

    A. 正确　　　　　　　　　B. 错误

52. 在幼稚期后期，随着行业生产技术的成熟、生产成本的降低和市场需求的扩大，新行业便逐步由高风险、低收益的幼稚期迈入低风险、高收益的成长期。（　　）

    A. 正确　　　　　　　　　B. 错误

53. 分化是指出现与原有行业相关、相配套的行业。（　　）

    A. 正确　　　　　　　　　B. 错误

54. 投资于防守型行业一般属于收入型投资，而非资本利得型投资。（　　）

    A. 正确　　　　　　　　　B. 错误

55. 从静态角度看，五种竞争力量抗衡的结果共同决定着行业的发展方向；从动态角度看，五种基本竞争力量的状况及其综合强度决定着行业内的企业可能获得利润的最终潜力。（　　）

    A. 正确　　　　　　　　　B. 错误

56. 在当前的现实生活中没有真正的完全垄断型市场，每个行业都或多或少地引进了竞争。（　　）

    A. 正确　　　　　　　　　B. 错误

57. 在寡头垄断的市场上，由于少数生产者的产量非常大，因此他们对市场的价格和交易具有一定的垄断能力。（　　）

A. 正确   B. 错误

58. 证券交易所负责制定、修改和完善《上市公司行业分类指引》，负责《上市公司行业分类指引》及相关制度的解释。（　　）

A. 正确   B. 错误

59. 《上市公司行业分类指引》是借鉴联合国国际标准产业分类、北美行业分类体系有关内容的基础上制定而成的。（　　）

A. 正确   B. 错误

60. 道琼斯分类法将大多数股票分为农业、工业和公用事业三类。（　　）

A. 正确   B. 错误

61. 在当前的现实生活中没有真正的完全垄断型市场，每个行业都或多或少地引进了竞争。公用事业（如发电厂、煤气公司、自来水公司和邮电通信等）和某些资本、技术高度密集型或稀有金属矿藏的开采等行业属于接近完全垄断的市场类型。（　　）

A. 正确   B. 错误

62. 价值链在经济活动中是无处不在的，将企业价值链根据企业与相应供应方和需求方的关系，分别向其前、后延伸就形成了产业价值链。由于每个产业的技术特点不同，相应的每一产业都有其结构独特的产业价值链，而处于产业价值链条上的每个企业的价值链就是一个产业环节。（　　）

A. 正确   B. 错误

63. 防守型行业的经营状况在经济周期的上升和下降阶段都很稳定。这种运动形态的存在是因为该类型行业的产品需求相对稳定，需求弹性小，经济周期处于衰退阶段对这种行业的影响也比较小。甚至有些防守型行业在经济衰退时期还会有一定的实际增长。（　　）

A. 正确   B. 错误

64. 进入成熟期的行业市场已被少数资本雄厚、技术先进的大厂商控制，各厂商分别占有自己的市场份额，整个市场的生产布局和份额在相当长的时期内处于稳定状态。（　　）

A. 正确   B. 错误

65. 我国比较系统地实行产业政策是在 20 世纪 80 年代后半期。在此以前，产业政策的内容主要体现在国民经济发展计划之中。（　　）

A. 正确   B. 错误

参考答案

一、单项选择题

1. A	2. B	3. C	4. C	5. C
6. C	7. C	8. A	9. D	10. C
11. D	12. C	13. A	14. C	15. D
16. B	17. A	18. D	19. C	20. D

21. A	22. A	23. C	24. C	25. C
26. B	27. B	28. C	29. B	30. A
31. A	32. D	33. C	34. B	35. C
36. A	37. A	38. D	39. B	40. C
41. A	42. C	43. B	44. D	45. A
46. D	47. C	48. B	49. B	50. D
51. C	52. A	53. D	54. B	55. A
56. A	57. A	58. A	59. A	60. A

二、多项选择题

1. BC	2. AC	3. ABCD	4. ACD	5. AC
6. AC	7. ABCD	8. ACD	9. ABCD	10. ABCD
11. ABCD	12. ACD	13. ABCD	14. ACD	15. BCD
16. ABCD	17. AD	18. ABD	19. CD	20. ABCD
21. AB	22. ABCD	23. ABCD	24. BCD	25. ABCD
26. ABCD	27. ABCD	28. ABCD	29. ABCD	30. ABC
31. ABCD	32. ABCD	33. ACD	34. ABD	35. ABD
36. ABC	37. ABCD	38. ACD	39. CD	40. ABCD

三、判断题

1. A	2. B	3. B	4. B	5. B
6. A	7. A	8. B	9. A	10. A
11. A	12. B	13. B	14. A	15. A
16. B	17. B	18. B	19. A	20. A
21. B	22. B	23. B	24. A	25. B
26. B	27. B	28. A	29. B	30. A
31. A	32. B	33. A	34. A	35. A
36. B	37. A	38. A	39. B	40. B
41. B	42. A	43. A	44. B	45. B
46. A	47. A	48. B	49. B	50. A
51. A	52. B	53. B	54. A	55. B
56. A	57. A	58. B	59. A	60. B
61. A	62. A	63. A	64. A	65. A

第五章　公司分析

一、本章考纲

掌握公司、上市公司和公司分析的概念及公司基本分析的途径。

熟悉公司行业竞争地位的主要衡量指标；掌握经济区位的概念；熟悉经济区位分析的目的和途径；熟悉自然条件、基础条件和经济特色的内容及其对公司的作用；熟悉产业政策对公司的作用；熟悉产品竞争能力优势的含义、实现方式；掌握市场占有率的概念；熟悉品牌的含义与功能。掌握公司法人治理结构、股权结构规范和相关利益者的含义；熟悉健全的法人治理机制的具体体现和独立董事制度的有关要求；熟悉监事会的作用及责任；熟悉素质的含义及公司经理人员、业务人员应具备的素质；熟悉公司盈利能力和成长性分析的内容；掌握公司盈利预测的主要假设及实际预测方法；熟悉经营战略的含义、内容和特征；熟悉公司规模变动特征和扩张潜力与公司成长性的关系；熟悉公司基本分析在上市公司调研中的实际运用。

熟悉资产负债表、利润分配表、现金流量表和股东权益变动表的含义、内容、格式、编制方式以及资产、负债和股东权益的关系；熟悉利润表反映的内容。熟悉使用财务报表的主体、目的以及报表分析的功能、方法和原则；熟悉比较分析法和因素分析法的含义；熟悉常用的比较方法。

熟悉财务比率的含义、分类以及比率分析的比较基准；掌握公司变现能力、营运能力、长期偿债能力、盈利能力、投资收益和现金流量的计算、影响因素以及计算指标的含义；掌握流动比率与速动比率的影响因素；熟悉影响速动比率可信度的因素；熟悉影响公司变现能力的其他因素。熟悉或有负债的概念及内容；熟悉影响企业存货结构及周转速度的指标；熟悉资产负债率与产权比率、有形资产净值债务率与产权比率的关系；熟悉融资租赁与经营租赁在会计处理方式上的区别；熟悉流动性与财务弹性的含义；掌握本期到期债务的统计对象；熟悉上述指标的评价作用，变动特征与对应的财务表现以及各变量之间的关系。

熟悉会计报表附注项目的主要项目，掌握会计报表附注对基本财务比率的影响；熟悉沃尔评分法的比率选取与所占比重；熟悉综合评价方法；熟悉 EVA 的含义及其应用；熟悉公司财务分析的注意事项；熟悉公司各类增资行为对财务结构的影响。

熟悉公司重大事件的基本含义及相关内容，熟悉公司资产重组和关联交易的主要方式、具体行为、特点、性质以及与其相关的法律规定；熟悉资产重组和关联交易对公司业绩和经营的影响；熟悉运用市场价值法、重置成本法、收益现值法评估公司资产价值的步骤和优缺点。

熟悉会计政策的含义以及会计政策与税收政策变化对公司的影响。

二、本章知识体系

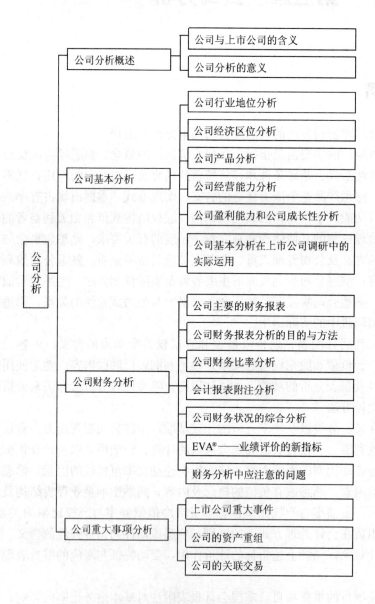

三、同步强化练习题及参考答案

同步强化练习题

一、单项选择题

1. 从经济学角度来看，所谓公司，是指依法设立的从事经济活动并以（　　）为目的的企业法人。

A. 营利   B. 社会公益

C. 慈善   D. 竞争

2. 根据不同的划分标准，公司可分为不同的类型。其中，按公司（   ）为标准，可将公司分为上市公司和非上市公司。

A. 股票是否上市流通   B. 债券是否上市流通

C. 公司大小   D. 是否是股份有限公司

3. 根据我国《公司法》的规定，我国的上市公司是指其股票在证券交易所上市交易的（   ）。

A. 股份公司   B. 个人独资企业

C. 合伙制企业   D. 股份有限公司

4. 公司分析中最重要的是（   ）分析。

A. 股票价格   B. 财务状况

C. 股权结构   D. 人力资源

5. 衡量公司行业竞争地位的主要指标是行业综合排序和（   ）。

A. 股票价格   B. 财务状况

C. 产品的市场占有率   D. 公司所在地域

6. 上市公司的投资价值与区位经济的发展密切相关，如处在经济区位内的上市公司，一般具有（   ）的投资价值。

A. 一般   B. 较低

C. 较高   D. 不清楚

7. 以下不属于区位经济中自然和基础条件的是（   ）。

A. 矿产资源   B. 水资源

C. 人力资源   D. 交通

8. 我国的（   ）指全部资本由股东出资构成，股东以其认缴的出资额或认购的股份为限对公司承担责任，公司以其全部财产对公司债务承担责任的依《公司法》成立的企业法人。

A. 公司   B. 机构

C. 单位   D. 上市公司

9. 企业的（   ）决定了其盈利能力是高于还是低于行业平均水平，决定了其在行业内的竞争地位。

A. 经营能力分析   B. 经济区位分析

C. 成长性分析   D. 行业地位

10. 所谓（   ），是指区位内经济与区位外经济的联系和互补性、龙头作用及其发展活力与潜力的比较优势。

A. 区位特色   B. 区位优势

C. 经济特色   D. 经济优势

11. 在很多行业中，（   ）是决定竞争优势的关键因素。

A. 创新优势 　　　　　　　　B. 技术优势

C. 质量优势 　　　　　　　　D. 成本优势

12. 在产品的竞争能力中，（ 　 ）是指公司拥有的比同行业其他竞争对手更强的技术实力及其研究与开发新产品的能力。

A. 创新优势 　　　　　　　　B. 技术优势

C. 质量优势 　　　　　　　　D. 成本优势

13. （ 　 ）是指一个公司产品销售量占该类产品整个市场销售总量的比例。

A. 市场占有率 　　　　　　　B. 区域分布情况

C. 区域占比 　　　　　　　　D. 销售占比

14. 广义上的（ 　 ）是指有关企业控制权和剩余索取权分配的一整套法律、文化和制度安排，包括人力资源管理、收益分配和激励机制、财务制度、内部制度和管理等。

A. 法人管理制度 　　　　　　B. 法人组织结构

C. 法人治理制度 　　　　　　D. 法人治理结构

15. 2001 年 8 月，中国证监会发布了《关于在上市公司建立独立董事制度的指导意见》，要求上市公司在（ 　 ）之前建立独立董事制度。

A. 2003 年 6 月 30 日 　　　　B. 2002 年 3 月 30 日

C. 2002 年 6 月 30 日 　　　　D. 2004 年 3 月 30 日

16. （ 　 ）公司盈利预测中最为关键的因素。

A. 销售收入预测的准确性 　　B. 生产成本预测的准确性

C. 管理和销售费用预测的准确性 　D. 财务费用预测的准确性

17. （ 　 ）是在符合和保证实现企业使命的条件下，在充分利用环境中存在的各种机会和创造新机会的基础上，确定企业同环境的关系，规定企业从事的经营范围、成长方向和竞争对策，合理地调整企业结构和分配企业的资源。

A. 规模变动 　　　　　　　　B. 扩张潜力

C. 治理结构 　　　　　　　　D. 经营战略

18. 实地调研中，（ 　 ）是目前上市公司实地调查中最常用的方法。

A. 笔录 　　　　　　　　　　B. 访谈

C. 抽查 　　　　　　　　　　D. 考察

19. （ 　 ）是反映企业在某一特定日期财务状况的会计报表，它表明权益在某一特定日期所拥有或控制的经济资源、所承担的现有义务和所有者对净资产的要求权。

A. 资产负债表 　　　　　　　B. 利润表

C. 现金流量表 　　　　　　　D. 会计报表批注

20. （ 　 ）是反映企业一定期间生产经营成果的会计报表，表明企业运用所拥有的资产进行获利的能力。

A. 资产负债表 　　　　　　　B. 利润表

C. 现金流量表 　　　　　　　D. 会计报表批注

21. 利润表中，营业收入减去营业成本（主营业务成本、其他业务成本）、营业税金及附加、销售费用、管理费用、财务费用、资产减值损失，加上公允价值变动收益、投资收益，即为(　　)。

A. 利润总额　　　　　　　　　B. 净利润

C. 每股收益　　　　　　　　　D. 营业利润

22. (　　)反映企业一定期间现金的流入和流出，表明企业获得现金和现金等价物的能力。

A. 资产负债表　　　　　　　　B. 利润表

C. 现金流量表　　　　　　　　D. 会计报表批注

23. 财务报表的(　　)是指对两个或几个有关的可比数据进行对比，揭示财务指标的差异和变动关系，是财务报表分析中最基本的方法。

A. 比较分析法　　　　　　　　B. 直接法

C. 因素分析法　　　　　　　　D. 间接法

24. (　　)是指对公司一个财务年度内的财务报表各项目之间进行比较，计算比率，判断年度内偿债能力、资产管理效率、经营效率、盈利能力等情况。

A. 单个年度的财务比率分析

B. 对公司不同时期的财务报表比较分析

C. 与同行业其他公司之间的财务指标比较分析

D. 结构百分比分析

25. (　　)是指同一张财务报表的不同项目之间、不同类别之间、在同一年度不同财务报表的有关项目之间，各会计要素的相互关系。

A. 业绩评价指标　　　　　　　B. 财务比率

C. 财务状况综合分析　　　　　D. 财务关系

26. (　　)是公司产生现金的能力，它取决于可以在近期转变为现金的流动资产的多少，是考察公司短期偿债能力的关键。

A. 变现能力　　　　　　　　　B. 营运能力

C. 长期偿债能力　　　　　　　D. 盈利能力

27. 一般认为，生产型公司合理的最低流动比率是(　　)。

A. 10　　　　　　　　　　　　B. 1

C. 5　　　　　　　　　　　　D. 2

28. 某公司 2009 年年末的流动资产为 7000 万元，流动负债为 3000 万元，年末的存货为 1000 万元，则该公司的速动比率为(　　)。

A. 2.5　　　　　　　　　　　B. 2

C. 3.3　　　　　　　　　　　D. 1

29. (　　)是指公司经营管理中利用资金运营的能力，一般通过公司资产管理比率来衡量，主要表现为资产管理及资产利用的效率。

A. 变现能力　　　　　　　　　B. 营运能力

C. 长期偿债能力　　　　　　　D. 盈利能力

30. (　　)是营业成本被平均存货所除得到的比率，即存货的周转次数，它是衡量和评价公司购入存货、投入生产、销售收回等各环节管理状况的综合性指标。

A. 存货周转率　　　　　　　　B. 应收账款周转天数

C. 流动资产周转率　　　　　　D. 总资产周转率

31. 某公司 2009 年的营业成本为 95890 万元，2009 年年初的存货为 5609 万元，2009 年年末的存货为 8071 万元，该公司存货周转天数约为（　　）。

A. 37 天　　　　　　　　　　B. 26 天

C. 42 天　　　　　　　　　　D. 25 天

32. （　　）是营业收入与平均应收账款的比值，它反映年度内应收账款转为现金的平均次数，说明应收账款流动的速度。

A. 存货周转率　　　　　　　　B. 应收账款周转率

C. 流动资产周转率　　　　　　D. 总资产周转率

33. （　　）是应收账款周转率的倒数乘以 360 天，也称应收账款回收期或平均收现期，它表示公司从取得应收账款的权利到收回款项转换为现金所需要的时间，是用时间表示的应收账款周转速度。

A. 存货周转率　　　　　　　　B. 应收账款周转天数

C. 流动资产周转率　　　　　　D. 总资产周转率

34. 某公司 2009 年的营业收入为 33838 万元，年初应收账款余额为 6970 万元，年末应收账款余额为 18133 万元，假设期末、期初坏账准备为 0。则该公司的应收账款周转率为（　　）。

A. 1.08 次　　　　　　　　　B. 2.08 次

C. 2.35 次　　　　　　　　　D. 1.35 次

35. （　　）是营业收入与全部流动资产的平均余额的比值。

A. 存货周转率　　　　　　　　B. 应收账款周转天数

C. 流动资产周转率　　　　　　D. 总资产周转率

36. （　　）是指公司偿付到期长期债务的能力，通常以反映债务与资产、净资产的关系的负债比率来衡量。

A. 变现能力　　　　　　　　　B. 营运能力

C. 长期偿债能力　　　　　　　D. 盈利能力

37. （　　）反映在总资产中有多大比例是通过借债来筹资的，也可以衡量公司在清算时保护债权人利益的程度。

A. 有形资产净值债务率　　　　B. 资产负债率

C. 已获利息倍数　　　　　　　D. 产权比率

38. （　　）是负债总额与股东权益总额之间的比率，也称为债务股权比率。

A. 有形资产净值债务率　　　　B. 资产负债率

C. 已获利息倍数　　　　　　　D. 产权比率

39. 某公司 2009 年期末负债总额为 58880 万元，股东权益为 45680 万元，无形资产净值为 430 万元，则该公司有形资产净值债务率为（　　）。

A. 132.85%　　　　　　　　　B. 130.12%

C. 129.23%　　　　　　　　　D. 127.46%

40. （　　）指标是指公司经营业务收益与利息费用的比率，用以衡量偿付借款利息的能力，也称利息保障倍数。
    A. 有形资产净值债务率
    B. 资产负债率
    C. 已获利息倍数
    D. 产权比率

41. （　　）反映每1元营业收入带来的净利润是多少，表示营业收入的收益水平。
    A. 资产净利率
    B. 营业净利率
    C. 净资产收益率
    D. 营业毛利率

42. （　　）是净利润与净资产的百分比，也称净值报酬率或权益报酬率。
    A. 资产净利率
    B. 营业净利率
    C. 净资产收益率
    D. 营业毛利率

43. 美国杜邦公司最先采用的杜邦财务分析法是以（　　）为主线，将公司在某一时期的销售成果以及资产营运状况全面联系在一起，层层分解，逐步深入，构成一个完整的分析体系。
    A. 资产净利率
    B. 营业净利率
    C. 净资产收益率
    D. 营业毛利率

44. （　　）是衡量上市公司盈利能力最重要的财务指标，它反映普通股的获利水平。
    A. 股利支付率
    B. 市盈率
    C. 每股净资产
    D. 每股收益

45. （　　）是衡量上市公司盈利能力的重要指标，反映投资者对每1元净利润所愿支付的价格，可以用来估计公司股票的投资报酬和风险，是市场对公司的共同期望指标。
    A. 股利支付率
    B. 市盈率
    C. 每股净资产
    D. 每股收益

46. 由于一般的期望报酬率为5%～20%，所以通常认为正常的市盈率为（　　）倍。
    A. 5～50
    B. 5～20
    C. 2～20
    D. 6～30

47. （　　）是普通股每股股利与每股收益的百分比。
    A. 股利支付率
    B. 市盈率
    C. 每股净资产
    D. 每股收益

48. （　　）是年末净资产（即年末股东权益）与发行在外的年末普通股总数的比值，也称为每股账面价值或每股权益。
    A. 股利支付率
    B. 市盈率
    C. 每股净资产
    D. 每股收益

49. （　　）是将每股股价与每股净资产相比，表明股价以每股净资产的若干倍在流通转让，评价股价相对于每股净资产而言是否被高估。
    A. 市净率
    B. 每股净资产
    C. 市盈率
    D. 每股收益

50. （　　）是指公司适应经济环境变化和利用投资机会的能力。

A. 变现能力   B. 营运能力

C. 长期偿债能力   D. 财务弹性

51. 某公司近5年经营活动现金净流量为8800，平均资本支出为4500万元，存货平均增加500万元，现金股利平均每年5000万元，则该公司现金满足投资比率为（   ）。

A. 0.78   B. 0.88

C. 0.86   D. 0.76

52. D公司2009年经营现金净流量为961万元。部分补充资料如下：2009年净利润4000万元，计提坏账准备5万元，提取折旧1000万元，待摊费用摊销100万元，处置固定资产收益为300万元，固定资产报废损失100万元，对外投资收益100万元。存货比上年增加50万元，应收账款比上年增加2400万元，应付账款比上年减少1000万元。则该公司的营运指数为（   ）。

A. 0.18   B. 0.20

C. 0.23   D. 0.28

53. 一般认为，公司财务评价的内容主要是盈利能力，其次是偿债能力，此外还有成长能力。它们之间大致可按（   ）来分配比重。

A. 6∶3∶1   B. 6∶2∶2

C. 5∶3∶2   D. 7∶2∶1

54. （   ）也被称为经济利润，它衡量了减除资本占用费用后企业经营产生的利润，是企业经营效率和资本使用效率的综合指标。

A. 财务状况综合评价   B. EVA®

C. 标准评分值   D. 标准比率

55. 中国证监会颁布的自（   ）起施行《上市公司重大资产重组管理办法》，将重大资产重组定义为：上市公司及其控股或者控制的公司在日常经营活动之外购买、出售资产或者通过其他方式进行资产交易达到规定的比例，导致上市公司的主营业务、资产、收入发生重大变化的资产交易行为。

A. 2008年6月18日   B. 2009年5月18日

C. 2008年5月8日   D. 2008年5月18日

56. （   ）是指企业资产的拥有者、控制者与企业外部的经济主体进行的，对企业资产的分布状态进行重新组合、调整、配置的过程，或对设在企业资产上的权利进行重新配置的过程。

A. 资产重组   B. 关联交易

C. 结构调整   D. 公司收购

57. 对企业股权的重组由于涉及股份持有人变化或股本增加，一般都需要经过有关主管部门的审核或核准，涉及国有股权的还需经国家财政部门的批准。该类行为被称为（   ）。

A. 对企业资产的重组   B. 战术性资产重组

C. 战略性资产重组   D. 对企业股权的重组

58. （　　）通常是指获取目标公司全部股权，使其成为全资子公司或者获取大部分股权处于绝对控股或相对控股地位的重组行为。
    A. 收购股份　　　　　　　　　　B. 购买资产
    C. 公司合并　　　　　　　　　　D. 收购公司

59. （　　）是当前证券市场上公司重组的一种常见方式，通常发生在属同一级财政范围或同一级国有资本运营主体的国有企业和政府机构之间。
    A. 国有股的无偿划拨　　　　　　B. 负债剥离
    C. 资产出售或剥离　　　　　　　D. 股权的协议转让

60. （　　）是指母、子公司之间互相持有绝对控股权或相对控股权，使母、子公司之间可以互相控制运作。
    A. 公司的分立　　　　　　　　　B. 交叉控股
    C. 股权置换　　　　　　　　　　D. 资产出售或剥离

61. （　　）也称成本法，是指在评估资产时按被评估资产的现时重置成本扣减其各项损耗价值来确定被评估资产价值的方法。
    A. 收益现值法　　　　　　　　　B. 市场价值法
    C. 市价法　　　　　　　　　　　D. 重置成本法

62. （　　）也称重置核算法，是指按资产成本的构成，把以现行市价计算的全部购建支出按期计入成本的形式，将总成本区分为直接成本和间接成本来估算重置成本的一种方法。
    A. 间接法　　　　　　　　　　　B. 直接法
    C. 物价指数法　　　　　　　　　D. 功能价值法

63. 实体性贬值的估算，一般可以采用的方法有（　　）。
    A. 观察法和公式计算法　　　　　B. 直接法和间接法
    C. 公式计算法和功能价值法　　　D. 功能价值法和物价指数法

64. （　　）是通过估算被评估资产未来预期收益并折算成现值，借以确定被评估资产价值的一种资产评估方法。
    A. 收益现值法　　　　　　　　　B. 市场价值法
    C. 市价法　　　　　　　　　　　D. 重置成本法

二、多项选择题

1. 我们对上市公司进行区位分析，可以通过以下几个方面进行（　　）。
    A. 区位内的自然条件与基础条件　　B. 区位内政府的产业政策
    C. 区位内的经济特色　　　　　　　D. 以上都是

2. 属于公司产品分析的是：（　　）。
    A. 产品的技术优势　　　　　　　B. 产品的竞争能力
    C. 产品的品牌战略　　　　　　　D. 产品的市场占有情况

3. 一般来讲，产品的成本优势可以通过规模经济和（　　）以及发达的营销网络等实现。
    A. 专有技术　　　　　　　　　　B. 优惠的原材料
    C. 低廉的劳动力　　　　　　　　D. 科学的管理

4. 产品的创新包括( )。

    A. 通过新核心技术的研制，开发出一种新产品或提高产品的质量

    B. 通过新工艺的研究，降低现有的生产成本，开发出一种新的生产方式

    C. 根据细分市场进行产品细分，实行产品差别化生产

    D. 通过研究产品组成要素的新组合，获得一种原料或半成品的新的供给来源等。而技术创新则不仅包括产品技术，还包括人才创新

5. 品牌具有产品所不具有的开拓市场的多种功能( )。

    A. 品牌具有创造市场的功能   B. 品牌具有联合市场的功能

    C. 品牌具有巩固市场的功能   D. 品牌具有提升商品价格的功能

6. 健全的公司法人治理机制体现在( )。

    A. 规范的股权结构   B. 有效的股东大会制度

    C. 董事会权力的合理界定与约束   D. 完善的独立董事制度

7. 一般而言，企业的经理人员应该具备如下素质( )。

    A. 从事管理工作的愿望   B. 专业技术能力

    C. 良好的道德品质修养   D. 人际关系协调能力

8. 公司盈利预测的假设主要包括( )。

    A. 销售收入预测   B. 生产成本预测

    C. 管理和销售费用预测   D. 主营业务利润占税前利润的百分比

9. 公司法人规范的股权结构包括的含义有( )。

    A. 降低股权集中度

    B. 流通股股权适度集中，发展机构投资者、战略投资者，发挥他们在公司治理中的积极作用

    C. 股权的流通性

    D. 股权的有效性

10. 根据 2002 年 1 月 7 日中国证监会与国家经济贸易委员会联合颁布的《上市公司治理准则》，下列属于有效的股东大会制度应包括的内容有( )。

    A. 具备规范的召开与表决程序

    B. 股东大会应给予每个提案合理的讨论时间

    C. 对董事会的授权原则

    D. 充分运用现代信息技术手段扩大股东参与股东大会的比例

11. 形成高效运作的职业经理层的前提条件是上市公司必须建立和形成一套( )的选聘制度和激励制度。

    A. 人性化   B. 制度化

    C. 科学化   D. 市场化

12. 通常，成新率的估算方法有( )。

    A. 观察法   B. 直接法

    C. 修复费用法   D. 使用年限法

13. 采用重置成本法评估资产的优点有( )。

A. 比较充分地考虑了资产的损耗，评估结果更加公平合理

B. 有利于单项资产和特定用途资产的评估

C. 在不易计算资产未来收益或难以取得市场参照物条件下可广泛应用

D. 有利于企业资产保值

14. 公司的经营战略具有全局性、长远性和纲领性的特征，它从宏观上规定了公司的（　　）。

A. 成长期限 　　　　　　　　　B. 成长方向

C. 成长速度 　　　　　　　　　D. 实现方式

15. 公司规模变动特征和扩张潜力一般与其（　　）密切相关。

A. 所处的行业发展阶段 　　　　B. 市场结构

C. 经营战略 　　　　　　　　　D. 行业特性

16. 公司规模变动特征及扩张潜力分析可以从以下（　　）方面进行分析。

A. 纵向比较公司历年的销售、利润、资产规模等数据，把握公司的发展趋势是加速发展、稳步扩张，还是停滞不前

B. 将公司销售、利润、资产规模等数据及其增长率与行业平均水平及主要竞争对手的数据进行比较，了解其行业地位的变化

C. 分析预测公司主要产品的市场前景及公司未来的市场份额，分析公司的投资项目，预计其销售和利润水平

D. 分析公司的财务状况以及公司的投资和筹资潜力

17. 分析师通过公司调研需要达到的目的有（　　）。

A. 核实公司公开信息中披露的信息

B. 深入了解公司可能面临的风险

C. 通过与公司管理层的对话与交谈，深入了解公司管理层对公司未来战略的设想并对其基本素质有一个基本的判断

D. 提高公司盈利预测模型中相关参数确定的准确性

18. 下列属于公司调研的对象是（　　）。

A. 公司管理层及员工 　　　　　B. 公司本部及子公司

C. 公司客户 　　　　　　　　　D. 公司产品零售网点

19. 公司调研根据调研所涉及问题的广度不同，可以分为（　　）。

A. 全面调查 　　　　　　　　　B. 专项调查

C. 整体调查 　　　　　　　　　D. 局部调查

20. 在结合特定或非特定的公司调研目标下，将不同程度地成为公司调研重点内容的是（　　）。

A. 业务发展目标 　　　　　　　B. 业务与技术

C. 同业竞争与关联交易 　　　　D. 组织结构与内部控制

21. 证券分析师在进行公司调研时通常遵循的流程有（　　）。

A. 调研前的室内案头工作 　　　B. 编写调研计划

C. 实地调研 　　　　　　　　　D. 编写调研报告

22. 常见的关联交易主要有( )。
    A. 关联购销　　　　　　　　　　B. 资产租赁
    C. 担保　　　　　　　　　　　　D. 关联方共同投资

23. 下列属于利润表主要反映的内容是( )。
    A. 构成营业收入的各项要素　　　　B. 构成营业利润的各项要素
    C. 构成利润总额的各项要素　　　　D. 构成净利润的各项要素

24. 利润表中的每股收益包括( )。
    A. 特别每股收益　　　　　　　　B. 基本每股收益
    C. 附加每股收益　　　　　　　　D. 稀释每股收益

25. 现金流量表主要分( )产生的现金流量三个部分。
    A. 经营活动　　　　　　　　　　B. 投资活动
    C. 生产活动　　　　　　　　　　D. 筹资活动

26. 经营活动产生的现金流量通常可以采用( )反映。
    A. 间接法　　　　　　　　　　　B. 调查法
    C. 研究法　　　　　　　　　　　D. 直接法

27. 具体而言，公司财务报表的使用主体不同，其分析的目的也不完全相同，下列说法
    正确的是( )。
    A. 公司的经理人员通过分析财务报表判断公司的现状、可能存在的问题，以便进
       一步改善经营管理
    B. 公司的现有投资者及潜在投资者主要关心公司的财务状况、盈利能力
    C. 公司的债权人主要关心自己的债权能否收回
    D. 公司雇员关心企业是否有能力提供报酬和养老金

28. 财务报表分析的一般目的可以概括为( )。
    A. 评价过去的经营业绩　　　　　　B. 衡量现在的财务状况
    C. 预测未来的发展趋势　　　　　　D. 提高公司的收益

29. 财务报表分析的方法有( )。
    A. 比较分析法　　　　　　　　　B. 直接法
    C. 因素分析法　　　　　　　　　D. 间接法

30. 财务报表分析法中，最常用的比较分析方法有( )。
    A. 单个年度的财务比率分析
    B. 对公司不同时期的财务报表比较分析
    C. 与同行业其他公司之间的财务指标比较分析
    D. 结构百分比分析

31. 财务报表分析的原则有( )。
    A. 坚持全面原则　　　　　　　　B. 坚持考虑个性原则
    C. 坚持实事求是原则　　　　　　D. 坚持真实性原则

32. 比率分析可以从当年实际比率与( )标准比较后得出结论。
    A. 公司过去的最好水平　　　　　　B. 同行业的先进水平

C. 同行业的平均水平   D. 公司当年的计划预测水平

33. 公司财务比率分析中，反映变现能力的财务比率主要有（   ）。

     A. 资产管理比率   B. 流动比率

     C. 产权比率   D. 速动比率

34. 一般情况下，（   ）是影响流动比率的主要因素。

     A. 营业周期   B. 流动资产中的应收账款数额

     C. 营运成本   D. 存货的周转速度

35. 在计算速动比率时，要把存货从流动资产中剔除的主要原因是（   ）。

     A. 在流动资产中，存货的变现能力最差

     B. 由于某种原因，部分存货可能已损失报废，还没处理

     C. 部分存货已抵押给某债权人

     D. 存货估价还存在着成本与当前市价相差悬殊的问题

36. 增强公司的变现能力的因素有（   ）。

     A. 可动用的银行贷款指标   B. 准备很快变现的长期资产

     C. 偿债能力的声誉   D. 未作记录的或有负债

37. 减弱公司变现能力的因素有（   ）。

     A. 可动用的银行贷款指标   B. 准备很快变现的长期资产

     C. 担保责任引起的负债   D. 未作记录的或有负债

38. 资产管理比率通常又称为运营效率比率，主要包括（   ）。

     A. 存货周转率   B. 应收账款周转天数

     C. 流动资产周转率   D. 总资产周转率

39. 影响应收账款周转率正确计算的因素有（   ）。

     A. 季节性经营   B. 大量使用分期付款结算方式

     C. 大量使用现金结算的销售   D. 年末销售的大幅度增加或下降

40. 下列属于负债比率的有（   ）。

     A. 有形资产净值债务率   B. 资产负债率

     C. 已获利息倍数   D. 产权比率

41. 关于 MVA（市场增加值）下列说法正确的是（   ）。

     A. MVA 是公司为股东创造或毁坏了多少财富在资本市场上的体现，也是股票市值与累计资本投入之间的差额

     B. MVA 是企业变现价值与原投入资金之间的差额，它直接表明了一家企业累计为其投资者创造了多少财富

     C. 其计算公式为：市场增加值＝市值－资本

     D. MVA 是市场对公司未来获取经济增加值能力的预期反映

42. 财务分析中应注意的问题有（   ）。

     A. 财务报表数据的准确性、真实性与可靠性

     B. 财务分析结果的预测性调整

     C. 公司增资行为对财务结构的影响

D. 公司产品结构对财务的影响

43. 资产重组根据重组对象的不同大致可分为（　　　）。

A. 对企业资产的重组　　　　　　　　B. 对企业负债的重组

C. 对企业股权的重组　　　　　　　　D. 战略性资产重组

44. 对企业资产的重组包括（　　　）。

A. 收购资产　　　　　　　　　　　　B. 资产置换

C. 资产出售　　　　　　　　　　　　D. 租赁和托管资产

45. 公司的战略性资产重组根据股权的变动情况可分为（　　　）。

A. 股权减少（回购）　　　　　　　　B. 股权存量变更

C. 收购股份　　　　　　　　　　　　D. 股权增加

三、判断题

1. 所谓经济特色，是指区位内经济与区位外经济的联系和互补性、龙头作用及其发展活力与潜力的比较优势。（　　　）

A. 正确　　　　　　　　　　　　　　B. 错误

2. 狭义上的公司法人治理结构是指有关企业控制权和剩余索取权分配的一整套法律、文化和制度安排，包括人力资源管理、收益分配和激励机制、财务制度、内部制度和管理等。（　　　）

A. 正确　　　　　　　　　　　　　　B. 错误

3. 财务报表通常被认为是最能够获取有关公司信息的工具。（　　　）

A. 正确　　　　　　　　　　　　　　B. 错误

4. 证券分析师对真实、完整、详细的财务报表的分析，是其预测公司股东收益和现金流的各项因素的基础，也是其作出具体投资建议的直接依据之一。（　　　）

A. 正确　　　　　　　　　　　　　　B. 错误

5. 区位，或者说经济区位，是指地理范畴上的经济增长点及其辐射范围。（　　　）

A. 正确　　　　　　　　　　　　　　B. 错误

6. 一般来讲，产品的质量优势可以通过规模经济、专有技术、优惠的原材料、低廉的劳动力、科学的管理、发达的营销网络等实现。（　　　）

A. 正确　　　　　　　　　　　　　　B. 错误

7. 在现代经济中，公司新产品的研究与开发能力是决定公司竞争成败的关键因素。（　　　）

A. 正确　　　　　　　　　　　　　　B. 错误

8. 产品的质量优势是指公司的产品以高于其他公司同类产品的质量赢得市场，从而取得竞争优势。（　　　）

A. 正确　　　　　　　　　　　　　　B. 错误

9. 市场占有率是对公司实力和经营能力较精确的估计。（　　　）

A. 正确　　　　　　　　　　　　　　B. 错误

10. 一个品牌仅是一种产品的标识，不是产品质量、性能、满足消费者效用可靠程度的综合体现。（　　　）

A. 正确　　　　　　　　　　　B. 错误

11. 品牌竞争是产品竞争的深化和延伸，当产业发展进入成熟阶段，产业竞争充分展开时，品牌就成为产品及企业竞争力的一个越来越重要的因素。（　　）

A. 正确　　　　　　　　　　　B. 错误

12. 规范的股权结构是确保股东充分行使权力的最基础的制度安排，能否建立有效的规范的股权结构是上市公司建立健全公司法人治理机制的关键。（　　）

A. 正确　　　　　　　　　　　B. 错误

13. 经理人员的素质是决定企业能否取得成功的一个重要因素。（　　）

A. 正确　　　　　　　　　　　B. 错误

14. 对公司经理层的素质进行分析，可以判断该公司发展的持久力和创新能力。（　　）

A. 正确　　　　　　　　　　　B. 错误

15. 对公司盈利进行预测，是判断公司估值水平及投资价值的重要基础。（　　）

A. 正确　　　　　　　　　　　B. 错误

16. 经营战略是企业面对激烈的市场变化与严峻挑战，为求得长期生存和不断发展而进行的总体性谋划。（　　）

A. 正确　　　　　　　　　　　B. 错误

17. 公司调研的对象仅限于上市公司本身。（　　）

A. 正确　　　　　　　　　　　B. 错误

18. 当投资者对上市公司公开披露信息中部分重要敏感信息存有疑虑，或外界流传关于上市公司特定信息，或影响上市公司经营状况的若干重要因素发生变化时，投资者或卖方研究机构可能会展开针对特定问题的全面调查。（　　）

A. 正确　　　　　　　　　　　B. 错误

19. 根据《关于进一步做好上市公司公平信息披露工作的通知》，上市公司及其工作人员接受调研过程中不得披露任何未公开披露的信息（法律法规有规定的情形除外）。（　　）

A. 正确　　　　　　　　　　　B. 错误

20. 分析师通过自身分析研究而得出的有关上市公司经营状况的判断属内幕信息，可以向客户披露。（　　）

A. 正确　　　　　　　　　　　B. 错误

21. 我国资产负债表按账户式反映，即资产负债表分为左方和右方，左方列示资产各项目，右方列示负债和所有者权益各项目。（　　）

A. 正确　　　　　　　　　　　B. 错误

22. 我国一般采用单步式利润表格式。（　　）

A. 正确　　　　　　　　　　　B. 错误

23. 利润表中，净利润（或净亏损）在利润总额（或亏损总额）的基础上，减去本期计入损益的所得税费用后得出。（　　）

A. 正确　　　　　　　　　　　B. 错误

24. 现金流量表中的投资活动比通常所指的短期投资和长期投资范围要小。（　　）

A. 正确   B. 错误

25. 财务报表的因素分析法则是依据分析指标和影响因素的关系，从数量上确定各因素对财务指标的影响程度。（   ）

A. 正确   B. 错误

26. 对公司不同时期的财务报表比较分析，可以对公司持续经营能力、财务状况变动趋势、盈利能力作出分析，从一个较长的时期来动态地分析公司状况。（   ）

A. 正确   B. 错误

27. 财务比率是比较分析的结果，但同时财务比率分析也是对公司财务报表进行更深层次的比较分析或因素分析的基础。（   ）

A. 正确   B. 错误

28. 分析财务报表所使用的比率以及对同一比率的解释和评价，并不因使用者的着眼点、目标和用途不同而异。（   ）

A. 正确   B. 错误

29. 流动比率可以反映长期偿债能力。（   ）

A. 正确   B. 错误

30. 通常认为正常的速动比率为 2，低于 2 的速动比率被认为是短期偿债能力偏低。（   ）

A. 正确   B. 错误

31. 存货的流动性一般用存货的周转速度指标来反映，即存货周转率或存货周转天数。（   ）

A. 正确   B. 错误

32. 一般来讲，存货周转速度越快，存货的占用水平越低，流动性越强，存货转换为现金或应收账款的速度越快。（   ）

A. 正确   B. 错误

33. 存货周转天数（存货周转率）指标的好坏反映存货管理水平，它不仅影响公司的短期偿债能力，也是整个公司管理的重要内容。（   ）

A. 正确   B. 错误

34. 一般来说，应收账款周转率越高，平均收账期越短，说明应收账款的收回越快；否则，公司的营运资金会过多地滞留在应收账款上，影响正常的资金周转。（   ）

A. 正确   B. 错误

35. 产权比率低，是高风险、高报酬的财务结构；产权比率高，是低风险、低报酬的财务结构。（   ）

A. 正确   B. 错误

36. 有形资产净值债务率考虑无形资产——商誉、商标、专利权以及非专利技术等的价值。（   ）

A. 正确   B. 错误

37. 利息费用是指本期发生的全部应付利息，不仅包括财务费用中的利息费用，还应包括计入固定资产成本的资本化利息。（   ）

A. 正确   B. 错误

38. 一般情况下，长期债务可以超过营运资金。（　　）

    A. 正确   B. 错误

39. 一般来说，公司的盈利能力涉及正常的营业状况和非正常的营业状况。（　　）

    A. 正确   B. 错误

40. 营业毛利率表示每1元营业收入扣除营业成本后，有多少钱可以用于各项期间费用和形成盈利。（　　）

    A. 正确   B. 错误

41. 资产净利率是公司净利润与平均资产总额的百分比。（　　）

    A. 正确   B. 错误

42. 目前我国上市公司须根据归属于公司普通股股东的净利润和扣除非经常性损益后归属于公司普通股股东的净利润分别计算和披露基本每股收益和稀释每股收益。（　　）

    A. 正确   B. 错误

43. 在市价确定的情况下，每股收益越低，市盈率越高，投资风险越小；反之亦然。在每股收益确定的情况下，市价越低，市盈率越高，风险越大；反之亦然。（　　）

    A. 正确   B. 错误

44. 股票获利率主要应用于上市公司的少数股权。（　　）

    A. 正确   B. 错误

45. 市净率越小，说明股票的投资价值越高，股价的支撑越有保证；反之，则投资价值越低。（　　）

    A. 正确   B. 错误

46. 现金流量分析不仅要依靠现金流量表，还要结合资产负债表和利润表。（　　）

    A. 正确   B. 错误

47. 如果收益能如实反映公司业绩，则认为收益的质量不好；如果收益不能很好地反映公司业绩，则认为收益的质量好。（　　）

    A. 正确   B. 错误

48. 会计报表附注是为了便于会计报表使用者理解会计报表的内容而对会计报表的编制基础、编制依据、编制原则和方法及主要项目等所作的解释。（　　）

    A. 正确   B. 错误

49. 会计政策是指企业在会计核算时所遵循的具体原则以及企业所采纳的具体会计处理方法，是指导企业进行会计核算的基础。（　　）

    A. 正确   B. 错误

50. 在先进先出法下销售成本偏低，而期末存货则低，这样计算出来的存货周转率偏低。而应用后进先出法则相反，存货周转率会偏高。（　　）

    A. 正确   B. 错误

51. 财产租赁有两种方式：融资租赁和经营租赁。（　　）

    A. 正确   B. 错误

52. 证券分析师通过会计报告附注项目的分析，可以全面掌握公司经营过程中的实际状况，评判当前企业的财务状况和经营成果，预测未来的发展趋势。（　　）

 A. 正确　　　　　　　　　　　　B. 错误

53. 财务状况综合评价的先驱者之一是亚历山大·沃尔，他在 20 世纪初提出了信用能力指数的概念，把若干个财务比率用线性关系结合起来，以此评价公司的信用水平。（　　）

 A. 正确　　　　　　　　　　　　B. 错误

54. EVA® （Economic Value Added）或经济增加值最初由美国学者亚历山大·沃尔提出，并由美国著名咨询公司 Stem Stewart & Co 在美国注册。（　　）

 A. 正确　　　　　　　　　　　　B. 错误

55. 运用 EVA® 指标衡量企业业绩和投资者价值是否增加的基本思路是：公司的投资者可以自由地将他们投资于公司的资本变现，并将其投资于其他资产，因此，投资者从公司至少应获得其投资的机会成本。（　　）

 A. 正确　　　　　　　　　　　　B. 错误

56. 资本成本率的计算公式如下：

 加权资本成本率＝债务资本成本率×（债务成本/总市值）×（1－税率）＋权益资本成本率×（权益资本/总市值）。（　　）

 A. 正确　　　　　　　　　　　　B. 错误

57. MVA 是市场对公司未来获取经济增加值能力的预期反映。（　　）

 A. 正确　　　　　　　　　　　　B. 错误

58. 从理论上讲，证券市场越有效，企业的内在价值和市场价值越吻合，市场增加值就越能反映公司现在和未来获取经济增加值的能力。（　　）

 A. 正确　　　　　　　　　　　　B. 错误

59. 资产重组根据是否涉及股份的存量和增量，大致可以分为对企业资产的重组、对企业负债的重组和对企业股权的重组。（　　）

 A. 正确　　　　　　　　　　　　B. 错误

60. 着眼于改善上市公司经营业绩、调整股权结构和治理结构的调整型公司重组和控制权变更型重组，成为我国证券市场最常见的资产重组类型。（　　）

 A. 正确　　　　　　　　　　　　B. 错误

61. 比率分析可以从当年实际比率与以下几种标准比较后得出结论：公司过去的最好水平、公司当年的计划预测水平、同行业的先进水平或平均水平。比率分析涉及公司管理的各个方面，比率指标也特别多，大致可归纳为以下几大类：变现能力分析、营运能力分析、长期偿债能力分析、盈利能力分析、投资收益分析、现金流量分析等。（　　）

 A. 正确　　　　　　　　　　　　B. 错误

62. 证券分析师在分析公司盈利能力时，应当排除以下因素：证券买卖等非正常项目、已经或将要停止的营业项目、重大事故或法律更改等特别项目、会计准则和财务制度变更带来的累计影响等。（　　）

A. 正确 　　　　　　　　　　　　B. 错误

63. 会计政策是指企业在会计核算时所遵循的具体原则以及企业所采纳的具体会计处理方法，是指导企业进行会计核算的基础。由于会计政策在具体使用中可以有不同的选择，一般情况下企业会选择最恰当的会计政策反映其经营成果和财务状况。会计报表附注中所披露的企业采纳的会计政策，主要包括：收入确认、存货期末计价、投资期末计价、固定资产期末计价、无形资产期末计价、所得税的核算方法、长期股权投资的核算方法、借款费用的处理方法等。（　　）

A. 正确 　　　　　　　　　　　　B. 错误

64. 资产负债表日后事项，反映自年度资产负债表日至财务报告批准报出日之间发生的需要告诉或说明的事项。这些事项对企业来说既有利也不利，财务报告使用者通过对日后事项的分析，可以快速判断这些重要事项是给企业带来一定的经济效益还是使企业遭受重大的经济损失。（　　）

A. 正确 　　　　　　　　　　　　B. 错误

65. 从理论上讲，沃尔的评分法有一个弱点，就是未能证明为什么要选择这 7 个指标，而不是更多或更少，或者选择别的财务比率，也未能证明每个指标所占比重的合理性。这个问题至今仍没有从理论上解决。尽管沃尔的方法在理论上还有待证明，在技术上也不完善，但它还是在实践中被广泛应用。（　　）

A. 正确 　　　　　　　　　　　　B. 错误

参考答案

一、单项选择题

1. A	2. A	3. D	4. B	5. C
6. C	7. C	8. A	9. D	10. C
11. D	12. B	13. A	14. D	15. C
16. A	17. D	18. B	19. A	20. B
21. D	22. C	23. A	24. A	25. B
26. A	27. D	28. B	29. B	30. A
31. C	32. B	33. B	34. D	35. C
36. C	37. B	38. D	39. B	40. C
41. B	42. C	43. C	44. D	45. B
46. B	47. A	48. C	49. B	50. B
51. B	52. B	53. C	54. B	55. B
56. A	57. C	58. D	59. A	60. B
61. D	62. B	63. A	64. A	

二、多项选择题

1. ABCD	2. ABCD	3. ABCD	4. ABCD	5. ABC
6. ABCD	7. ABCD	8. ABCD	9. ABC	10. ABCD

11. BCD　　12. ACD　　13. ABCD　　14. BCD　　15. ABC

16. ABCD　17. ABCD　18. ABCD　19. AB　　20. ABCD

21. ABCD　22. ABCD　23. ABCD　24. BD　　25. ABD

26. AD　　27. ABCD　28. ABC　　29. AC　　30. ABC

31. AB　　32. ABCD　33. BD　　34. ABD　　35. ABCD

36. ABC　　37. CD　　38. ABCD　39. ABCD　40. ABCD

41. ABCD　42. ABC　　43. ABC　　44. ABCD　45. ABD

三、判断题

1. A　　2. B　　3. A　　4. A　　5. A

6. B　　7. A　　8. A　　9. A　　10. B

11. A　　12. B　　13. A　　14. B　　15. A

16. A　　17. B　　18. B　　19. A　　20. B

21. A　　22. B　　23. A　　24. B　　25. A

26. A　　27. A　　28. B　　29. B　　30. B

31. A　　32. A　　33. A　　34. A　　35. B

36. B　　37. A　　38. B　　39. B　　40. A

41. A　　42. A　　43. B　　44. B　　45. A

46. A　　47. B　　48. A　　49. A　　50. B

51. A　　52. A　　53. A　　54. B　　55. B

56. A　　57. A　　58. A　　59. B　　60. A

61. A　　62. A　　63. A　　64. A　　65. A

第六章　证券投资技术分析

一、本章考纲

熟悉技术分析方法的局限性；熟悉技术分析的含义、要素、假设与理论基础；熟悉价量关系变化规律；掌握道氏理论的基本原理；熟悉技术分析方法的分类及其特点。

熟悉 K 线图的画法；熟悉 K 线的主要形状及其组合的应用；熟悉趋势的含义和类型；掌握支撑线和压力线、趋势线和轨道线的含义、作用；熟悉股价移动的规律；熟悉股价移动的形态；掌握反转突破形态和持续形态的形成过程、特点及应用规则。

熟悉缺口的基本含义、类型、特征及应用方法。

熟悉波浪理论的基本思想、主要原理；掌握葛兰碧的量价关系法则；熟悉涨跌停板制度下量价关系的分析。

熟悉移动平均线的含义、特点和计算方法；掌握葛兰威尔法则；熟悉黄金交叉与死亡交叉的概念；熟悉多条移动平均线组合分析方法；熟悉平滑异同移动平均线的计算及应用法则。

熟悉威廉指标和相对强弱指标的含义、计算方法和应用法则；熟悉乖离率、心理线、能量潮、腾落指数、涨跌比、超买超卖等指标的基本含义与计算，熟悉其应用法则。

二、本章知识体系

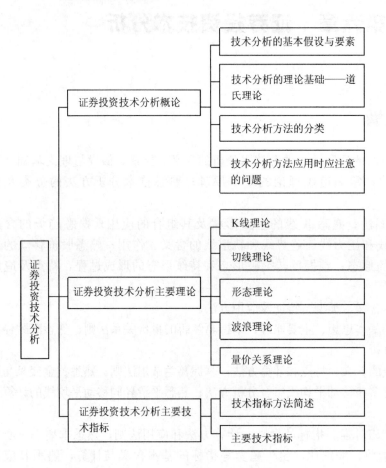

三、同步强化练习题及参考答案

同步强化练习题

一、单项选择题

1. 作为一种投资分析工具,技术分析是以一定假设条件为前提的。以下不属于这些假设的是( )。
   A. 市场行为涵盖一切信息   B. 证券价格沿趋势移动
   C. 历史会重演   D. 证券价值决定价格

2. ( )假设是进行技术分析最根本、最核心的条件。
   A. 证券价格由市场决定   B. 市场行为涵盖一切信息
   C. 历史会重演   D. 证券价格沿趋势移动

3. 证券技术分析的理论基础是( )。

A. 道氏理论　　　　　　　　　　　B. 波动理论

C. MM 理论　　　　　　　　　　　D. 投资组合理论

4. 在技术分析方法中，（　　）是根据价、量的历史资料，通过建立一个数学模型，给出数学上的计算公式，得到一个体现证券市场的某个方面内在实质的指标值。

A. 指标类　　　　　　　　　　　　B. 切线类

C. 形态类　　　　　　　　　　　　D. 波浪类

5. 在技术分析方法中，（　　）是按一定方法和原则，再根据股票价格数据所绘制的图表中画出一些直线，然后根据这些直线的情况推测股票价格的未来趋势，为投资操作提供参考。

A. 指标类　　　　　　　　　　　　B. 切线类

C. 形态类　　　　　　　　　　　　D. 波浪类

6. 深圳证券交易所则通过集合竞价方式产生收盘价，当天（　　）为收盘集合竞价时间。

A. 15：00～15：30　　　　　　　　B. 14：30～15：00

C. 14：57～15：00　　　　　　　　D. 15：00～15：15

7. 将每天的 K 线按时间顺序排列在一起，就可反映该股票自上市以来的每天的价格变动情况，这就叫（　　）。

A. 月 K 线图　　　　　　　　　　　B. 周 K 线图

C. 年 K 线图　　　　　　　　　　　D. 日 K 线图

8. K 线起源于 200 多年前的（　　）。

A. 日本　　　　　　　　　　　　　B. 美国

C. 英国　　　　　　　　　　　　　D. 法国

9. 主要趋势有三个阶段（以上升趋势为例），第三个阶段结束的标志是（　　）。

A. 持平　　　　　　　　　　　　　B. 上升趋势

C. 下降趋势　　　　　　　　　　　D. 以上都不正确

10. 道氏理论认为（　　）是最重要的价格，并利用其计算平均价格指数。

A. 开盘价　　　　　　　　　　　　B. 收盘价

C. 平均价格　　　　　　　　　　　D. 最高价格

11. （　　）是两种最为普遍的 K 线形状，说明多空双方争斗很激烈。

A. 光头阳线和光头阴线　　　　　　B. 光脚阳线和光脚阴线

C. 光头光脚的阳线和阴线　　　　　D. 有上下影线的阳线和阴线

12. （　　）的出现表明多空双方力量暂时平衡，使市势暂时失去方向，但却是一个值得警惕、随时可能改变趋势方向的 K 线图形。

A. 光头阳线和光头阴线　　　　　　B. 光脚阳线和光脚阴线

C. 十字星　　　　　　　　　　　　D. 一字形

13. 对于两根 K 线的组合来说，（　　）是进行行情判断的关键。

A. 第三天的 K 线　　　　　　　　　B. 第二天的 K 线

C. 第四天的 K 线　　　　　　　　　D. 第一天的 K 线

14. （　　）又称为抵抗线，是指当股价下跌到某个价位附近时，会出现买方增加、卖方减少的情况,从而使股价停止下跌,甚至有可能回升。

    A. 支撑线   B. 压力线

    C. 趋势线   D. 阻力线

15. ( )又称为阻力线,是指当股价上涨到某价位附近时,会出现卖方增加、买方减少的情况,股价会停止上涨,甚至回落。

    A. 支撑线   B. 压力线

    C. 趋势线   D. 轨道线

16. 由于证券价格变化的趋势是有方向的,因而可以用直线将这种趋势表示出来,这样的直线称为( )。

    A. 支撑线   B. 压力线

    C. 趋势线   D. 轨道线

17. 以下不属于常见证券分析方法中指标类的是( )。

    A. RSI   B. KDJ

    C. DMI   D. 黄金分割线

18. ( )是实际股价形态中出现最多的一种形态,也是最著名和最可靠的反转突破形态。

    A. 头肩形态   B. 双重顶(底)形态

    C. 圆弧顶(底)形态   D. 喇叭形

19. 在头肩顶形态中,量出从头到颈线的直线距离,这个长度称为头肩顶形态的( )。

    A. 形态长度   B. 形态高度

    C. 形态距离   D. 形态深度

20. ( )就是市场上众所周知的 M 头和 W 底,是一种极为重要的反转形态。

    A. 头肩顶形态和头肩底形态   B. 双重顶形态和双重底形态

    C. 圆弧顶形态和圆弧底形态   D. 喇叭形和倒喇叭形

21. ( )是双重顶(底)形态的扩展形式,也是头肩顶(底)形态的变形,由三个一样高或一样低的顶和底组成。

    A. 头肩形态   B. 圆弧顶(底)形态

    C. 三重顶(底)形态   D. 圆弧形态

22. 一个标准的喇叭形态应该有( )个高点,( )个低点。

    A. 3   2   B. 2   3

    C. 2   2   D. 3   3

23. 上海证券市场最明显的 V 形反转的例子是( )的从低谷 325 点的反转。

    A. 1994 年 1 月 8 日   B. 1994 年 8 月 1 日

    C. 1995 年 1 月 8 日   D. 1995 年 8 月 1 日

24. 一般来说,以下不属于一条支撑线或压力线对当前影响的重要性的考虑的是( )。

    A. 股价在这个区域停留时间的长短

B. 股价在这个区域伴随的成交量大小

C. 这个支撑区域或压力区域发生的时间距离当前这个时期的远近

D. 支撑线或压力线的走势

25. 在三角形整理形态中，（　　）情况大多是发生在一个大趋势进行的途中，它表示原有的趋势暂时处于休整阶段，之后还要随着原趋势的方向继续行动。

    A. 下降三角形　　　　　　　　　　B. 对称三角形

    C. 不规则三角形　　　　　　　　　　D. 上升三角形

26. 道氏理论认为次要趋势是那些持续（　　）的趋势。

    A. 持续 1 年或 1 年以上　　　　　　B. 3 周～3 个月

    C. 时间不超过 3 周　　　　　　　　D. 以上都不正确

27. （　　）是指股价经过一次下跌后产生强烈技术性反弹，价格升至一定水平后又掉头下落，但回落点比前次高，然后又上升至新高点，再回落，在总体上形成一浪高于一浪的势头。

    A. 上升旗形　　　　　　　　　　　B. 下降楔形

    C. 上升楔形　　　　　　　　　　　D. 下降旗形

28. 关于持续整理形态的楔形下列说法不正确的是（　　）。

    A. 楔形有保持原有趋势方向的功能

    B. 楔形偶尔出现在顶部或底部而作为反转形态

    C. 在楔形形成过程中，成交量渐次增加；在楔形形成之前和突破之后，成交量一般都很小

    D. 楔形形成所花费的时间较长，一般需要 2 周以上的时间方可完成

29. （　　），通常又称为跳空，是指证券价格在快速大幅波动中没有留下任何交易的一段真空区域。

    A. 缺口　　　　　　　　　　　　　B. 反转形态

    C. 突破形态　　　　　　　　　　　D. 整理形态

30. 在涨跌停板制度下，量价分析基本判断错误的是（　　）。

    A. 涨停量小，将继续上扬；跌停量小，将继续下跌

    B. 涨停中途被打开次数越多、时间越久、成交量越大，反转下跌的可能性越小；同样，跌停中途被打开的次数越多、时间越久、成交量越大，则反转上升的可能性越小

    C. 涨停关门时间越早，次日涨势可能性越大；跌停关门时间越早，次日跌势可能越大

    D. 封住涨停板的买盘数量大小和封住跌停板时卖盘数量大小说明买卖盘力量大小。这个数量越大，继续当前走势的概率越大，后续涨跌幅度也越大

31. （　　）是在证券价格向某一方向有效突破之后，由于急速运动而在途中出现的缺口，它是一个趋势的持续信号。

    A. 普通缺口　　　　　　　　　　　B. 突破缺口

    C. 持续性缺口　　　　　　　　　　D. 消耗性缺口

32. 艾略特的波浪理论以周期为基础。每个周期无论时间长短，都是以一种模式进行，即每个周期都是由上升（或下降）的（　　）过程和下降（或上升）的（　　）过程组成。

    A. 2个　6个   B. 4个　4个

    C. 1个　7个   D. 5个　3个

33. 关于 PSY 的应用法则错误的是（　　）。

    A. PSY（N）的取值在 25～95，说明多空双方基本处于平衡状态

    B. 一般说来，如果 PSY（N）＜10 或 PSY（N）＞90 这两种极端情况出现，是强烈的买入和卖出信号

    C. 一般都要求 PSY（N）进入高位或低位两次以上才能采取行动

    D. PSY 的曲线如果在低位或高位出现大的 W 底或 M 头，也是买入或卖出的行动信号

34. 技术分析中历史会重演的假设是从（　　）方面考虑的。

    A. 人的心理因素   B. 经济理论

    C. 历史经验   D. 证券价值变化

35. 支撑线和压力线之所以能起支撑和压力作用，两者之间之所以能相互转化，很大程度上是（　　）因素方面的影响，这也是支撑线和压力线理论上的依据。

    A. 心理   B. 经济环境

    C. 时间成本   D. 股票价格

36. （　　）是利用快速移动平均线和慢速移动平均线，在一段上涨或下跌行情中两线之间的差距拉大，而在涨势或跌势趋缓时两线又相互接近或交叉的特征，通过双重平滑运算后研判买卖时机的方法。

    A. 算术移动平均线   B. 加权移动平均线

    C. 指数加权移动平均线   D. 指数平滑异同移动平均线

37. 当收盘价与开盘价相同时，就会出现（　　），它的特点是没有实体。

    A. 光头阳线和光头阴线   B. 光脚阳线和光脚阴线

    C. 十字形   D. 光头光脚的阳线和阴线

38. （　　）通过分析一段时间内股价高低价位和收盘价之间的关系，来量度股市的超买超卖状态，依此作为短期投资信号的一种技术指标。

    A. MA   B. WMS

    C. PSY   D. RSI

39. （　　）说明多方已经取得了决定性胜利，这是一种涨势的信号。

    A. 光头阳线   B. 光脚阳线

    C. 光头光脚的阳线   D. 大阳线实体

40. 在技术指标中，（　　）以一特定时期内股价的变动情况推测价格未来的变动方向，并根据股价涨跌幅度显示市场的强弱。

    A. MA   B. WMS

    C. PSY   D. RSI

41. ( )是测算股价与移动平均线偏离程度的指标，其基本原理是：如果股价偏离移动平均线太远，不管是在移动平均线上方或下方，都有向平均线回归的要求。

    A. MA
    B. WMS

    C. BIAS
    D. RSI

42. ( )是从投资者的买卖趋向心理方面，将一定时期内投资者看多或看空的心理事实转化为数值，来研判股价未来走势的技术指标。

    A. PSY
    B. WMS

    C. BIAS
    D. RSI

43. 关于 ADR 的应用法则下列说法不正确的是( )。

    A. 从 ADR 的取值看大势：ADR 在 0.5～1.5 之间是常态情况，此时多空双方处于均衡状态

    B. ADR 可与综合指数配合使用，有一致与背离两种情况

    C. 从 ADR 曲线的形态上看大势：ADR 从低向高超过 0.5，并在 0.5 上下来回移动几次，是多头进入末期的信号

    D. 在大势短期回档或反弹方面，ADR 有先行示警作用

44. 关于 OBOS 的应用法则下列说法不正确的是( )。

    A. 当 OBOS 的走势与指数背离时，是采取行动的信号，大势可能反转

    B. 形态理论和切线理论中的结论不可用于 OBOS 曲线

    C. 当 OBOS 曲线第一次进入发出信号的区域时，应该特别注意是否出现错误

    D. OBOS 比 ADR 的计算简单，意义直观易懂，所以使用 OBOS 的时候较多，使用 ADR 的时候较少，但放弃 ADR 是不对的

45. ( )是以证券市场过去和现在的市场行为为分析对象，应用数学和逻辑的方法，探索出一些典型变化规律，并据此预测证券市场未来变化趋势的技术方法。

    A. 技术分析
    B. 行业分析

    C. 证券组合分析
    D. 公司分析

46. 所谓( )，就是应用一定的数学公式，对原始数据进行处理，得出指标值，将指标值绘成图表，从定量的角度对股市进行预测的方法。

    A. 技术指标法
    B. 行业分析法

    C. 证券组合分析法
    D. 公司分析法

47. 在确定趋势时，交易量是重要的附加信息，交易量应在( )的方向上放大。

    A. 次要趋势
    B. 主要趋势

    C. 短暂趋势
    D. 长期趋势

48. ( )是当收盘价、开盘价、最高价、最低价 4 个价格相等时出现的 K 线图。

    A. 光头阳线
    B. 光脚阴线

    C. 十字形
    D. 一字形

49. ( )又叫箱形，是一种典型的整理形态，股票价格在两条横着的水平直线之间上下波动，呈现横向延伸的运动。

    A. 三角形
    B. 矩形

C. 旗形   D. 楔形

50. MACD 正是利用正负离差值与离差值的(   )的交叉信号作为买卖行为的依据。
    A. 8 日平均线   B. 12 日平均线
    C. 9 日平均线   D. 26 日平均线

51. 在已经得到了趋势线后，通过第一个峰和谷可以画出这条趋势线的平行线，这条平
    行线就是(   )。
    A. 支撑线   B. 压力线
    C. 趋势线   D. 轨道线

52. 关于葛兰碧九大法则错误的是(   )。
    A. 股价走势因成交量的递增而上升暗示趋势反转信号
    B. 价格随着成交量的递增而上涨，为市场行情的正常特性，此种量增价升的关系，
       表示股价将继续上升
    C. 股价下跌，向下突破股价形态、趋势线或移动平均线，同时出现了大成交量，
       是股价下跌的信号，明确表示出下跌的趋势
    D. 股价随着成交量的递减而回升，股价上涨，成交量却逐渐萎缩。成交量是股价
       上升的原动力，原动力不足显示出股价趋势潜在的反转信号

53. 目前我国沪、深两地证券交易所均采用集合竞价方式产生开盘价，每个交易日的
    (   )为开盘集合竞价时间。
    A. 9:05～9:15   B. 9:10～9:20
    C. 9:15～9:25   D. 9:25～9:35

54. 当收盘价和开盘价分别与最高价和最低价中的一个相等时，就会出现(   )。
    A. 光头阳线和光头阴线   B. 光脚阳线和光脚阴线
    C. 光头光脚的阳线和阴线   D. 有上下影线的阳线和阴线

55. 在波浪理论考虑的因素中，(   )是最重要的，它是指波浪的形状和构造，是波浪
    理论赖以生存的基础。
    A. 股价的形态
    B. 股价走势图中各个高点和低点所处的相对位置
    C. 完成某个形态所经历的时间长短
    D. 股价走势所形成的波谷

56. 关于 KDJ 的应用下列说法不正确的是(   )。
    A. 从 K、D 的取值方面考虑：当 K、D 超过 80 时，是卖出信号；低于 20 时，是
       买入信号
    B. 从 K、D 指标曲线的形态方面考虑：当 K、D 指标在较高或较低的位置形成头
       肩形和多重顶（底）时，是采取行动的信号
    C. 从 K、D 指标的背离方面考虑：当 K、D 处在高位或低位，如果出现与股价走
       向的背离，则是采取行动的信号
    D. 从 K、D 指标的交叉方面考虑：K 线上穿 D 线是金叉，为卖出信号

57. 股市中所指的"黄金交叉"是指(   )。

  A. 现在价位站稳在长期与短期 MA 之上，短期 MA 又向上突破长期 MA 时

  B. 现在价位站稳在长期与短期 MA 之上，长期 MA 又向上突破长期 MA 时

  C. 现在价位站稳在长期与短期 MA 之下，短期 MA 又向上突破长期 MA 时

  D. 现在价位站稳在长期与短期 MA 之下，长期 MA 又向上突破长期 MA 时

58. 在股价向一个方向经过一段时间的快速运行后，不再继续原趋势，而在一定区域内上下窄幅波动，等待时机成熟后再继续前进。这种运行所留下的轨迹称为（ ）。

  A. 缺口   B. 反转形态

  C. 突破形态   D. 整理形态

59. 目前，在沪、深证券市场中，ST 板块的涨跌幅度被限制在（ ）。

  A. 5%   B. 10%

  C. 15%   D. 20%

60. （ ）是证券价格向某一方向急速运动，跳出原有形态所形成的缺口。

  A. 普通缺口   B. 突破缺口

  C. 持续性缺口   D. 消耗性缺口

二、多项选择题

1. 技术分析是以一定的假设条件为前提的，这些假设是（ ）。

  A. 证券价格由价值决定   B. 市场行为涵盖一切信息

  C. 历史会重演   D. 证券价格沿趋势移动

2. 证券市场中，（ ）是进行分析的要素，这几个因素的具体情况和相互关系是正确分析的基础。

  A. 价格   B. 成交量

  C. 时间   D. 空间

3. 市场行为最基本的表现就是（ ）。

  A. 成交价   B. 成交量

  C. 时间   D. 空间

4. 道氏理论认为，股票价格的波动尽管表现形式不同，但最终可以将它们分为（ ）。

  A. 次要趋势   B. 主要趋势

  C. 短暂趋势   D. 长期趋势

5. 价格波动主要趋势的阶段包括（ ）。

  A. 衰退阶段   B. 累积阶段

  C. 上涨阶段   D. 市场价格达到顶峰后出现的又一个累积期

6. 一般说来，可以将技术分析方法分为（ ）。

  A. 指标类   B. 切线类

  C. 形态类   D. 波浪类

7. 技术分析作为一种证券投资分析工具，在应用时应该注意的问题有（ ）。

  A. 技术分析必须与基本分析结合起来使用

  B. 多种技术分析方法综合研判

  C. 理论与实践相结合

D. 技术分析可以独立使用

8. K线是一条柱状的线条，由影线和实体组成，关于影线和实体下列说法正确的是（　　）。

    A. 影线在实体上方的部分叫上影线，下方的部分叫下影线

    B. 实体表示一日的开盘价和收盘价

    C. 上影线的上端顶点表示一日的最高价

    D. 下影线的下端顶点表示一日的最低价

9. 当收盘价和开盘价分别与最高价和最低价中的一个相等时，就会出现（　　）。

    A. 光头阳线和光头阴线　　　　　B. 光头光脚的阴线

    C. 十字形　　　　　　　　　　　D. 光头光脚的阳线

10. 应用单根K线研判行情，主要从（　　）等方面进行。

    A. 上下影线的长短　　　　　　　B. 实体的长短

    C. 实体的阴阳　　　　　　　　　D. 实体的长短与上下影线长短之间的关系

11. 关于单根K线的大阳线实体下列说法正确的是（　　）。

    A. 它是大幅低开高收的阳线，实体很长以至于可以忽略上下影线的存在

    B. 它说明多方已经取得了决定性胜利，这是一种涨势的信号

    C. 如果这条长阳线出现在一段盘局的末端，它所包含的内容将更有说服力

    D. 空方已取得优势地位，是一种跌势的信号

12. K线图的十字星分为（　　）。

    A. 大十字星　　　　　　　　　　B. 小十字星

    C. 长十字星　　　　　　　　　　D. 短十字星

13. 股价变动有一定的趋势，趋势的方向包括（　　）。

    A. 上升方向　　　　　　　　　　B. 下降方向

    C. 水平方向　　　　　　　　　　D. 倾斜方向

14. 在某一价位附近之所以形成对股价运动的支撑和压力，主要由（　　）所决定。

    A. 投资者的筹码分布　　　　　　B. 持有成本

    C. 市场因素　　　　　　　　　　D. 投资者的心理因素

15. 证券市场中主要的投资者有（　　）。

    A. 多头　　　　　　　　　　　　B. 空头

    C. 旁观者　　　　　　　　　　　D. 研究者

16. 一般来说，一条支撑线或压力线对当前影响的重要性有几个方面的考虑，包括（　　）。

    A. 股价在这个区域停留时间的长短

    B. 股价在这个区域伴随的成交量大小

    C. 股价在这个区域伴随的波动情况

    D. 这个支撑区域或压力区域发生的时间距离当前这个时期的远近

17. 根据股价移动的规律，可以把股价曲线的形态分成（　　）。

    A. 持续整理形态　　　　　　　　B. 反转整理形态

C. 持续平衡状态　　　　　　　　D. 反转突破形态

18. 反转变化形态主要有（　　）。
    A. 头肩形态
    B. 双重顶形态和双重底形态
    C. 圆弧顶（底）形态
    D. 三重顶（底）形态

19. 头肩顶形态的特征有（　　）。
    A. 一般来说，左肩与右肩高点大致相等，有时右肩较左肩低，即颈线向下倾斜
    B. 就成交量而言，左肩最大，头部次之，而右肩成交量最小，即呈梯状递减
    C. 突破颈线不一定需要大成交量配合，但日后继续下跌时，成交量会放大
    D. 就成交量而言，右肩成交量最大，左肩最小

20. 双重顶反转形态一般具有的特征是（　　）。
    A. 双重顶的两个高点不一定在同一水平，两者相差少于3%就不会影响形态的分析意义
    B. 双重顶形态完成后的最小跌幅度量度方法是由颈线开始，至少会下跌从双头最高点到颈线之间的差价距离
    C. 双重顶的两个高点一定在同一水平
    D. 向下突破颈线时不一定有大成交量伴随，但日后继续下跌时成交量会扩大

21. 圆弧形态具有的特征是（　　）。
    A. 在圆弧顶或圆弧底形态的形成过程中，越靠近顶或底成交量越多，到达顶或底时成交量达到最多
    B. 形态完成、股价反转后，行情多属暴发性，涨跌急速，持续时间也不长，一般是一口气走完，中间极少出现回档或反弹
    C. 在圆弧顶或圆弧底形态的形成过程中，成交量的变化都是两头多，中间少
    D. 圆弧形态形成所花的时间越长，今后反转的力度就越强，越值得人们去相信这个圆弧形

22. 喇叭形态具有的特征是（　　）。
    A. 喇叭形一般是一个下跌形态，暗示升势将到尽头，只有在少数情况下股价在高成交量配合下向上突破时，才会改变其分析意义
    B. 在成交量方面，整个喇叭形态形成期间都会保持不规则的大成交量，否则难以构成该形态
    C. 喇叭形走势的跌幅是不可量度的，一般来说，跌幅都会很大
    D. 喇叭形源于投资者的非理性，因而在投资意愿不强、气氛低沉的市道中，不可能形成该形态

23. （　　）是著名的整理形态。
    A. 三角形
    B. 矩形
    C. 旗形
    D. 楔形

24. 三角形整理形态主要分为（　　）。
    A. 下降三角形
    B. 对称三角形
    C. 不规则三角形
    D. 上升三角形

25. 关于上升三角形下列说法正确的是( )。
    A. 上升三角形是对称三角形的变形
    B. 上升三角形比起对称三角形来，有更强烈的上升意识，多方比空方更为积极
    C. 如果股价原有的趋势是向上，遇到上升三角形后，几乎可以肯定今后是向上突破的
    D. 上升三角形在突破顶部的阻力线时，必须有大成交量的配合，否则为假突破

26. ( )的特殊之处在于，它们都有明确的形态方向，并且形态方向与原有的趋势方向相反。
    A. 三角形   B. 矩形
    C. 旗形   D. 楔形

27. 应用旗形时，要注意的问题是( )。
    A. 旗形出现之前，一般应有一个旗杆，这是由于价格的直线运动形成的
    B. 旗形持续的时间不能太长，时间一长，保持原来趋势的能力将下降
    C. 旗形形成之前和被突破之后，成交量都很大
    D. 在旗形的形成过程中，成交量从左向右逐渐减少

28. 关于缺口下列说法正确的是( )。
    A. 缺口的出现往往伴随着向某个方向运动的一种较强动力
    B. 缺口的宽度表明这种运动的强弱
    C. 一般来说，缺口愈宽，运动的动力愈小；反之，则愈大
    D. 一般来说，缺口愈宽，运动的动力愈大；反之，则愈小

29. 有关的技术分析著作常将缺口划分为( )。
    A. 普通缺口   B. 突破缺口
    C. 持续性缺口   D. 消耗性缺口

30. 与波浪理论密切相关的理论有( )。
    A. 大数法则   B. 经济周期
    C. 斐波那奇数列   D. 道氏理论

31. 波浪理论考虑的因素主要有( )。
    A. 股价走势所形成的形态
    B. 股价走势图中各个高点和低点所处的相对位置
    C. 完成某个形态所经历的时间长短
    D. 股价走势所形成的波谷

32. 关于葛兰碧九大法则下列说法正确的是( )。
    A. 在一个波段的涨势中，股价随着递增的成交量而上涨，突破前一波的高峰，创下新高价，继续上扬
    B. 股价走势因成交量的递增而上升，是十分正常的现象，并无特别暗示趋势反转的信号
    C. 股价下跌，向下突破股价形态、趋势线或移动平均线，同时出现了大成交量，是股价下跌的信号，明确表示出下跌的趋势

D. 价格随着成交量的递增而上涨，为市场行情的正常特性，此种量增价升的关系，表示股价将继续上升

33. 在涨跌停板制度下，量价分析基本判断为( )。

    A. 涨停量小，将继续上扬；跌停量小，将继续下跌

    B. 涨停中途被打开次数越多、时间越久、成交量越大，反转下跌的可能性越大；同样，跌停中途被打开的次数越多、时间越久、成交量越大，则反转上升的可能性越大

    C. 涨停关门时间越早，次日涨势可能性越大；跌停关门时间越早，次日跌势可能越大

    D. 封住涨停板的买盘数量大小和封住跌停板时卖盘数量大小说明买卖盘力量大小

34. 以技术指标的功能为划分依据，可将常用的技术指标分为( )。

    A. 趋势型指标　　　　　　　　B. 超买超卖型指标

    C. 人气型指标　　　　　　　　D. 大势型指标

35. 根据对数据处理方法的不同，移动平均可分为( )。

    A. 算术移动平均线　　　　　　B. 加权移动平均线

    C. 指数加权移动平均线　　　　D. 指数平滑移动平均线

36. 根据计算期的长短，MA 可分为( )。

    A. 短期移动平均线　　　　　　B. 中期移动平均线

    C. 长期移动平均线　　　　　　D. 超短期移动平均线

37. 下列属于 MA 的特点的是( )。

    A. 追踪趋势　　　　　　　　　B. 支撑线和压力线的特性

    C. 稳定性　　　　　　　　　　D. 助涨助跌性

38. 以 DIF 和 DEA 的取值和这两者之间的相对取值对行情进行预测，MACD 的应用法则为( )。

    A. DIF 和 DEA 均为正值时，属多头市场

    B. DIF 和 DEA 均为负值时，属空头市场

    C. 当 DIF 向下跌破 0 轴线时，此为卖出信号

    D. 当 DIF 上穿 0 轴线时，为买入信号

39. WMS 的操作法则从两方面考虑，下列说法正确的是( )。

    A. 从 WMS 的取值方面考虑，当 WMS 高于 80 时，处于超卖状态，行情即将见底，应当考虑买进

    B. 从 WMS 的取值方面考虑，当 WMS 低于 20 时，处于超买状态，行情即将见顶，应当考虑卖出

    C. 从 WMS 的曲线形状考虑，在 WMS 进入低数值区位后（此时为超买），一般要回头

    D. 从 WMS 的曲线形状考虑，在 WMS 进入高数值区位后（此时为超卖），一般要反弹

40. RSI 的应用法则包括( )。

A. 根据 RSI 取值的大小判断行情　　B. 两条或多条 RSI 曲线的联合使用

C. 从 RSI 的曲线形状判断行情　　　D. 从 RSI 与股价的背离方面判断行情

41. 关于技术指标法的含义与本质说法正确的是（　　）。

　　A. 所谓技术指标法，就是应用一定的数学公式，对原始数据进行处理，得出指标值，将指标值绘成图表，从定量的角度对股市进行预测的方法

　　B. 技术指标法的本质是通过数学公式产生技术指标

　　C. 技术指标是一种定量分析方法，它克服了定性分析方法的不足，极大提高了具体操作的精确度

　　D. 技术指标从不同的角度有不同的分类

42. 关于葛兰碧九大法则正确的是（　　）。

　　A. 股价走势因成交量的递增而上升并无暗示趋势反转的信号

　　B. 价格随着成交量的递增而上涨，为市场行情的正常特性，此种量增价升的关系，表示股价将继续上升

　　C. 股价下跌，向下突破股价形态、趋势线或移动平均线，同时出现了大成交量，是股价下跌的信号，明确表示出下跌的趋势

　　D. 股价随着成交量的递减而回升，股价上涨，成交量却逐渐萎缩。成交量是股价上升的原动力，原动力不足显示出股价趋势潜在的反转信号

43. 关于 MA 的特点说法正确的是（　　）。

　　A. 追踪趋势　　　　　　　　　　B. 稳定性

　　C. 支撑线和压力线的特性　　　　D. 助涨助跌性

44. 关于涨跌停板制度下量价关系分析说法正确的是（　　）。

　　A. 涨跌停板制度限制了股票一天的涨跌幅度，使多空的能量得不到彻底的宣泄，容易形成单边市

　　B. 涨跌停板制度下的涨跌幅度比较明确，在股票接近涨幅或跌幅限制时，很多投资者可能经不起诱惑，挺身追高或杀跌，形成涨时助涨、跌时助跌的趋势

　　C. 目前，在沪、深证券市场中，ST 板块的涨跌幅度被限制在 5%

　　D. 在实行涨跌停板制度下，大涨（涨停）和大跌（跌停）的趋势继续下去，是以成交量大幅萎缩为条件的

45. 关于波浪理论说法正确的是（　　）。

　　A. 波浪理论的全称是艾略特波浪理论（Elliott Wave Theory），是以美国人艾略特（R. N. Elliott）的名字命名的一种技术分析理论

　　B. 艾略特的波浪理论以周期为基础

　　C. 与波浪理论密切相关的理论除经济周期以外，还有道氏理论和斐波那奇数列

　　D. 艾略特波浪理论中的大部分理论是与道氏理论相吻合的

46. 应用形态理论应该注意的问题是（　　）。

　　A. 站在不同的角度，对同一形态可能产生不同的解释

　　B. 进行实际操作时，形态理论要求形态完全明朗才能行动，从某种意义上讲，有错过机会的可能

C. 不能把形态理论当成万能的工具，更不应将其作为金科玉律

D. 形态分析得出的结论仅是一种参考

47. 关于缺口分析说法正确的是( )。

A. 有关的技术分析著作常将缺口划分为普通缺口、突破缺口、持续性缺口和消耗性缺口四种形态

B. 缺口分析已成为当今技术分析中极其重要的技术分析工具

C. 缺口的出现往往伴随着向某个方向运动的一种较强动力

D. 不论向何种方向运动所形成的缺口，都将成为日后较强的支撑或阻力区域，不过这种支撑或阻力效能依不同形态的缺口而定

48. 关于证券市场中主要有投资者说法正确的是( )。

A. 主要有三种：多头、空头和旁观者

B. 旁观者又可分为持股者和持币者

C. 旁观者中的持股者的心情和多头相似，持币者的心情同空头相似

D. 无论哪一种投资者，都有买入股票成为多头的愿望

49. 关于 BIAS 说法正确的是( )。

A. BIAS 是测算股价与移动平均线偏离程度的指标

B. 其基本原理是：如果股价偏离移动平均线太远，不管是在移动平均线上方或下方，都有向平均线回归的要求

C. 从 BIAS 的取值大小和正负考虑。一般来说，正的乖离率愈大，表示短期多头的获利愈大，获利回吐的可能性愈高

D. 负的乖离率愈大，则空头回补的可能性也愈高

50. 关于 KDJ（随机指标）说法正确的是( )。

A. KDJ 指标又称随机指标（Stochastics），是由 George Lane 首创的

B. KDJ 指标是三条曲线，在应用时主要从五个方面进行考虑：K、D 取值的绝对数字，K、D 曲线的形态，K、D 指标的交叉，K、D 指标的背离和 J 指标的取值大小

C. J 指标常领先于 K、D 值显示曲线的底部和头部

D. J 指标的取值超过 100 和低于 0，都属于价格的非正常区域，大于 100 为超买，小于 0 为超卖

三、判断题

1. 在技术分析的假设中，市场行为涵盖一切信息的主要思想是：任何一个影响证券市场的因素，最终都必然体现在股票价格的变动上。( )

A. 正确 B. 错误

2. 一般说来，买卖双方对价格的认同程度通过成交量的大小得到确认。( )

A. 正确 B. 错误

3. 波浪理论是技术分析的理论基础，许多技术分析方法的基本思想都来自于波浪理论。( )

A. 正确 B. 错误

4. 道氏理论的创始人是美国人爱德华·琼斯。（　　）
   A. 正确　　　　　　　　　　　B. 错误

5. 道氏理论认为开盘价是最重要的价格，并利用开盘价计算平均价格指数。（　　）
   A. 正确　　　　　　　　　　　B. 错误

6. 道氏理论认为，工业平均指数和运输业平均指数必须在同一方向上运行才可确认某一市场趋势的形成。（　　）
   A. 正确　　　　　　　　　　　B. 错误

7. 道氏理论对次要趋势的判断作用很大。（　　）
   A. 正确　　　　　　　　　　　B. 错误

8. K线图是进行各种技术分析的最重要的图表。（　　）
   A. 正确　　　　　　　　　　　B. 错误

9. K线又称日本线，起源于200多年前的日本。（　　）
   A. 正确　　　　　　　　　　　B. 错误

10. 根据开盘价和收盘价的关系，K线又分为阳（红）线和阴（黑）线两种，收盘价高于开盘价时为阳线，收盘价低于开盘价时为阴线。（　　）
    A. 正确　　　　　　　　　　　B. 错误

11. 上海证券交易所通过集合竞价方式产生收盘价，当天14:57～15:00为收盘集合竞价时间。（　　）
    A. 正确　　　　　　　　　　　B. 错误

12. 周K线是指这一周的开盘价、这一周之内的最高价和最低价以及这一周的收盘价。（　　）
    A. 正确　　　　　　　　　　　B. 错误

13. 周K线和月K线的优点是反映趋势和周期比较清晰。（　　）
    A. 正确　　　　　　　　　　　B. 错误

14. 当开盘价或收盘价正好与最低价相等时，就会出现光头阳线和光头阴线。（　　）
    A. 正确　　　　　　　　　　　B. 错误

15. 当收盘价、开盘价和最高价三价相等时，就会出现T字形K线图；当收盘价、开盘价和最低价三价相等时，就会出现倒T字形K线图。（　　）
    A. 正确　　　　　　　　　　　B. 错误

16. 一般说来，上影线越长，下影线越短，阳线实体越短或阴线实体越长，越有利于空方占优；上影线越短，下影线越长，阴线实体越短或阳线实体越长，越有利于多方占优。（　　）
    A. 正确　　　　　　　　　　　B. 错误

17. 应用一根K线进行分析时，多空双方力量的对比取决于影线的长短与实体的大小。（　　）
    A. 正确　　　　　　　　　　　B. 错误

18. 一般来说，指向一个方向的影线越长，越利于股价今后朝这个方向变动。（　　）
    A. 正确　　　　　　　　　　　B. 错误

19. 无论是两根 K 线、三根 K 线乃至多根 K 线，都是以各根 K 线的相对位置和阴阳来推测行情的。（　　）

  A. 正确   B. 错误

20. 无论 K 线的组合多复杂，考虑问题的方式是相同的，都是由最后一根 K 线相对于前面 K 线的位置来判断多空双方的实力大小。（　　）

  A. 正确   B. 错误

21. 一般说来，多根 K 线组合得到的结果也容易与事实相反。（　　）

  A. 正确   B. 错误

22. 主要趋势持续时间最长，波动幅度最大；次要趋势次之；短期趋势持续时间最短，波动幅度最小。（　　）

  A. 正确   B. 错误

23. 支撑线起阻止股价继续上升的作用；压力线起阻止股价继续下降的作用。（　　）

  A. 正确   B. 错误

24. 支撑线和压力线有被突破的可能，它们不足以长久地阻止股价保持原来的变动方向，只不过是暂时停顿而已。（　　）

  A. 正确   B. 错误

25. 在下降趋势中，如果下一次未创新低，即未突破支撑线，这个下降趋势就已经处于很关键的位置。如果下一步股价向上突破了这次下降趋势的压力线，这就发出了这个下降趋势将要结束的强烈信号，股价的下一步将是上升的趋势。（　　）

  A. 正确   B. 错误

26. 一条支撑线如果被跌破，那么这一支撑线将成为压力线；同理，一条压力线被突破，这个压力线将成为支撑线。（　　）

  A. 正确   B. 错误

27. 股价停留的时间越长、伴随的成交量越大、离现在越近，则这个支撑或压力区域对当前的影响就越小；反之就越大。（　　）

  A. 正确   B. 错误

28. 下降趋势线起支撑作用，是支撑线的一种；上升趋势线起压力作用，是压力线的一种。（　　）

  A. 正确   B. 错误

29. 在若干条上升趋势线和下跌趋势线中，最重要的是原始上升趋势线或原始下跌趋势线。（　　）

  A. 正确   B. 错误

30. 一般来说，上升趋势线的两个低点，应是两个反转低点，即下跌至某一低点开始回升，再下跌没有跌破前一低点又开始上升，则这两个低点就是两个反转低点。（　　）

  A. 正确   B. 错误

31. 对轨道线的突破并不是趋势反转的开始，而是趋势加速的开始，即原来的趋势线的斜率将会增加，趋势线的方向将会更加陡峭。（　　）

A. 正确   B. 错误

32. 一般而言，轨道线被触及的次数越多，延续的时间越短，其被认可的程度和重要性越高。（　　）

A. 正确   B. 错误

33. 股价的移动是由多空双方力量大小决定的。（　　）

A. 正确   B. 错误

34. 证券市场中的胜利者往往是在原来的平衡快要打破之前或者是在打破的过程中采取行动而获得收益的。（　　）

A. 正确   B. 错误

35. 头肩顶形态是一个可靠的沽出时机，一般通过连续的 3 次起落构成该形态的 3 个部分，也就是要出现 3 个局部的高点。（　　）

A. 正确   B. 错误

36. 头肩底是头肩顶的倒转形态，是一个可靠的卖出时机。（　　）

A. 正确   B. 错误

37. 与一般头肩形态最大的区别是，三重顶（底）的颈线和顶部（底部）连线是水平的，这就使得三重顶（底）具有矩形的特征。（　　）

A. 正确   B. 错误

38. V 形走势是一种很难预测的反转形态，它往往出现在市场剧烈的波动之中。（　　）

A. 正确   B. 错误

39. V 形走势的一个重要特征是在转势点必须有大成交量的配合，且成交量在图形上形成倒 V 形。（　　）

A. 正确   B. 错误

40. 根据经验，对称三角形突破的位置一般应在三角形的横向宽度的 3/4～1 的某个位置。（　　）

A. 正确   B. 错误

41. 普通缺口具有的一个比较明显特征是，它一般会在 3 日内回补；同时，成交量很小，很少有主动的参与者。（　　）

A. 正确   B. 错误

42. 持续性缺口的市场含义非常明显，它表明证券价格的变动将沿着既定的方向发展变化，并且这种变动距离大致等于突破缺口至持续性缺口之间的距离，即缺口的测量功能。（　　）

A. 正确   B. 错误

43. 判断消耗性缺口最简单的方法就是考察缺口是否会在短期内封闭。（　　）

A. 正确   B. 错误

44. 艾略特波浪理论认为证券市场应该遵循一定的周期，周而复始地向前发展，同时每一个周期（无论是上升还是下降）可以分成 6 个小的过程。（　　）

A. 正确   B. 错误

45. 技术指标法的本质是通过数学公式产生技术指标。（　　）

A. 正确   B. 错误

46. 西方投资机构非常看重 300 天移动平均线，并以此作为长期投资的依据：若行情价格在 300 天均线以下，属空头市场；反之，则为多头市场。（   ）

     A. 正确   B. 错误

47. 在 MA 的应用上，最常见的是葛兰威尔的移动平均线八大买卖法则。（   ）

     A. 正确   B. 错误

48. 现在行情价位于长期与短期 MA 之下，短期 MA 又向下突破长期 MA 时，则为卖出信号，交叉称为"黄金交叉"。（   ）

     A. 正确   B. 错误

49. MACD 是由正负差（DIF，也称"离差值"）和异同平均数（DEA）两部分组成，DIF 是核心，DEA 是辅助。（   ）

     A. 正确   B. 错误

50. 在实际应用 MACD 时，常以 15 日 EMA 为快速移动平均线，28 日 EMA 为慢速移动平均线，计算出两条移动平均线数值间的离差值（DIF）作为研判行情的基础，然后再求 DIF 的 9 日平滑移动平均线，即 MACD 线，作为买卖时机的判断依据。（   ）

     A. 正确   B. 错误

51. WMS 最早起源于现货市场，由 Larry Williams 于 1973 年首创。（   ）

     A. 正确   B. 错误

52. KDJ 指标又称随机指标（Stochastics），是由 George Lane 首创的。（   ）

     A. 正确   B. 错误

53. KDJ 的应用从 K、D 的取值方面考虑时，当 K、D 超过 80 时，是卖出信号；低于 20 时，是买入信号。（   ）

     A. 正确   B. 错误

54. RSI 通常采用某一时期（n 天）内收盘指数的结果作为计算对象，来反映这一时期内多空力量的强弱对比。（   ）

     A. 正确   B. 错误

55. 短期 RSI＞长期 RSI，应属空头市场；短期 RSI＜长期 RSI，则属多头市场。（   ）

     A. 正确   B. 错误

56. PSY 的理论基础是市场价格的有效变动必须有成交量配合，量是价的先行指标。（   ）

     A. 正确   B. 错误

57. 大势型指标主要对整个证券市场的多空状况进行描述，它不仅用于研判证券市场整体形势，而且可以应用于个股。（   ）

     A. 正确   B. 错误

58. ADL 是以股票每天上涨或下跌的家数作为观察的对象，通过简单算术加减来比较每日上涨股票和下跌股票家数的累积情况，形成升跌曲线，并与综合指数相互对比，对大势的未来进行预测。（   ）

A. 正确   B. 错误

59. 目前我国沪、深两地证券交易所均采用集合竞价方式产生开盘价，每个交易日的 9:15～9:25 为开盘集合竞价时间。收盘价的产生有所不同：上海证券交易所采取连续竞价方式，当天单个证券交易前一分钟所有交易的成交量加权平均价（含最后一笔交易）为其收盘价；深圳证券交易所则通过集合竞价方式产生收盘价，当天 14:57～15:00 为收盘集合竞价时间。（ ）

    A. 正确   B. 错误

60. 无论是一根 K 线，还是两根、三根以至更多根 K 线，都是对多空双方争斗的一个描述，由它们的组合得到的结论都是相对的，不是绝对的。对股票投资者而言，结论只是起一种建议作用。（ ）

    A. 正确   B. 错误

61. 一条支撑线如果被跌破，那么这一支撑线将成为压力线；同理，一条压力线被突破，这条压力线将成为支撑线。这说明支撑线和压力线的地位不是一成不变的，而是可以改变的，条件是它被有效的、足够强大的股价变动突破。（ ）

    A. 正确   B. 错误

62. 一般来说，突破缺口形态确认以后，无论价位（指数）的升跌情况如何，投资者都必须立即作出买入或卖出的指令，即向上突破缺口被确认立即买入，向下突破缺口被确认立即卖出，因为突破缺口一旦形成，行情走势必将向突破方向纵深发展。（ ）

    A. 正确   B. 错误

63. 艾略特的波浪理论以周期为基础。他把大的运动周期分成时间长短不同的各种周期，并指出，在一个大周期之中可能存在一些小周期，而小的周期又可以再细分成更小的周期。（ ）

    A. 正确   B. 错误

64. 技术指标法的本质是通过数学公式产生技术指标。这个指标反映了股市的某一方面深层次的内涵，这些内涵仅仅通过原始数据是很难看出的。技术指标是一种定量分析方法，它克服了定性分析方法的不足，极大地提高了具体操作的精确度。尽管这种分析不是完全准确，但至少能在我们采取行动前从数量方面给予帮助。（ ）

    A. 正确   B. 错误

65. 心理线所显示的买卖信号一般为事后现象，事前并不能十分确切预测。同时，投资者的心理偏好又受诸多随机因素影响，随时调整，不可捉摸。特别是在一个投机气氛浓厚、投资者心态不十分稳定的股市中，心理线的运用有其局限性。（ ）

    A. 正确   B. 错误

参考答案

一、单项选择题

1. D	2. D	3. A	4. A	5. B
6. C	7. D	8. A	9. C	10. D

11. D	12. C	13. B	14. A	15. B
16. C	17. D	18. A	19. B	20. B
21. C	22. A	23. B	24. D	25. B
26. B	27. C	28. C	29. A	30. B
31. C	32. D	33. A	34. A	35. A
36. D	37. C	38. B	39. D	40. D
41. C	42. A	43. C	44. B	45. A
46. A	47. B	48. D	49. B	50. C
51. D	52. A	53. C	54. B	55. A
56. D	57. A	58. D	59. A	60. B

二、多项选择题

1. BCD	2. ABCD	3. AB	4. ABC	5. BCD
6. ABCD	7. ABC	8. ABCD	9. BD	10. ABCD
11. ABC	12. AB	13. ABC	14. ABD	15. ABC
16. ABD	17. AD	18. ABCD	19. ABC	20. ABD
21. BCD	22. ABCD	23. ABCD	24. ABD	25. ABCD
26. CD	27. ABCD	28. ABD	29. ABCD	30. BCD
31. ABC	32. ABCD	33. ABCD	34. ABCD	35. ABD
36. ABC	37. ABCD	38. ABCD	39. ABCD	40. ABCD
41. ABCD	42. ABCD	43. ABCD	44. ABCD	45. ABCD
46. ABCD	47. ABCD	48. ABCD	49. ABCD	50. ABCD

三、判断题

1. A	2. A	3. B	4. B	5. B
6. A	7. B	8. A	9. A	10. A
11. B	12. A	13. A	14. B	15. A
16. A	17. A	18. B	19. A	20. A
21. B	22. A	23. B	24. A	25. A
26. A	27. B	28. B	29. A	30. A
31. A	32. B	33. B	34. A	35. A
36. B	37. A	38. A	39. A	40. B
41. A	42. A	43. A	44. B	45. A
46. B	47. A	48. B	49. A	50. B
51. B	52. A	53. A	54. A	55. B
56. B	57. B	58. A	59. A	60. A
61. A	62. A	63. A	64. A	65. A

第七章　证券组合管理理论

一、本章考纲

熟悉证券组合的含义、类型；熟悉证券组合管理的意义、特点、基本步骤；熟悉现代证券组合理论体系形成与发展进程；熟悉马柯威茨、夏普、罗斯对现代证券组合理论的主要贡献。

掌握单个证券和证券组合期望收益率、方差的计算以及相关系数的意义。

熟悉证券组合可行域和有效边界的含义；熟悉证券组合可行域和有效边界的一般图形；掌握有效证券组合的含义和特征；熟悉投资者偏好特征；掌握无差异曲线的含义、作用和特征；熟悉最优证券组合的含义和选择原理。

熟悉资本资产定价模型的假设条件；掌握资本市场线和证券市场线的定义、图形及其经济意义；掌握证券 β 系数的涵义和应用；熟悉资本资产定价模型的应用效果；熟悉套利定价理论的基本原理，掌握套利组合的概念及计算，能够运用套利定价方程计算证券的期望收益率，熟悉套利定价模型的应用。

熟悉证券组合业绩评估原则，熟悉业绩评估应注意的事项；熟悉詹森指数、特雷诺指数、夏普指数的定义、作用以及应用。

熟悉债券资产组合的基本原理与方法，掌握久期的概念与计算，熟悉凸性的概念及应用。

二、本章知识体系

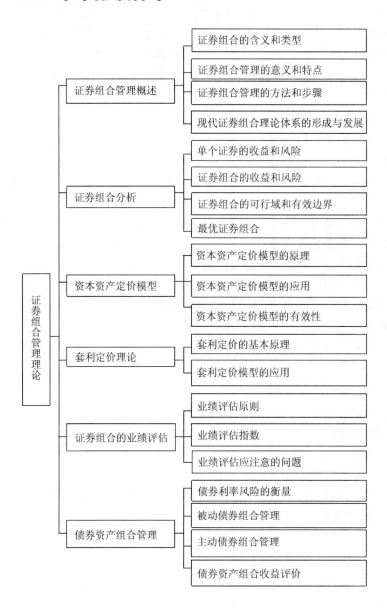

三、同步强化练习题及参考答案

同步强化练习题

一、单项选择题

1. 证券组合管理理论最早由美国著名经济学家（　　）于1952年系统提出。

　　A. 詹森　　　　　　　　　　　　　　B. 特雷诺

C. 夏普
D. 马柯威茨

2. 适合入选收入型组合的证券有(　　)。
   A. 高收益的普通股
   B. 优先股
   C. 高派息风险的普通股
   D. 低派息、股价涨幅较大的普通股

3. 以未来价格上升带来的价差收益为投资目标的证券组合属于(　　)。
   A. 收入型证券组合
   B. 平衡型证券组合
   C. 避税型证券组合
   D. 增长型证券组合

4. 关于证券组合管理方法，下列说法错误的是(　　)。
   A. 根据组合管理者对市场效率的不同看法，其采用的管理方法可大致分为被动管理和主动管理两种类型
   B. 被动管理方法是指长期稳定持有模拟市场指数的证券组合以获得市场平均收益的管理方法
   C. 主动管理方法是指经常预测市场行情或寻找定价错误证券，并借此频繁调整证券组合以获得尽可能高的收益的管理方法
   D. 采用主动管理方法的管理者坚持买入并长期持有的投资策略

5. 在证券组合管理的基本步骤中，注意投资时机的选择是(　　)阶段的主要工作。
   A. 确定证券投资政策
   B. 进行证券投资分析
   C. 构建证券投资组合
   D. 投资组合的修正

6. 威廉·夏普、约翰·林特耐和简·摩辛分别于 1964 年、1965 年和 1966 年提出了著名的(　　)。
   A. 资本资产定价模型
   B. 有效市场理论
   C. 期权定价模型
   D. 套利定价模型

7. 史蒂夫·罗斯突破性地提出了(　　)。
   A. 资本资产定价模型
   B. 套利定价理论
   C. 期权定价模型
   D. 有效市场理论

8. 某投资者买入证券 A 每股价格 28 元，一年后卖出价格为每股 32 元，其间获得每股税后红利 1.6 元，不计其他费用，投资收益率为(　　)。
   A. 15%
   B. 18.75%
   C. 20%
   D. 25%

9. 可行域满足的一个共同特点是：左边界必然(　　)。
   A. 向外凸或呈线性
   B. 向里凹
   C. 连接点向里凹的若干曲线段
   D. 呈现为数条平行的曲线

10. (　　)标志着现代证券组合理论的开端。
    A.《证券组合选择》论文
    B. 单因素模型
    C. 套利定价理论
    D.《证券投资组合理论》

11. 愿意通过延迟获得基本收益来求得未来收益增长的投资者可以选择(　　)。
    A. 收入型证券组合
    B. 避税型证券组合
    C. 增长型证券组合
    D. 货币市场型证券组合

12. 按照投资者的共同偏好规则，可以排除那些被所有投资者都认为差的组合，我们把排除后余下的这些组合称为(   )。

    A. 有效边界   B. 有效证券组合

    C. 证券组合的可行域   D. 最小方差组合

13. 一个特定的投资者，任意给定一个证券组合，根据他对风险的态度，可以得到一系列满意程度相同（无差异）的证券组合，这些组合恰好在 E（rp）坐标系上形成一条曲线，我们将这条曲线视为该投资者的一条(   )。

    A. 资本市场线   B. 差异曲线

    C. 无差异曲线   D. 证券市场线

14. 所谓(   )，是指由风险证券构成，并且其成员证券的投资比例与整个市场上风险证券的相对市值比例一致的证券组合。

    A. 最大期望收益组合   B. 有效证券组合

    C. 市场组合   D. 最小方差组合

15. 在均值标准差平面上，所有有效组合刚好构成连接无风险资产 F 与市场组合 M 的射线 FM，这条射线被称为(   )。

    A. 资本市场线   B. 差异曲线

    C. 无差异曲线   D. 证券市场线

16. 在资产估值方面，资本资产定价模型主要被用来(   )。

    A. 根据对市场走势的预测来选择具有不同 β 系数的证券或组合以获得较高收益或规避市场风险

    B. 合理估计收益的大小

    C. 合理估计风险的大小

    D. 判断证券是否被市场错误定价

17. B 公司今年每股股息为 0.8 元，预期今后每股股息将以每年 10% 的速度稳定增长。当前的无风险利率为 0.02，市场组合的风险溢价为 0.08，A 公司股票的 β 值为 1.5。那么，B 公司股票当前的合理价格是(   )。

    A. 10 元   B. 5 元

    C. 20 元   D. 15 元

18. (   )是指证券组合所获得的高于市场的那部分风险溢价。

    A. 詹森指数   B. 贝塔指数

    C. 夏普指数   D. 特雷诺指数

19. 夏普指数是(   )。

    A. 连接证券组合与无风险资产的直线的斜率

    B. 连接证券组合与无风险证券的直线的斜率

    C. 证券组合所获得的高于市场的那部分风险溢价

    D. 连接证券组合与最优风险证券组合的直线的斜率

20. 特雷诺指数是(   )。

    A. 连接证券组合与无风险资产的直线的斜率

B. 连接证券组合与无风险证券的直线的斜率

C. 证券组合所获得的高于市场的那部分风险溢价

D. 连接证券组合与最优风险证券组合的直线的斜率

21. 与市场组合相比,夏普指数高表明( )。

    A. 该组合位于市场线上方,该管理者比市场经营得好

    B. 该组合位于市场线下方,该管理者比市场经营得差

    C. 该组合位于市场线上方,该管理者比市场经营得差

    D. 该组合位于市场线下方,该管理者比市场经营得好

22. 一般认为证券市场是有效市场的机构投资者倾向于选择( )。

    A. 收入型证券组合   B. 增长型证券组合

    C. 指数化型证券组合   D. 有效型证券组合

23. 某一证券组合的目标是追求基本收益的最大化。我们可以判断这种证券组合属于( )。

    A. 指数化型证券组合   B. 平衡型证券组合

    C. 收入型证券组合   D. 增长型证券组合

24. 关于证券组合管理的特点,下列说法不正确的是( )。

    A. 承担风险越小,收益越低

    B. 承担风险越大,收益越高

    C. 证券组合的风险随着组合所包含证券数量的增加而增加

    D. 强调投资的收益目标应与风险的承受能力相适应

25. 证券组合理论认为,证券收益之间不是完全正相关的多元化证券组合可以有效地( )。

    A. 降低系统性风险   B. 降低非系统性风险

    C. 增加系统性收益   D. 增加非系统性收益

26. 从经济学的角度讲,( )是指人们利用同一资产在不同市场间定价不一致,通过资金的转移而实现无风险收益的行为。

    A. 投机   B. 套利

    C. 套现   D. 投资

27. 詹森指数是( )由詹森提出的,它以证券市场线为基准,指数值实际上就是证券组合的实际平均收益率与由证券市场线所给出的该证券组合的期望收益率之间的差。

    A. 1959 年   B. 1968 年

    C. 1979 年   D. 1969 年

28. 久期又被称为持期,它最早来自( )对债券平均到期期限的研究。

    A. 特雷诺   B. 麦考莱

    C. 詹森   D. 夏普

29. 在一般情况下,债券的到期期限总是( )久期。

    A. 大于   B. 小于

C. 接近　　　　　　　　　　D. 等于

30. （　　）描述了价格和利率的二阶导数关系，与久期一起可以更加准确地把握利率变动对债券价格的影响。
  A. 修正久期　　　　　　　　B. 凸性
  C. 夏普指数　　　　　　　　D. 凹性

31. 为了获取充足的资金以偿还未来的某项债务，为此而使用的建立债券组合的策略，称之为（　　），又称为利率消毒。
  A. 单一支付负债下的免疫策略　　B. 多重支付负债下的免疫策略
  C. 债务匹配策略　　　　　　　　D. 现金流匹配策略

32. 所谓（　　），就是通过债券的组合管理，使得每一期从债券获得的现金流入与该时期约定的现金支出在量上保持一致。
  A. 利率消毒　　　　　　　　B. 资产免疫
  C. 现金流量匹配　　　　　　D. 债务匹配

33. 确定证券投资政策是证券组合管理的第一步，它反映了证券组合管理者的（　　）。
  A. 投资原则　　　　　　　　B. 投资目标
  C. 投资偏好　　　　　　　　D. 投资风格

34. 利率消毒的假设条件是（　　）。
  A. 市场利率期限结构是正向的　　B. 市场利率期限结构是反向的
  C. 市场利率期限结构是水平的　　D. 市场利率期限结构是拱形的

35. 根据投资者对（　　）的不同看法，其采用的证券组合管理方法可大致分为被动管理和主动管理两种类型。
  A. 风险意识　　　　　　　　B. 市场效率
  C. 投资意识　　　　　　　　D. 投资业绩

36. 据估测，采用现金流匹配法建立的资产组合的成本比采用资产免疫方法的成本要高出（　　）。
  A. 5%～7%　　　　　　　　B. 5%～9%
  C. 3%～9%　　　　　　　　D. 3%～7%

37. 主动债券组合管理中，（　　）的核心是通过对未来利率的变化就期末的价格进行估计，并据此判断现行价格是否被误定以决定是否买进。
  A. 利率消毒法　　　　　　　B. 水平分析法
  C. 骑乘收益率曲线法　　　　D. 债券掉换法

38. 债券掉换方法的类型中，（　　）是将一种债券与另一种与其非常相似的理想替代品债券进行掉换，目的是为了获取暂时的价格优势。
  A. 替代掉换　　　　　　　　B. 市场内部价差掉换
  C. 利率预期掉换　　　　　　D. 纯收益率调换

39. 主动债券组合管理中，以资产的流动性为目标，投资于短期固定收入债券的人采用的方法是（　　）。
  A. 利率消毒法　　　　　　　B. 水平分析法

C. 骑乘收益率曲线法   D. 债券掉换法

40. 以下有关证券组合被动管理方法的说法，不正确的是(　　)。

  A. 长期稳定持有模拟市场指数的证券组合

  B. 采用此种方法的管理者认为证券市场不总是有效的

  C. 期望获得市场平均收益

  D. 采用此种方法的管理者认为证券价格的未来变化无法估计

41. 证券组合理论认为，证券组合的风险随着组合所包含证券数量的增加而(　　)。

  A. 降低   B. 上升

  C. 不变   D. 无规律

42. 未来可能收益率与期望收益率的偏离程度由(　　)来度量。

  A. 未来可能收益率   B. 期望收益率

  C. 收益率的方差   D. 收益率的标准差

43. 资本资产定价模型表明，证券组合承担的风险越大，则收益(　　)。

  A. 越高   B. 越低

  C. 不变   D. 两者无关系

44. (　　)证券组合的投资者很少会购买分红的普通股。

  A. 增长型   B. 混合型

  C. 货币市场型   D. 收入型

45. 以下有关资本资产定价模型资本市场没有摩擦的假设，说法错误的是(　　)。

  A. 信息向市场中的每个人自由流动   B. 任何证券的交易单位都是无限可分的

  C. 市场只有一个无风险借贷利率   D. 在借贷和卖空上有限制

46. 以下不属于无差异曲线特点的是(　　)。

  A. 无差异曲线是由左至右向上弯曲的曲线

  B. 每个投资者的无差异曲线形成密布整个平面又相交的曲线簇

  C. 同一条无差异曲线上的组合给投资者带来的满意程度相同

  D. 不同无差异曲线上的组合给投资者带来的满意程度不同

47. 从经济学的角度讲，套利是指人们利用同一资产在不同市场间定价不一致，通过资金的转移而实现(　　)的行为。

  A. 低额收益   B. 高额收益

  C. 有风险收益   D. 无风险收益

48. 正是由于承认存在投资风险并认为组合投资能够有效降低公司的特定风险，所以(　　)组合管理者通常购买分散化程度较高的投资组合，如市场指数基金或类似的证券组合。

  A. 被动管理型   B. 主动管理型

  C. 风险喜好型   D. 风险厌恶型

49. 在分析证券组合的可行域时，其组合线实际上在期望收益率和标准差的坐标系中描述了证券 A 和证券 B(　　)组合。

  A. 收益最大的   B. 风险最小的

C. 收益和风险均衡的　　　　　　　　D. 所有可能的

50. 给定证券 A、B 的期望收益率和方差，证券 A 与证券 B 的不同的（　　）将决定 A、B 的不同形状的组合线。

A. 收益性　　　　　　　　　　　　B. 风险性

C. 关联性　　　　　　　　　　　　D. 流动性

51. （　　）决定组合线在证券 A 与证券 B 之间的弯曲程度。

A. 权重　　　　　　　　　　　　　B. 证券价格的高低

C. 相关系数　　　　　　　　　　　D. 证券价格变动的敏感性

52. 从组合线的形状来看，相关系数越小，在不卖空的情况下，证券组合的风险越小，特别是在（　　）的情况下，可获得无风险组合。

A. 正完全相关　　　　　　　　　　B. 负完全相关

C. 不相关　　　　　　　　　　　　D. 不完全负相关

53. 最优证券组合是指，相对于其他有效组合，该组合所在的无差异曲线的（　　），是使投资者最满意的有效组合。

A. 位置最低　　　　　　　　　　　B. 位置最高

C. 曲度最大　　　　　　　　　　　D. 曲度最小

54. 不同投资者的无差异曲线簇可获得各自的最佳证券组合，一个只关心风险的投资者将选取（　　）作为最佳组合。

A. 最小方差组合　　　　　　　　　B. 最大方差组合

C. 最高收益率组合　　　　　　　　D. 适合自己风险承受力的组合

55. 以下资本资产定价模型假设条件中，（　　）是对现实市场的简化。

A. 投资者都依据期望收益率评价证券组合的收益水平

B. 投资者依据方差（或标准差）评价证券组合的风险水平

C. 投资者对证券的收益、风险及证券间的关联性具有完全相同的预期

D. 资本市场没有摩擦

二、多项选择题

1. 关于久期的性质，下面说法正确的是（　　）。

A. 久期与息票利率呈相反的关系，息票率越高，久期越短

B. 债券的到期期限越短，久期越长

C. 久期与到期收益率之间呈相反的关系，到期收益率越大，久期越小，但其边际作用效果也递减

D. 多只债券的组合久期等于各只债券久期的加权平均，其权数等于每只债券在组合中所占的比重

2. 如果以投资目标为标准对证券组合进行分类，那么常见的证券组合有（　　）。

A. 指数化型　　　　　　　　　　　B. 被动管理型

C. 主动管理型　　　　　　　　　　D. 货币市场型

3. 证券组合管理的意义在于（　　）。

A. 达到在一定预期收益的前提下投资风险最小的目标

B. 达到在控制风险的前提下投资收益最大化的目标

C. 鼓励投资过程的随意性

D. 采用适当的方法选择多种证券作为投资对象

4. 证券投资政策是投资者为实现投资目标应遵循的基本方针和基本准则，包括（　　）。

  A. 确定投资目标   B. 确定投资规模

  C. 确定投资对象   D. 应采取的投资策略和措施等

5. 投资目标的确定应包括（　　）。

  A. 风险   B. 收益

  C. 证券投资的资金数量   D. 投资的证券品种

6. 在构建证券投资组合时，投资者需要注意（　　）问题。

  A. 个别证券选择   B. 证券组合选择

  C. 投资时机选择   D. 多元化

7. 证券组合管理的基本步骤包括（　　）。

  A. 确定证券投资政策   B. 进行证券投资分析

  C. 组建证券投资组合   D. 投资组合的修正

8. 关于单个证券的风险度量，下列说法正确的是（　　）。

  A. 单个证券的风险大小由未来可能收益率与期望收益率的偏离程度来反映

  B. 单个证券可能的收益率越分散，投资者承担的风险也就越大

  C. 实际中我们也可使用历史数据来估计方差

  D. 单个证券的风险大小在数学上由收益率的方差来度量

9. 在证券组合理论中，投资者的共同偏好规则是指（　　）。

  A. 投资者总是选择方差较小的组合

  B. 投资者总是选择期望收益率高的组合

  C. 如果两种证券组合具有相同的期望收益率和不同的收益率方差，那么投资者总是
   选择方差较小的组合

  D. 如果两种证券组合具有相同的收益率方差和不同的期望收益率，那么投资者选择
   期望收益率高的组合

10. 无差异曲线的特点有（　　）。

  A. 投资者的无差异曲线形成密布整个平面又可能相交的曲线簇

  B. 是由左至右向下弯曲的曲线

  C. 无差异曲线的位置越高，其上的投资组合带来的满意程度就越高

  D. 落在同一条无差异曲线上的组合有相同的满意程度

11. 资本资产定价模型建立的假设条件可概括为（　　）。

  A. 投资者都依据期望收益率评价证券组合的收益水平，依据方差（或标准差）评
   价证券组合的风险水平，并采用方法选择最优证券组合

  B. 投资者对证券的收益、风险及证券间的关联性具有完全相同的预期

  C. 资本市场没有摩擦

  D. 投资者对证券的收益、风险及证券间的关联性具有完全不同的预期

12. 有效边界 FT 上的切点证券组合 T 具有的重要特征是（　　）。

　　A. T 是有效组合中唯一一个不含无风险证券而仅由风险证券构成的组合

　　B. 有效边界 FT 上的任意证券组合，即有效组合，均可视为无风险证券 F 与 T 的再组合

　　C. 切点证券组合 T 完全由市场确定，与投资者的偏好无关

　　D. 切点证券组合 T 完全由投资者偏好确定，与市场无关

13. 切点证券组合 T 的经济意义有（　　）。

　　A. 投资者对依据自己风险偏好所选择的最优证券组合 P 进行投资，其风险投资部分均可视为对 T 的投资

　　B. 每个投资者按照各自的偏好购买各种证券，其最终结果是每个投资者手中持有的全部风险证券所形成的风险证券组合在结构上恰好与切点证券组合 T 相同

　　C. 当市场处于均衡状态时，最优风险证券组合 T 就等于市场组合

　　D. 所有投资者拥有完全相同的有效边界

14. 在组合投资理论中，有效证券组合是指（　　）。

　　A. 可行域内部任意可行组合

　　B. 可行域的左上边界上的任意可行组合

　　C. 按照投资者的共同偏好规则，排除那些被所有投资者都认为差的组合后余下的这些组合

　　D. 可行域右上边界上的任意可行组合

15. 资本资产定价模型的有效性问题是指（　　）。

　　A. 现实市场中的风险与收益是否具有负相关关系

　　B. 是否还有更合理的度量工具用以解释不同证券的收益差别

　　C. 现实市场中的风险与收益是否具有正相关关系

　　D. 理想市场中的风险与收益是否具有正相关关系

16. 在资本资产定价模型中，资本市场没有摩擦的假设是指（　　）。

　　A. 交易没有成本

　　B. 不考虑对红利、股息及资本利得的征税

　　C. 信息在市场中自由流动

　　D. 市场只有一个无风险借贷利率，在借贷和卖空上没有限制

17. 关于 β 系数的含义下列说法正确的是（　　）。

　　A. β 系数反映证券或证券组合对市场组合方差的贡献率

　　B. β 系数反映了证券或组合的收益水平对市场平均收益水平变化的敏感性

　　C. β 系数值绝对值越大，表明证券或组合对市场指数的敏感性越强

　　D. β 系数是衡量证券承担系统风险水平的指数

18. 建立套利定价理论的基本假设为（　　）。

　　A. 投资者是追求收益的，同时也是厌恶风险的

　　B. 所有证券的收益都受到一个共同因素 F 的影响，并且证券的收益率具有如下的构成形式：$r_i = \alpha_i + b_i F_1 + \varepsilon_i$

C. 投资者对证券的收益、风险及证券间的关联性具有完全不同的预期

D. 投资者能够发现市场上是否存在套利机会，并利用该机会进行套利

19. 所谓套利组合，是指满足下述（　　）的证券组合。

A. 该组合中各种证券的权数满足 $w_1 + w_2 + \cdots + w_N = 0$

B. 该组合因素灵敏度系数为零

C. 该组合具有正的期望收益率

D. 该组合在不同市场具有不同收益水平

20. 套利定价模型表明（　　）。

A. 市场均衡状态下，证券或组合的期望收益率完全由它所承担的因素风险所决定

B. 承担相同因素风险的证券或证券组合都应该具有相同期望收益率

C. 期望收益率与因素风险的关系，可由期望收益率的因素敏感性的线性函数反映

D. 如果市场上不存在（即找不到）套利组合，那么市场可能存在套利机会

21. 评价组合业绩的基本原则为（　　）。

A. 要考虑组合投资中单个证券风险的大小

B. 要考虑组合收益的高低

C. 要考虑组合投资中单个证券收益的高低

D. 要考虑组合所承担风险的大小

22. 关于詹森指数，下列说法正确的有（　　）。

A. 詹森指数是 1969 年由詹森提出的

B. 指数值实际上就是证券组合的实际平均收益率与由证券市场线所给出的该证券组合的期望收益率之间的差

C. 詹森指数就是证券组合所获得的高于市场的那部分风险溢价

D. 詹森指数值代表证券组合与证券市场线之间的落差

23. 关于特雷诺指数，下列说法正确的有（　　）。

A. 特雷诺指数是 1969 年由特雷诺提出的

B. 特雷诺指数用获利机会来评价绩效

C. 特雷诺指数值由每单位风险获取的风险溢价来计算

D. 特雷诺指数是连接证券组合与无风险证券的直线的斜率

24. 现代证券组合理论包括（　　）。

A. 马柯威茨的均值方差模型 　　　　B. 单因素模型

C. 资本资产定价模型 　　　　　　　D. 套利定价理论

25. 债券资产组合管理目的是（　　）。

A. 规避系统风险，获得稳定市场收益

B. 规避利率风险，获得较高的投资收益

C. 通过组合管理鉴别出非正确定价的债券

D. 力求通过对市场利率变化的总趋势的预测来选择有利的市场时机以赚取债券市场价格变动带来的资本利得收益

26. 关于久期在投资实践中的应用，下列说法错误的是（　　）。

A. 久期已成为市场普遍接受的风险控制指标

B. 针对固定收益类产品设定"久期凸性"指标进行控制,具有避免投资经理为了追求高收益而过量持有高风险品种的作用

C. 可以通过对市场上不同期限品种价格的变化来分析市场在期限上的投资偏好

D. 可以用来控制持仓债券的利率风险

27. 关于凸性,下列说法正确的有(   )。

A. 凸性描述了价格和利率的二阶导数关系

B. 与久期一起可以更加准确把握利率变动对债券价格的影响

C. 当收益率变化很小时,凸性可以忽略不计

D. 久期与凸性一起描述的价格波动是一个精确的结果

28. 根据模拟指数的不同,指数化型证券组合可以分为(   )。

A. 模拟大盘指数   B. 模拟内涵广大的市场指数

C. 模拟某种专业化的指数   D. 模拟行业指数

29. 对所确定的金融资产类型中个别证券或证券组合的具体特征进行考察分析的目的是(   )。

A. 明确这些证券的价格形成机制

B. 明确影响证券价格波动的诸因素及其作用机制

C. 发现那些价格偏离其价值的证券

D. 对投资组合进行业绩评估

30. 关于夏普指数下列说法正确的是(   )。

A. 夏普指数是 1966 年由夏普提出的

B. 它以资本市场线为基准

C. 指数值等于证券组合的风险溢价除以标准差

D. 通常夏普指数以年或年化数据进行计算

31. 使用詹森指数、特雷诺指数以及夏普指数评价组合业绩的不足主要表现在(   )。

A. 三种指数均以资本资产定价模型为基础,后者隐含与现实环境相差较大的理论假设,可能导致评价结果失真

B. 三种指数中都含有用于测度风险的指标,而计算这些风险指标有赖于样本的选择

C. 三种指数的计算均与市场组合发生直接或间接关系,而现实中用于替代市场组合的证券价格指数具有多样性

D. 导致基于不同市场指数所得到的评估结果不同,也不具有可比性

32. 现金流量匹配与资产免疫的区别有(   )。

A. 现金流匹配方法要求债券资产组合的久期与债券的期限一致

B. 采用现金流量匹配方法之后不需要进行任何调整,除非选择的债券的信用等级下降

C. 现金流匹配法不存在再投资风险、利率风险,债务不能到期偿还的唯一风险是提前赎回或违约风险

D. 采用现金流匹配法建立的资产组合的成本比采用资产免疫方法的成本要高出 13%~17%

33. 债券资产的主动管理通常采用(　　)。

    A. 水平分析   B. 利率消毒

    C. 债券掉换   D. 骑乘收益率曲线

34. 债券的全部报酬由(　　)组成。

    A. 时间价值   B. 收益率变化的影响

    C. 息票利息   D. 息票利息再投资获得的利息

35. 主动债券组合管理中，债券掉换方法大体的类型有(　　)。

    A. 替代掉换   B. 市场内部价差掉换

    C. 利率预期掉换   D. 纯收益率调换

36. 按投资目标，证券组合通常包括(　　)类型。

    A. 避税型   B. 收入型

    C. 固定收益型   D. 增长型

37. 关于证券组合的含义和类型说法正确的是(　　)。

    A. 证券组合按不同的投资目标可以分为避税型、收入型、增长型、收入和增长混合型、货币市场型、国际型及指数化型等

    B. 避税型证券组合通常投资于免税债券

    C. 收入型证券组合追求基本收益（即利息、股息收益）的最大化

    D. 收入和增长混合型证券组合试图在基本收入与资本增长之间达到某种均衡，因此也称为"均衡组合"

38. 关于证券组合管理特点说法正确的是(　　)。

    A. 投资的分散性

    B. 只要证券收益之间不是完全正相关，分散化就可以有效降低非系统风险，使证券组合的投资风险趋向于市场平均风险水平

    C. 风险与收益的匹配性

    D. 承担风险越大，收益越高；承担风险越小，收益越低

39. 关于证券组合管理的方法说法正确的是(　　)。

    A. 根据组合管理者对市场效率的不同看法，其采用的管理方法可大致分为被动管理和主动管理两种类型

    B. 所谓被动管理方法，指长期稳定持有模拟市场指数的证券组合以获得市场平均收益的管理方法

    C. 所谓主动管理方法，指经常预测市场行情或寻找定价错误证券，并借此频繁调整证券组合以获得尽可能高的收益的管理方法

    D. 主动管理方法认为市场不总是有效的，加工和分析某些信息可以预测市场行情趋势和发现定价过高或过低的证券，进而对买卖证券的时机和种类作出选择，以实现尽可能高的收益

40. 对于追求收益又厌恶风险的投资者而言，其无差异曲线都具有如下特点(　　)。

    A. 无差异曲线是由左至右向上弯曲的曲线

    B. 每个投资者的无差异曲线形成密布整个平面又互不相交的曲线簇

    C. 同一条无差异曲线上的组合给投资者带来的满意程度相同

    D. 无差异曲线向上弯曲的程度大小反映投资者承受风险的能力强弱

三、判断题

1. 采用被动管理方法进行投资组合管理的管理者认为，市场不总是有效的，加工和分析某些信息可以预测市场行情趋势和发现定价过高或过低的证券，进而对买卖证券的时机和种类作出选择，以实现尽可能高的收益。（　　）

    A. 正确　　　　　　　　　　　　　　B. 错误

2. 组合管理的目标是实现投资风险最小化，也就是使组合的风险和收益特征能够给投资者带来最大满足。（　　）

    A. 正确　　　　　　　　　　　　　　B. 错误

3. 构建证券投资组合是证券组合管理的第二步，是指对证券组合管理第一步所确定的金融资产类型中个别证券或证券组合的具体特征进行的考察分析。（　　）

    A. 正确　　　　　　　　　　　　　　B. 错误

4. 资本市场线揭示了有效组合的收益和风险之间的均衡关系。（　　）

    A. 正确　　　　　　　　　　　　　　B. 错误

5. β 系数是衡量证券承担系统风险水平的指数。（　　）

    A. 正确　　　　　　　　　　　　　　B. 错误

6. 无差异曲线是由左至右向上弯曲的曲线。（　　）

    A. 正确　　　　　　　　　　　　　　B. 错误

7. 久期与息票利率呈相反的关系，息票率越高，久期越长。（　　）

    A. 正确　　　　　　　　　　　　　　B. 错误

8. 只有当债券的收益率变化幅度很小时，久期所代表的线性关系才近似成立。（　　）

    A. 正确　　　　　　　　　　　　　　B. 错误

9. 收入和增长混合型证券组合试图在基本收入与资本增长之间达到某种均衡，因此也称为"均衡组合"。（　　）

    A. 正确　　　　　　　　　　　　　　B. 错误

10. 投资于增长型证券组合的投资者往往愿意通过延迟获得基本收益来求得未来收益的增长，这类投资者通常会购买分红的普通股，投资风险较小。（　　）

    A. 正确　　　　　　　　　　　　　　B. 错误

11. 证券投资政策是投资者为实现投资目标应遵循的基本方针和基本准则。（　　）

    A. 正确　　　　　　　　　　　　　　B. 错误

12. 采用主动管理方法的管理者坚持买入并长期持有的投资策略。（　　）

    A. 正确　　　　　　　　　　　　　　B. 错误

13. 组合管理的目标是实现投资收益的最大化，也就是使组合的风险和收益特征能够给投资者带来最大满足。（　　）

    A. 正确　　　　　　　　　　　　　　B. 错误

14. 投资目标是指投资者在承担一定风险的前提下期望获得的投资收益率。投资目标的确定应包括风险和收益两项内容。（　　）

    A. 正确　　　　　　　　　　　　B. 错误

15. 当投资者改变了对风险和回报的态度，或者其预测发生了变化，投资者可能会对现有的组合进行必要的调整，以确定一个新的最佳组合。（　　）

    A. 正确　　　　　　　　　　　　B. 错误

16. 在对证券投资组合业绩进行评估时，只需比较投资活动所获得的收益，不用衡量投资所承担的风险情况。（　　）

    A. 正确　　　　　　　　　　　　B. 错误

17. 在股票投资中，投资收益等于期内股票红利收益和价差收益之和。（　　）

    A. 正确　　　　　　　　　　　　B. 错误

18. 证券组合的可行域表示了所有可能的证券组合，它为投资者提供了一切可行的组合投资机会，投资者需要做的是在其中选择自己最满意的证券组合进行投资。（　　）

    A. 正确　　　　　　　　　　　　B. 错误

19. 一般而言，当市场处于牛市时，在估值优势相差不大的情况下，投资者会选择 β 系数较小的股票，以期获得较高的收益；反之，当市场处于熊市时，投资者会选择 β 系数较大的股票，以减少股票下跌的损失。（　　）

    A. 正确　　　　　　　　　　　　B. 错误

20. 资本资产定价模型主要应用于资产估值、资金成本预算以及资源配置等方面。（　　）

    A. 正确　　　　　　　　　　　　B. 错误

21. 资本资产定价模型在资源配置方面的一项重要应用，就是根据对市场走势的预测来选择具有不同 β 系数的证券或组合以获得较高收益或规避市场风险。（　　）

    A. 正确　　　　　　　　　　　　B. 错误

22. 资本资产定价模型表明，β 系数作为衡量系统风险的指标，其与收益水平是负相关的。（　　）

    A. 正确　　　　　　　　　　　　B. 错误

23. 套利定价理论认为，如果市场上不存在套利组合，那么市场就不存在套利机会。（　　）

    A. 正确　　　　　　　　　　　　B. 错误

24. 特雷诺突破性地发展了资本资产定价模型，提出套利定价理论（APT）。这一理论认为，只要任何一个投资者不能通过套利获得收益，那么期望收益率一定与风险相联系。（　　）

    A. 正确　　　　　　　　　　　　B. 错误

25. 可行域满足一个共同的特点，即右边界必然向外凸或呈线性。（　　）

    A. 正确　　　　　　　　　　　　B. 错误

26. 无差异曲线向上弯曲的程度大小反映投资者承受风险的能力强弱。（　　）

    A. 正确　　　　　　　　　　　　B. 错误

27. 投资者的最优证券组合是使他最满意的有效组合，它恰恰是无差异曲线簇与有效边界的切点所表示的组合。（　　）

　　A. 正确　　　　　　　　　　　　B. 错误

28. 一个只关心风险的投资者将选取最大方差组合作为最佳组合。（　　）

　　A. 正确　　　　　　　　　　　　B. 错误

29. 一种证券或组合在均值标准差平面上的位置完全由该证券或组合的期望收益率和标准差所确定。（　　）

　　A. 正确　　　　　　　　　　　　B. 错误

30. 同一种证券或组合在均值标准差平面上的位置对不同的投资者来说是不同的。（　　）

　　A. 正确　　　　　　　　　　　　B. 错误

31. 如果证券组合的詹森指数为正，则其位于证券市场线的下方，绩效不好。（　　）

　　A. 正确　　　　　　　　　　　　B. 错误

32. 一个证券组合的特雷诺指数是连接证券组合与无风险证券的直线的斜率，当这一斜率大于证券市场线的斜率时，组合的绩效大于市场绩效。（　　）

　　A. 正确　　　　　　　　　　　　B. 错误

33. 一个高的夏普指数表明该管理者比市场经营得好，而一个低的夏普指数表明经营得比市场差。（　　）

　　A. 正确　　　　　　　　　　　　B. 错误

34. 评价组合业绩时，基于不同市场指数所得到的评估结果不同，也不具有可比性。（　　）

　　A. 正确　　　　　　　　　　　　B. 错误

35. 由于证券的多样性，因此其组合所形成的可行域的左边界有可能出现凹陷。（　　）

　　A. 正确　　　　　　　　　　　　B. 错误

36. 水平分析法的核心是通过对未来利率的变化就期初的价格进行估计，并据此判断现行价格是否被误定以决定是否买进。（　　）

　　A. 正确　　　　　　　　　　　　B. 错误

37. 债券掉换的目的是用定价过低的债券来替换定价过高的债券，或是用收益率高的债券替换收益率较低的债券。（　　）

　　A. 正确　　　　　　　　　　　　B. 错误

38. 债券和其他类型固定收益证券组合的业绩通常是通过将其在某一时间区间内的总回报率（包括利息支付加上资本损益）与某个代表其可比证券类型的指数的回报率进行比较来进行评估。（　　）

　　A. 正确　　　　　　　　　　　　B. 错误

39. 基本收入与资本增长的均衡可以通过两种组合方式获得：一种是使组合中的收入型证券和增长型证券达到均衡；另一种是选择那些既能带来收益，又具有增长潜力的证券进行组合。（　　）

　　A. 正确　　　　　　　　　　　　B. 错误

40. 在不卖空的情况下，组合降低风险的程度由证券间的关联程度决定。（　　）

    A. 正确　　　　　　　　　　　　　　B. 错误

41. 证券组合管理理论最早由美国著名经济学家哈理·马柯威茨于 1952 年系统提出。（　　）

    A. 正确　　　　　　　　　　　　　　B. 错误

42. 资本市场线揭示了有效组合的收益和风险之间的均衡关系。（　　）

    A. 正确　　　　　　　　　　　　　　B. 错误

43. 证券市场线方程揭示任意证券或组合的期望收益率和风险之间的关系。（　　）

    A. 正确　　　　　　　　　　　　　　B. 错误

44. β 系数反映了证券或组合的收益水平对市场平均收益水平变化的敏感性。β 系数值绝对值越大，表明证券或组合对市场指数的敏感性越弱。（　　）

    A. 正确　　　　　　　　　　　　　　B. 错误

45. 多只债券的组合久期等于各只债券久期的算术平均，其权数等于每只债券在组合中所占的比重。（　　）

    A. 正确　　　　　　　　　　　　　　B. 错误

46. 避税型证券组合通常投资于免税债券。（　　）

    A. 正确　　　　　　　　　　　　　　B. 错误

47. 相关系数决定结合线在 A 与 B 点之间的弯曲程度。随着 ρ_{AB} 的增大，弯曲程度将增大。（　　）

    A. 正确　　　　　　　　　　　　　　B. 错误

48. 套利定价理论（APT），由罗斯于 ?0 世纪 90 年代中期建立，是描述资产合理定价但又有别于 CAPM 的均衡模型。（　　）

    A. 正确　　　　　　　　　　　　　　B. 错误

49. 通俗地讲，套利是指人们需要追加投资就可获得收益的买卖行为。（　　）

    A. 正确　　　　　　　　　　　　　　B. 错误

50. 套利组合理论认为，当市场上存在套利机会时，投资者会不断进行套利交易，从而不断推动证券的价格向套利机会增加的方向变动。（　　）

    A. 正确　　　　　　　　　　　　　　B. 错误

51. 资本市场线揭示了有效组合的收益风险均衡关系，同时给出任意证券或组合的收益风险关系。（　　）

    A. 正确　　　　　　　　　　　　　　B. 错误

52. 对于追求收益又厌恶风险的投资者而言，同一条无差异曲线上的组合给投资者带来的满意程度不同。（　　）

    A. 正确　　　　　　　　　　　　　　B. 错误

53. 对于追求收益又厌恶风险的投资者而言，无差异曲线的位置越高，其上的投资组合给投资者带来的满意程度就越低。（　　）

    A. 正确　　　　　　　　　　　　　　B. 错误

54. 可能的收益率越分散，它们与期望收益率的偏离程度就越小，投资者承担的风险也

就越小。（　　）

    A. 正确　　　　　　　　　　　　B. 错误

55. 所谓主动管理方法，指长期稳定持有模拟市场指数的证券组合以获得市场平均收益的管理方法。（　　）

    A. 正确　　　　　　　　　　　　B. 错误

56. 在图形上，一个证券组合的特雷诺指数是连接证券组合与无风险证券的直线的斜率。当这一斜率大于证券市场线的斜率（TP>TM）时，组合的绩效好于市场绩效，此时组合位于证券市场线上方；相反，斜率小于证券市场线的斜率（TP<TM）时，组合的绩效不如市场绩效好，此时组合位于证券市场线下方。（　　）

    A. 正确　　　　　　　　　　　　B. 错误

57. 夏普指数是连接证券组合与无风险资产的直线的斜率。将它与市场组合的夏普指数比较，一个高的夏普指数表明该管理者比市场经营得好，而一个低的夏普指数表明经营得比市场差。前者的组合位于资本市场线上方，后者的组合则位于资本市场线下方。位于资本市场线上的组合其夏普指数与市场组合的夏普指数均相等，表明管理具有中等绩效。（　　）

    A. 正确　　　　　　　　　　　　B. 错误

58. 实质上利率消毒是有假设条件的。它要求市场利率期限结构是水平的，并且变动是平行的（即利率不论是上升还是下降，所有期限的债券都以相同的基点数变动）。但是，在现实当中利率期限结构水平的概率很小，而由上倾到下倾、由下倾到上倾的非水平利率期限结构的机会很多，利率消毒的前提假设很难成立。（　　）

    A. 正确　　　　　　　　　　　　B. 错误

59. 套利定价模型表明，市场均衡状态下，证券或组合的期望收益率完全由它所承担的因素风险所决定；承担相同因素风险的证券或证券组合都应该具有相同期望收益率；期望收益率与因素风险的关系，可由期望收益率的因素敏感性的线性函数反映。（　　）

    A. 正确　　　　　　　　　　　　B. 错误

60. 最近几十年来，资本资产定价模型的有效性一直是广泛争论的焦点。最初测试表明，β 系数与收益呈正相关，因而用 β 系数度量风险具有合理性，纵使存在其他度量风险的工具（如方差能解释实际收益的差别）。然而，1977 年，罗尔（R. Roll）指出，由于测试时使用的是市场组合的替代品，对资本资产定价模型的所有测试只能表明该模型实用性的强弱，而不能说明该模型本身有效与否。（　　）

    A. 正确　　　　　　　　　　　　B. 错误

参考答案

一、单项选择题

1. D　　　2. B　　　3. D　　　4. D　　　5. C
6. A　　　7. B　　　8. C　　　9. A　　　10. A

11. C	12. B	13. C	14. C	15. A
16. D	17. C	18. A	19. A	20. B
21. A	22. C	23. C	24. C	25. B
26. B	27. D	28. B	29. A	30. B
31. A	32. C	33. D	34. C	35. B
36. D	37. B	38. A	39. C	40. B
41. A	42. C	43. A	44. A	45. D
46. B	47. D	48. A	49. D	50. C
51. C	52. B	53. B	54. A	55. D

二、多项选择题

1. ABC	2. AD	3. ABD	4. ABCD	5. AB
6. ACD	7. ABCD	8. ABCD	9. CD	10. CD
11. ABC	12. ABC	13. ABCD	14. BC	15. BC
16. ABCD	17. ABCD	18. ABD	19. ABC	20. ABC
21. BD	22. ABCD	23. BCD	24. ABCD	25. ACD
26. BC	27. ABC	28. BC	29. ABC	30. ABCD
31. ABCD	32. BC	33. ACD	34. ABCD	35. ABCD
36. ABD	37. ABCD	38. ABCD	39. ABCD	40. ABCD

三、判断题

1. B	2. B	3. B	4. A	5. A
6. A	7. B	8. A	9. A	10. B
11. A	12. B	13. A	14. A	15. A
16. B	17. A	18. A	19. B	20. A
21. A	22. B	23. A	24. B	25. B
26. A	27. A	28. B	29. A	30. B
31. B	32. A	33. A	34. A	35. B
36. B	37. A	38. A	39. A	40. A
41. A	42. A	43. A	44. B	45. B
46. A	47. B	48. B	49. B	50. B
51. B	52. B	53. B	54. B	55. B
56. A	57. A	58. A	59. A	60. A

第八章　金融工程学应用分析

一、本章考纲

熟悉金融工程的定义、内容及其应用；熟悉金融工程的技术、运作步骤。

掌握套利的基本概念和原理，熟悉套利交易的基本原则和风险；掌握股指期货套利和套期保值的定义、基本原理；熟悉股指期货套利的主要方式；掌握期现套利、跨期套利、跨市场套利和跨品种套利的基本概念、原理；熟悉 Alpha 套利的基本概念、原理。掌握股指期货套期保值交易实务，主要包括套期保值的使用者、套期保值方向、套期保值合约份数计算；掌握套期保值与期现套利的区别；熟悉股指期货投资的风险。

熟悉风险度量方法的历史演变；掌握 VaR 的概念与计算的基本原理；熟悉 VaR 计算的主要方法及优缺点；熟悉 VaR 的主要应用及在使用中应注意的问题。

二、本章知识体系

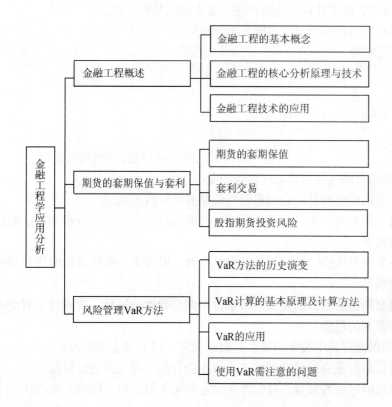

三、同步强化练习题及参考答案

同步强化练习题

一、单项选择题

1. 金融工程（Financial Engineering）是 20 世纪（ ）在西方发达国家兴起的一门新兴学科。
   - A. 80 年代中后期
   - B. 80 年代早期
   - C. 70 年代早期
   - D. 70 年代后期

2. 以下不属于原生金融工具的有（ ）。
   - A. 外汇
   - B. 货币
   - C. 债券
   - D. 期权

3. 金融工程的核心分析原理是（ ）。
   - A. 无套利均衡理论
   - B. MM 理论
   - C. 波浪理论
   - D. 道氏理论

4. 目前，不是主要的风险管理工具有（ ）。
   - A. 远期
   - B. 期货
   - C. 期权
   - D. 股票

5. 以下不属于运用风险管理工具进行风险控制主要方法的是（ ）。
   - A. 通过多样化的投资组合降低乃至消除非系统风险
   - B. 将风险资产进行对冲
   - C. 购买债券
   - D. 购买损失保险

6. 套期保值效果的好坏取决于（ ）的变化。
   - A. 股价
   - B. 基差
   - C. 合约价格
   - D. 购买合约至行权的时间间隔长短

7. 以下关于股指期货的套期保值交易叙述错误的是（ ）。
   - A. 利用股指期货套期保值的目的是规避股票价格波动导致的风险
   - B. 与股市相关的避险工具并非只有股指期货，在发达市场中，还有股指期权、股票期货、股票期权等
   - C. 尽管保值交易是厌恶风险、拒绝投机的交易行为，但实质上投资者何时进行保值仍具有投机的属性
   - D. 利用股指期货套期保值的目的是规避股票价格波动导致的风险，实现这一目的不会放弃进一步获利的可能

8. 在股指期货的套期保值交易中关于期货合约数量确定，以下叙述错误的是（ ）。
   - A. 期货的套期保值最为重要的是要回答买卖多少份合约才能完全进行保值
   - B. 为了比较准确地确定合约数量，首先需要确定套期保值比率（Hedge Ratio）

C. 一般来说，有绝对精确的方法计算套期保值比率

D. 套期保值比率是指为达到理想的保值效果，套期保值者在建立交易头寸时所确定的期货合约的总值与所保值的现货合同总价值之间的比率关系

9. 以下关于 β 系数叙述错误的是（　　）。

A. 基本含义是指当指数变化 1‰时证券投资组合变化的百分比

B. 如果一个现货组合的 β 值越大，则需要对冲的合约份数就越多

C. 计算投资组合的 β 系数可以选择回归法

D. 如果一个现货组合的 β 值越大，则需要对冲的合约份数就越少

10. 以下不是进行套期保值操作要遵循的基本原则是（　　）。

A. 买卖方向对应的原则　　　　　B. 品种相同原则

C. 品种不同原则　　　　　　　　D. 数量相等原则

11. 以下关于在两种资产之间进行套利交易的前提条件正确的是（　　）。

A. 两种资产的价格差或比率存在一个合理的区间

B. 一旦两个价格的运动偏离这个区间，它们不会回到合理对比关系上

C. 两种资产的价格差可以任意

D. 两种资产的比率可以任意

12. 当期货市场上不存在与需要保值的现货一致的品种时，人们会在期货市场上寻找与现货（　　）的品种，以其作为替代品进行套期保值。

A. 在功能上互补性强　　　　　　B. 期限相近

C. 功能上比较相近　　　　　　　D. 地域相同

13. 大多数套期保值者持有的股票并不与指数结构一致，因此，在股指期货套期保值中通常都采用（　　）方法。

A. 互换套期保值交易　　　　　　B. 连续套期保值交易

C. 系列套期保值交易　　　　　　D. 交叉套期保值交易

14. 关于套利，以下说法正确的是（　　）。

A. 套利最终盈亏取决于两个不同时点的价格变化

B. 套利获得利润的关键是差价的变动

C. 套利和期货投机是截然不同的交易方式

D. 套利属于单向投机

15. （　　）是指根据指数现货与指数期货之间价差的波动进行套利。

A. 市场内价差套利　　　　　　　B. 市场间价差套利

C. 期现套利　　　　　　　　　　D. 跨品种价差套利

16. （　　）又被称为跨期套利。

A. 市场内价差套利　　　　　　　B. 市场间价差套利

C. 期现套利　　　　　　　　　　D. 跨品种价差套利

17. （　　）是测量市场因子每个单位的不利变化可能引起的投资组合的损失。

A. 名义值法　　　　　　　　　　B. 敏感性法

C. 波动性法　　　　　　　　　　D. VaR 法

18. VaR 方法是（　　）开发的。
    A. 联合投资管理公司
    B. Morgan
    C. 费纳蒂
    D. 米勒

19. （　　）是使用合理的金融理论和数理统计理论，定量地对给定的资产所面临的市场风险给出全面的度量。
    A. 名义值法
    B. 敏感性法
    C. 波动性法
    D. VaR 法

20. 德尔塔—正态分布法中，VaR 取决于两个重要的参数，即（　　）。
    A. 持有期和标准差
    B. 持有期和置信度
    C. 标准差和置信度
    D. 标准差和期望收益率

21. 国际清算银行规定的作为计算银行监管资本 VaR 持有期为 10 天，置信水平通常选择（　　）。
    A. 90%～99%
    B. 90%～95%
    C. 95%～99%
    D. 95%～99.9%

22. （　　）计算 VaR 时，其市场价格的变化是通过随机数模拟得到。
    A. 局部估值法
    B. 德尔塔正态分布法
    C. 历史模拟法
    D. 蒙特卡罗模拟法

23. （　　）标志着证券监管部门对券商监管资本的要求与巴塞尔委员会对银行的监管资本要求已趋于一致。
    A. 30 国集团推广 VaR 模型
    B. 1995 年 12 月美国证券交易委员会发布的加强市场风险披露建议要求
    C. 美国证券交易委员会对券商净资本监管修正案
    D. 1996 年的资本协议市场风险补充规定

24. 市场间价差套利最典型的是（　　）。
    A. 道琼斯指数
    B. 恒生指数
    C. 日经 225 指数
    D. 标准普尔指数

25. （　　）是指某一特定地点的同一商品现货价格在同一时刻与期货合约价格之间的差额。
    A. 凹性
    B. 基差
    C. 凸性
    D. 曲率

26. 股指期货是一种标的为（　　）的金融期货。
    A. 股票指数
    B. 期货指数
    C. 基金指数
    D. 期权指数

27. 金融工程运作的步骤中，（　　）是指根据当前的体制、技术和金融理论找出解决问题的最佳方案。
    A. 诊断
    B. 分析
    C. 生产
    D. 修正

28. 关于股指期货套利方式中期现套利的实施步骤，下列说法不正确的是（　　）。

A. 套利机会转瞬即逝，所以无套利区间的计算应该及时完成

B. 确定交易规模时应考虑预期的获利水平和交易规模大小对市场冲击的影响

C. 先后进行股指期货合约和股票交易

D. 套利头寸的了结有三种选择

29. 一个证券组合与指数的涨跌关系通常是依据(　　)予以确定。

A. 资本资产定价模型　　　　　　B. 套利定价模型

C. 市盈率定价模型　　　　　　　D. 布莱克—斯科尔斯期权定价模型

30. 通过电子化交易系统，进行实时、自动买卖的程序交易，以调整仓位，这种做法称(　　)。

A. 静态套期保值策略　　　　　　B. 动态套期保值策略

C. 主动套期保值策略　　　　　　D. 被动套期保值策略

31. 某公司想运用 4 个月期的沪深 300 股票指数期货合约来对冲某个价值为 500 万元的股票组合，当时的指数期货价格为 3400 点，该组合的 β 值为 1.5。因而应卖出的指数期货合约数目为(　　)。

A. 7　　　　　　　　　　　　　B. 3

C. 4　　　　　　　　　　　　　D. 5

32. 香港交易所在 2006 年 5 月 12 日公布的客户保证金收取办法为：恒生指数期货维持保证金每张 41665 港元；跨月套期的维持保证金每对(　　)港元。

A. 3000　　　　　　　　　　　B. 6000

C. 1000　　　　　　　　　　　D. 5000

33. 目前某一基金的持仓股票组合的 β_s 为 1.2，如基金经理预测大盘将会下跌，他准备将组合的 β_p 降至 0.8，假设现货市值为 1 亿元，沪深 300 期货指数为 3000 点，β_f 为 1.25，则他可以在货币市场卖空的合约份数为(　　)。

A. 36　　　　　　　　　　　　B. 12

C. −36　　　　　　　　　　　D. 20

34. 如果交易者或对手（尽管投资者不知道交易对手是谁）出现强制性平仓，市场的剧烈变化或由于强行平仓制度没有得到严格执行造成的保证金不足以弥补亏损时，就会造成(　　)。

A. 信用风险　　　　　　　　　　B. 政策风险

C. 操作风险　　　　　　　　　　D. 结算风险

35. 70 年代末期布雷顿森林体系崩溃后，波动增加首先出现在(　　)，随后与美元挂钩的固定汇率制被浮动汇率制代替，利率波动频繁，幅度加大，于是波动增加蔓延到利率和商品价格上。

A. 货币市场　　　　　　　　　　B. 股票市场

C. 债券市场　　　　　　　　　　D. 期货市场

36. VaR 的应用真正兴起始于(　　)，30 国集团（G30，Group of Thirty）把它作为处理衍生工具的最佳典范方法进行推广。

A. 1995 年　　　　　　　　　　B. 1993 年

C. 1997 年　　　　　　　　　　　D. 1991 年

37. 1995 年 12 月美国证券交易委员会发布的加强市场风险披露建议要求，所有公开交易的美国上市公司都应该使用包括 VaR 在内的三种方法之一来披露公司有关衍生金融工具交易情况的信息。根据要求，VaR 计算采用（　　）的置信度（单尾）和 10 天持有期。

A. 95％　　　　　　　　　　　　B. 96％

C. 99％　　　　　　　　　　　　D. 100％

38. 在 2 月末，期货市场上正在交易的某一股指期货合约的 5 个交割月份合约分别为 3 月、4 月、6 月、9 月及 12 月。如投资者选择套期保值期 1 个月，则选择（　　）到期的合约比较好。

A. 4 月　　　　　　　　　　　　B. 6 月

C. 12 月　　　　　　　　　　　　D. 3 月

39. 假设投资基金投资组合包括三种股票，其股票价格分别为 50 元、20 元与 10 元，股数分别为 10000 股、20000 股与 30000 股，β 系数分别为 0.8、1.5 与 1，假设上海股指期货单张合约的价值是 100000 元，则需要的合约数量是（　　）。

A. 13　　　　　　　　　　　　　B. 15

C. 20　　　　　　　　　　　　　D. 10

40. 如 β 系数为 1.2，则表明当指数变化 1％时证券投资组合变化的百分比为（　　）。

A. 1.5％　　　　　　　　　　　　B. 1.2％

C. 2.4％　　　　　　　　　　　　D. 3％

二、多项选择题

1. 关于金融工程，下列说法正确的有（　　）。

A. 它是 20 世纪 90 年代中后期在西方发达国家兴起的一门新兴学科

B. 1998 年，美国金融学教授费纳蒂首次给出了金融工程的正式定义

C. 金融工程将工程思维引入金融领域

D. 金融工程是一门将金融学、统计学、工程技术、计算机技术相结合的交叉性学科

2. 广义的金融工程是指一切利用工程化手段来解决金融问题的技术开发，它包括（　　）。

A. 金融产品设计　　　　　　　　B. 金融产品定价

C. 交易策略设计　　　　　　　　D. 金融风险管理

3. 金融工序主要指运用金融工具和其他手段实现既定目标的程序和策略，它包括（　　）。

A. 金融工具的创新　　　　　　　B. 原生金融工具的设计

C. 金融工具运用的创新　　　　　D. 金融制度的设计

4. 关于卖出套期保值说法正确的是（　　）。

A. 卖出套期保值又称"空头套期保值"

B. 卖出套期保值是指现货商因担心价格下跌而在期货市场上卖出期货

C. 卖出套期保值目的是锁定卖出价格，免受价格下跌的风险

D. 在股指期货中，卖出套期保值是指在期货市场上卖出股指期货合约的套期保值行为

5. 关于买进套期保值说法正确的是（ ）。

　　A. 买进套期保值又称"多头套期保值"

　　B. 买进套期保值是指现货商因担心价格上涨而在期货市场上买入期货

　　C. 买进套期保值目的是锁定买入价格，免受价格上涨的风险

　　D. 在股指期货中，买进套期保值是指在期货市场上买进股指期货合约的套期保值行为，主要目的是规避股价上涨造成的风险

6. 以下关于金融工程说法正确的是（ ）。

　　A. 金融工程是金融业不断进行金融创新、提高自身效率的自然结果

　　B. 金融工程的应用范围来自于金融实践且全部应用于金融实践

　　C. 金融工程应用于公司金融

　　D. 金融工程应用于金融工具交易

7. 以下关于风险管理说法正确的是（ ）。

　　A. 风险管理是金融工程的核心内容之一

　　B. 主要的风险管理工具有：远期、期货、期权以及互换等衍生金融产品

　　C. 金融工程起源于对风险的管理

　　D. 在 20 世纪 80 年代中期，伦敦银行出现的金融工程师主要就是为公司的风险暴露提供结构化的解决方案

8. 金融工程应用的领域有（ ）。

　　A. 公司金融　　　　　　　　　　B. 金融工具交易

　　C. 投资管理　　　　　　　　　　D. 风险管理

9. 下列属于金融工程技术在公司金融方面的应用的是（ ）。

　　A. 垃圾债券　　　　　　　　　　B. 货币互换

　　C. 桥式融资　　　　　　　　　　D. 回购交易

10. 一般而言，进行套期保值操作要遵循的原则有（ ）。

　　A. 买卖方向对应的原则　　　　　B. 品种相同原则

　　C. 数量相等原则　　　　　　　　D. 月份相同或相近原则

11. 一价定律的实现条件不包括（ ）。

　　A. 两个市场之间不存在不合理差价

　　B. 有交易成本、无税收

　　C. 无不确定性存在

　　D. 两个市场间的流动和竞争必须是无障碍的

12. 关于套利交易，以下说法正确的有（ ）。

　　A. 套利行为有利于市场流动性的提高

　　B. 有利于被扭曲的价格关系恢复到正常水平

　　C. 价差越大，套利的积极性越高，套利的人也越多

　　D. 国际上绝大多数交易所都对自己可以控制的套利交易采取鼓励和优惠政策

13. 套利面临的风险有( )。

    A. 政策风险   B. 市场风险

    C. 操作风险   D. 资金风险

14. 目前已经上市的关于中国概念的股指期货有( )。

    A. 美国芝加哥期权交易所的中国股指期货

    B. 沪深 300 指数期货

    C. 新加坡新华富时中国 50 指数期货

    D. 香港以恒生中国企业指数为标的的期货合约

15. 名义值法、敏感性法、波动性法的缺陷是( )。

    A. 不能回答有多大的可能性会产生损失

    B. 无法度量不同市场中的总风险

    C. 不能将各个不同市场中的风险加总

    D. 都是利用统计学原理对历史数据进行分析

16. VaR 法来自于( )的融合。

    A. 资产波动性分析方法   B. 资产定价和资产敏感性分析方法

    C. 对风险因素的统计分析   D. 对风险因素的定性分析

17. 根据 VaR 法，"时间为 1 天，置信水平为 95%，所持股票组合的 VaR＝1000 元"的含义是( )。

    A. 当天该股票组合最大损失超过 1000 元的概率为 95%

    B. 明天该股票组合有 5% 的把握，其最大损失不会超过 1000 元

    C. 明天该股票组合有 95% 的可能，其最大损失会超过 1000 元

    D. 明天该股票组合最大损失超过 1000 元只有 5% 的可能

18. 关于 VaR 法，以下说法正确的有( )。

    A. 它可以测量不同市场因子、不同金融工具构成的复杂证券组合和不同业务部门的总体市场风险暴露

    B. 提供了一个统一的方法来测量风险

    C. 使得不同类型资产的风险之间具有可比性

    D. 简单直观地描述了投资者在未来某一给定时期内所面临的市场风险

19. VaR 的计算方法有( )。

    A. 局部估值法   B. 德尔塔—正态分布法

    C. 历史模拟法   D. 蒙特卡罗模拟法

20. 历史模拟法在计算 VaR 时具有( )的优点。

    A. 概念直观、计算简单   B. 无须进行分布假设

    C. 可以有效处理非对称和厚尾问题   D. 计算量较小

21. 在 1993 年之后的 5 年中，巴塞尔银行监管委员会、美国证券交易委员会以及国际互换与衍生工具协会（ISDA）都要求金融机构基于 VaR 来确定( )。

    A. 内部风险资本计提   B. 内部风险控制

    C. 风险披露   D. 交易员的业绩

22. 套利对期货市场的作用(　　)。

    A. 有利于被扭曲的价格关系恢复到正常水平

    B. 有利于市场流动性的提高

    C. 对于排除或减弱市场垄断力量、保证交易者的正常进出和套期保值操作的顺利
    实现具有很大的好处

    D. 抑制过度投机

23. 套期保值的形式有(　　)。

    A. 买进套期保值　　　　　　　　　　B. 多头套期保值

    C. 卖出套期保值　　　　　　　　　　D. 空头套期保值

24. 鉴于传统风险管理存在的缺陷,现代风险管理强调采用以 VaR 为核心,辅之敏感
    性和压力测试等形成不同类型的风险限额组合。其主要有以下的优势(　　)。

    A. VaR 限额是动态的,可以捕捉到市场环境和不同业务部门组合成分的变化

    B. VaR 限额结合了杠杆效应和头寸规模效应

    C. VaR 允许人们汇总和分解不同市场和不同工具的风险,从而能够使人们深入了
    解整个企业的风险状况和风险源

    D. VaR 考虑了不同组合的风险分散效应

25. VaR 方法有缺陷,在使用过程中应当关注以下几个方面的问题(　　)。

    A. VaR 没有给出最坏情景下的损失　　B. VaR 的度量结果存在误差

    C. 头寸变化造成风险失真　　　　　　D. VaR 会受到样本变化的影响

26. 运用风险管理工具进行风险控制的方法有(　　)。

    A. 通过多样化的投资组合降低乃至消除非系统风险

    B. 将风险资产进行对冲

    C. 集中投资、长期持有

    D. 购买损失保险

27. 股指期货卖出套期保值主要情况有(　　)。

    A. 机构大户手中持有大量股票,但看空后市

    B. 长期持股的大股东,但看空后市

    C. 交易者在股票或股指期权上持有空头看涨期权

    D. 机构投资者现在拥有大量资金,计划按现行价格买进一组股票

28. 股指期货理论价格的决定主要取决于(　　)。

    A. 现货指数水平　　　　　　　　　　B. 构成指数的成分股股息收益

    C. 利率水平　　　　　　　　　　　　D. 距离合约到期的时间

29. 关于股指期货的跨期套利,下列说法正确的有(　　)。

    A. 按操作方向的不同,可分为牛市套利和熊市套利

    B. 牛市套利认为较近交割期的股指期货合约的涨幅将大于较远交割期合约

    C. 熊市套利者会卖出近期的股指期货合约,买入远期的股指期货合约

    D. 跨期套利即市场间价差套利

30. 关于 Alpha 套利,下列说法正确的有(　　)。

A. Alpha 套利策略一般希望股票（组合）的 Alpha 为零

B. Alpha 策略又称绝对收益策略

C. Alpha 策略并不依靠对股票（组合）或大盘的趋势判断，而是研究其相对于指数的相对投资价值

D. Alpha 套利是借助市场中一些事件机会，利用金融模型分析事件的方向及力度，寻找套利机会

31. 关于市场内价差套利，下列说法正确的是（　　）。

A. 指针对不同交易所上市的同一种品种、同一交割月份的合约进行价差套利

B. 可分为牛市套利和熊市套利

C. 做牛市套利的投资者会买入近期股指期货，卖出远期股指期货

D. 做熊市套利的投资者会买入近期股指期货，卖出远期股指期货

32. 下列关于金融工程的核心分析原理与技术说法正确的是（　　）。

A. 金融工程的核心分析原理是无套利均衡理论

B. 无套利均衡原理是金融工程分析的核心原理，对于无套利均衡思想的深刻理解是每一个金融工程师的基本素质

C. 金融工程的核心分析技术是组合与分解技术

D. 金融工程的诸多环节都与无套利均衡思想密不可分，其促使大量金融工程产品被创造出来得以广泛应用

33. 金融工程作为金融创新的手段，其运作包括（　　）。

A. 诊断：识别金融问题的实质与根源

B. 分析：根据当前的体制、技术和金融理论找出解决问题的最佳方案

C. 定价：在生产成本和收益的权衡中确定新产品的合理价格

D. 修正：依据不同客户的需求进行修正

34. 关于金融工程技术的应用正确的是（　　）。

A. 金融工程应用于四大领域：公司金融、金融工具交易、投资管理和风险管理

B. 金融工程用于证券及衍生产品的交易，主要是开发具有套利性质的交易工具和交易策略

C. 与公司理财密切相关的兼并与收购，也是金融工程重要应用领域之一

D. 在投资方面，金融工程师开发出了各种各样的短、中、长期投资工具，用以满足不同投资群体、具有不同风险—收益偏好的投资者需求

35. 有关套利的基本原理说法正确的是（　　）。

A. 套利是指在买入（卖出）一种资产的同时卖出（买入）另一个暂时出现不合理价差的相同或相关资产，并在未来某个时间将两个头寸同时平仓获取利润的交易方式

B. 套利的经济学原理是一价定律

C. 一价定律的实现是有条件的，那就是两个市场间的流动和竞争必须是无障碍的，而且无交易成本、无税收和无不确定性存在

D. 从理论上讲，基于同一风险源的相同或不同交易品种的价格之间具有严格的函

数关系。当其价格偏离这种函数关系的程度超过套利交易中各项成本之和时，才出现套利机会

36. 套利交易对期货市场的作用有（　　）。

A. 套利交易是一种特殊的投机形式，这种投机的着眼点是价差，因而对期货市场的正常运行起到了非常有益的作用

B. 有利于被扭曲的价格关系恢复到正常水平

C. 套利交易增加了期货市场的交易量，提高了期货交易的活跃程度

D. 如果市场有大量的套利者存在，过度投机行为会被有效抑制

37. 关于股指期货套利说法正确的是（　　）。

A. 在股指期货运行过程中，若产生偏离现货（股票指数），或各不同到期月份合约之间的价格偏离程度大于交易成本、冲击成本、资金机会成本等各项成本总和时，即可进行股指期货的套利交易

B. 期现套利是根据指数现货与指数期货之间价差的波动进行套利

C. 期货和现货之间套利，称之为"期现套利"（Arbitrage）

D. 在不同的期货合约之间进行价差交易套利（Spread Trading），其又可以细分为市场内价差套利（Intremarket Spread）、市场间价差套利（Intermarket Spread）和跨品种价差套利（Intercommodity Spread）

38. 关于跨品种价差套利说法正确的是（　　）。

A. 跨品种价差套利是指对两个具有相同交割月份但不同指数的期货价格差进行套利

B. 已经上市的关于中国概念的股指期货有四种

C. 两个指数期货可以在同一交易所交易，也可以在不同的交易所交易

D. 两个指数间必须有一定的相关性，并且相关性越大越好

39. 关于股指期货的套期保值交易说法正确的是（　　）。

A. 利用股指期货套期保值的目的是规避股票价格波动导致的风险

B. 一些拥有庞大资金的交易专家在进行避险交易时，通常不会在一个价位上将风险全部锁定，而是愿意采用动态的避险策略

C. 与股市相关的避险工具并非只有股指期货，在发达市场中，还有股指期权、股票期货、股票期权等

D. 期货的套期保值最为重要的是要回答买卖多少份合约才能完全进行保值

40. 以下说法正确的是（　　）。

A. 利用股指期货套期保值的目的是规避股票价格波动导致的风险

B. 已经上市的关于中国概念的股指期货有四种

C. 期货和现货之间套利，称之为"期现套利"（Arbitrage）

D. 如果市场有大量的套利者存在，过度投机行为会被有效抑制

三、判断题

1. 广义的金融工程主要是指利用先进的数学及通信工具，在各种现有基本金融产品的基础上进行不同形式的组合分解，以设计出符合客户需要并具有特定风险与收益的

新的金融产品。（　　）

　　A. 正确　　　　　　　　　　　　B. 错误

2. 金融工程是一门将金融学、统计学、工程技术、计算机技术相结合的交叉性学科。（　　）

　　A. 正确　　　　　　　　　　　　B. 错误

3. 套利活动是对冲原则的具体运用，在市场均衡无套利机会时的价格就是无套利分析的定价基础。（　　）

　　A. 正确　　　　　　　　　　　　B. 错误

4. 现有的大多数金融工具或金融产品都有其特定的结构形式与风险特性。（　　）

　　A. 正确　　　　　　　　　　　　B. 错误

5. 无论运用传统的有效组合技术管理风险还是运用分解技术来拆分风险、分离风险，都只能降低风险而不能彻底消除金融工具或产品本身的风险。（　　）

　　A. 正确　　　　　　　　　　　　B. 错误

6. 金融工程是金融业不断进行金融创新、提高自身效率的自然结果，其原因在于金融工程的应用范围来自于金融实践且全部应用于金融实践。概括地说，金融工程应用于四大领域：公司金融、金融工具交易、投资管理和风险管理。（　　）

　　A. 正确　　　　　　　　　　　　B. 错误

7. 布莱克—斯科尔斯期权定价理论等都采用了无套利均衡定价原理。（　　）

　　A. 正确　　　　　　　　　　　　B. 错误

8. 套期保值是以规避现货风险为目的的期货交易行为。（　　）

　　A. 正确　　　　　　　　　　　　B. 错误

9. 拥有庞大资金的交易专家在进行避险交易时，通常会一次性针对所有持股进行保值避险。（　　）

　　A. 正确　　　　　　　　　　　　B. 错误

10. 套利的经济学原理是差价定律。（　　）

　　A. 正确　　　　　　　　　　　　B. 错误

11. 在两种资产之间进行套利交易的前提条件是：两种资产的价格差或比率存在一个合理的区间，并且一旦两个价格的运动偏离这个区间，它们迟早又会重新回到合理对比关系上。（　　）

　　A. 正确　　　　　　　　　　　　B. 错误

12. 套利的潜在利润基于价格的上涨或下跌。（　　）

　　A. 正确　　　　　　　　　　　　B. 错误

13. 套利是期货投机的特殊方式，其丰富和发展了期货投机的内容，并使期货投机不仅仅局限于期货合约绝对价格的水平变化，而是更多地转向期货合约相对价格的水平变化。（　　）

　　A. 正确　　　　　　　　　　　　B. 错误

14. 套利是期货投机的特殊方式，具有较高的交易风险，从而很难获得较为稳定的交易收入。（　　）

A. 正确 B. 错误

15. 当交易所涨跌停板制度、交割制度发生变化时，套利行为同样受到影响。（ ）

A. 正确 B. 错误

16. 市场间差价套利是针对不同交易所上市的同一种品种同一交割月份的合约进行价差套利。（ ）

A. 正确 B. 错误

17. 跨品种价差套利中，两个指数之间相关性越大越好，但必须是在同一交易所交易的指数期货品种。（ ）

A. 正确 B. 错误

18. 套期保值与期现套利的相同之处在于两者的目的都是为了规避现货风险。（ ）

A. 正确 B. 错误

19. 名义值法作为风险的度量具有极强的指导意义。（ ）

A. 正确 B. 错误

20. 金融衍生品交易量飞快增长，金融市场变得越来越复杂，特别是针对金融衍生品的财务和披露规则无法跟上金融创新的步伐，使得对金融产品的估价和风险承担的度量变得非常困难。（ ）

A. 正确 B. 错误

21. VaR法在风险测量、监管等领域获得广泛应用，成为金融市场风险测度的主流。（ ）

A. 正确 B. 错误

22. 德尔塔—正态分布法大大简化了计算量，且有效地处理了实际数据中的厚尾现象。（ ）

A. 正确 B. 错误

23. 通过对每个交易员、交易单位和整个机构设置VaR限额，可以使每个交易员、交易单位及整个金融机构都确切地明了他们所进行的金融交易有多大风险，有效防止过度投机行为的出现。（ ）

A. 正确 B. 错误

24. VaR模型应用的真正兴起始于1996年的资本协议市场风险补充规定。巴塞尔监管委员会指出，银行可以运用经过监管部门审查的内部模型来确定市场风险的资本充足性要求，并推荐了VaR方法。（ ）

A. 正确 B. 错误

25. 分解技术是拆开风险、分离风险因素、使一系列风险从根本上得以消除。（ ）

A. 正确 B. 错误

26. 事实上，金融工程起源于对风险的管理。（ ）

A. 正确 B. 错误

27. 在套期保值中，一般希望持有的股票（组合）具有正的超额收益。（ ）

A. 正确 B. 错误

28. 国家汇率政策出现重大改变，属于套利面临的政策风险。（ ）

A. 正确 B. 错误

29. 熊市套利者认为,近期合约的跌幅将大于远期合约。(　　)

    A. 正确　　　　　　　　　　　　　　B. 错误

30. 在股指期货期现套利中,现货指数本身能直接买卖。(　　)

    A. 正确　　　　　　　　　　　　　　B. 错误

31. 跨品种价差套利是指对两个具有不同交割月份但不同指数的期货价格差进行套利。(　　)

    A. 正确　　　　　　　　　　　　　　B. 错误

32. 市场内价差套利是指在不同交易所内针对同一品种但不同交割月份的期货合约之间进行套利。(　　)

    A. 正确　　　　　　　　　　　　　　B. 错误

33. 股指期货套利不要求股指期货和股票买卖同步进行。(　　)

    A. 正确　　　　　　　　　　　　　　B. 错误

34. 一价定律的实现是无条件的。(　　)

    A. 正确　　　　　　　　　　　　　　B. 错误

35. 基差走弱,不利于买进套期保值者。(　　)

    A. 正确　　　　　　　　　　　　　　B. 错误

36. 一些拥有庞大资金的交易专家在进行避险交易时,通常会在一个价位上将风险全部锁定。(　　)

    A. 正确　　　　　　　　　　　　　　B. 错误

37. 一般来说,有绝对精确的方法计算套期保值比率。(　　)

    A. 正确　　　　　　　　　　　　　　B. 错误

38. 典型的套期保值应当是在现货和期货市场上同时或相近时间内建立方向相同的头寸,在套期保值结束时,在两个市场将原有的头寸进行反向操作。(　　)

    A. 正确　　　　　　　　　　　　　　B. 错误

39. 期货套利相对于单向投机而言,具有相对较高的交易风险。(　　)

    A. 正确　　　　　　　　　　　　　　B. 错误

40. VaR 的全面性、简明性、实用性决定了其在金融风险管理中有着广泛的应用基础,主要表现在风险管理与控制、资产配置与投资决策、绩效评价和风险监管等方面。(　　)

    A. 正确　　　　　　　　　　　　　　B. 错误

41. 1998 年,美国金融学教授费纳蒂(Finnerty)首次给出了金融工程的正式定义:金融工程包括新型金融工具与金融工序的设计、开发与实施,并为金融问题提供创造性的解决办法。该定义不仅强调了对金融工具的运用,而且还强调了金融工具的重要性。(　　)

    A. 正确　　　　　　　　　　　　　　B. 错误

42. 无论是广义还是狭义的概念,作为一门新兴学科,金融工程可以被认为是将工程思维引入金融领域,综合地采用各种工程技术(主要有数学建模、数值计算、网络图解和仿真技术等)设计、开发和实施新型的金融工具和金融工序,创造性地解决各

种金融问题。它是一门将金融学、统计学、工程技术、计算机技术相结合的交叉性学科。（　　）

A. 正确　　　　　　　　　　　B. 错误

43. 利用股票和无风险证券构成的组合可以复制欧式看涨期权的现金流。这种复制是一种动态复制技术，在期权有效期内需视市场动态对组合头寸不断调整以维持无套利均衡关系。（　　）

A. 正确　　　　　　　　　　　B. 错误

44. 运用风险管理工具进行风险控制主要有两种方法：其一，通过多样化的投资组合降低乃至消除非系统风险；其二，转移系统风险。转移系统风险的方法主要有两种：将风险资产进行对冲（如利用股票指数期货和现货进行对冲）和购买损失保险。（　　）

A. 正确　　　　　　　　　　　B. 错误

45. 对股指期货而言，由于交易的股指是由特定的股票构成的，如 S&P500 指数、沪深300 指数，只有完全按照指数结构买卖的股票才符合品种相同原则。事实上，大多数套期保值者持有的股票并不与指数结构一致。（　　）

A. 正确　　　　　　　　　　　B. 错误

46. 由于具有诸多好处，国际上绝大多数交易所都对自己可以控制的套利交易采取鼓励和优惠政策。比如，只要套利在同一交易所进行，交易所会实施较低的保证金和较低的手续费优惠措施，并且开设套利交易通道。（　　）

A. 正确　　　　　　　　　　　B. 错误

47. 当交易所、期货经纪公司为控制可能出现的市场风险，提高保证金比例时，双向持仓的套利账户如果得不到相关政策的保护和照顾，同时持仓数量比较大，可能要被迫减持头寸，最终会影响套利交易的投资收益。资金风险的规避需要一个动态资金管理模型来管理资金，动态调整持仓比例，以达到在控制资金风险的情况下获得最大资金使用效率的目的。（　　）

A. 正确　　　　　　　　　　　B. 错误

48. 当交易所、期货经纪公司为控制可能出现的市场风险，提高保证金比例时，双向持仓的套利账户如果得不到相关政策的保护和照顾，同时持仓数量比较大，可能要被迫减持头寸，最终会影响套利交易的投资收益。资金风险的规避需要一个动态资金管理模型来管理资金，动态调整持仓比例，以达到在控制资金风险的情况下获得最大资金使用效率的目的。（　　）

A. 正确　　　　　　　　　　　B. 错误

49. 市场风险是由于价格波动引起的风险。宏观经济、政策和交易制度的变化、市场供求关系的变化等导致市场价格变化。价格的变化会引起单向头寸（多头或空头）的直接损失，或是由于追加保证金造成强行平仓风险，或由于价格的相对变化（价差变化）引起的套期保值和套利基差风险。（　　）

A. 正确　　　　　　　　　　　B. 错误

50. VaR 是描述市场在正常情况下可能出现的最大损失，但市场有时会出现令人意想不到的突发事件,这些事件会导致投资资产出现巨大损失,而这种损失是 VaR 很难测量到的。因此,人们提出压力测试或情景分析方法,以测试极端市场情景下投资资产的最大潜在损失。(   )

A. 正确　　　　　　　　　　　　　　B. 错误

参考答案

一、单项选择题

1. A	2. D	3. A	4. D	5. D
6. B	7. D	8. C	9. D	10. C
11. A	12. C	13. D	14. B	15. C
16. A	17. B	18. B	19. D	20. B
21. C	22. D	23. C	24. C	25. B
26. A	27. B	28. C	29. A	30. B
31. A	32. B	33. C	34. D	35. A
36. B	37. C	38. D	39. A	40. B

二、多项选择题

1. BCD	2. ABCD	3. AC	4. ABCD	5. ABCD
6. ABCD	7. ABCD	8. ABCD	9. AC	10. ABCD
11. AB	12. ABCD	13. ABCD	14. ABCD	15. ABC
16. BC	17. BD	18. ABCD	19. ABCD	20. ABC
21. ABC	22. ABCD	23. ABCD	24. ABCD	25. ABCD
26. ABD	27. AB	28. ABCD	29. AB	30. BCD
31. BC	32. ABCD	33. ABCD	34. ABCD	35. ABCD
36. ABCD	37. ABCD	38. ABCD	39. ABCD	40. ABCD

三、判断题

1. B	2. A	3. A	4. A	5. B
6. A	7. A	8. A	9. B	10. B
11. A	12. B	13. A	14. B	15. A
16. A	17. B	18. B	19. B	20. A
21. A	22. B	23. A	24. B	25. A
26. A	27. B	28. B	29. A	30. B
31. B	32. B	33. B	34. B	35. B
36. B	37. B	38. B	39. B	40. A
41. A	42. A	43. A	44. A	45. A
46. A	47. A	48. A	49. A	50. A

第九章　证券投资咨询业务与证券
分析师、证券投资顾问

一、本章考纲

掌握我国证券分析师与财务投资顾问的基本内涵；熟悉证券分析师与投资顾问的区别。

掌握证券投资咨询业务分类及其意义；掌握证券投资顾问业务和发布证券研究报告的区别和联系；熟悉发布证券研究报告的业务模式、流程管理与合规管理及证券投资顾问的业务模式与流程管理；熟悉证券投资顾问业务和发布证券研究报告与证券经纪业务的关系、与证券资产管理业务的关系及与证券承销保荐、财务顾问业务的关系。

掌握我国涉及证券投资咨询业务的现行法律法规；掌握《证券法》、《证券、期货投资咨询管理暂行办法》、《发布证券研究报告暂行规定》和《证券投资顾问业务暂行规定》、《关于规范面向公众开展的证券投资咨询业务行为若干问题的通知》以及《证券公司内部控制指引》的主要内容；掌握职业道德的十六字原则与职业责任；掌握《证券业从业人员执业行为准则》规定的特定禁止行为；熟悉《国际伦理纲领、职业行为标准》对投资分析师行为标准的主要规定内容。

熟悉建立我国证券分析师自律组织的必要性；熟悉证券分析师自律组织的性质、会员组成及主要功能；熟悉国际注册投资分析师协会、亚洲证券与投资联合会等国外主要证券分析师自律组织的状况；熟悉国际注册投资分析师水平考试（CIIA考试）的特点、考试内容及在我国的推广情况。

二、本章知识体系

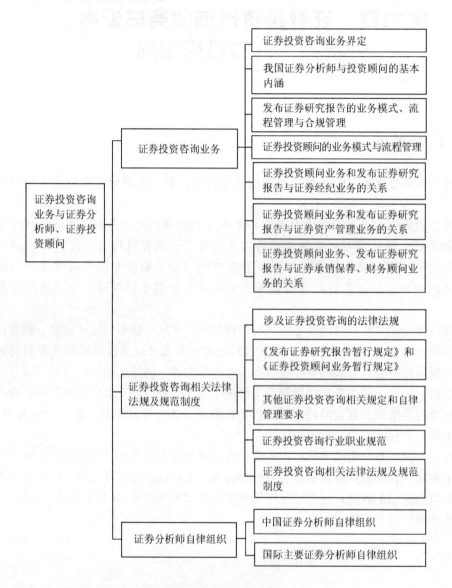

三、同步强化练习题及参考答案

同步强化练习题

一、单项选择题

1. ( )中国证券分析师协会正式被接受成为 ACIIA 的会员。

A. 2001 年 6 月   B. 2001 年 11 月

C. 2002 年 6 月   D. 2002 年 11 月

2. 通过 CIIA 考试的人员，如果拥有在财务分析、资产管理或投资等领域（　　）以上相关的工作经历，即可获得由国际注册投资分析师协会授予的 CIIA 称号。

　　A. 8 年　　　　　　　　　　　　B. 2 年

　　C. 3 年　　　　　　　　　　　　D. 5 年

3. 在中国证券业协会的积极努力下，ACIIA 于（　　）认可通过中国证券业协会从业人员资格考试全部五门考试的人员，可免试基础标准知识考试，而直接报名参加最终考试。

　　A. 2005 年 2 月　　　　　　　　B. 2005 年 3 月

　　C. 2004 年 2 月　　　　　　　　D. 2004 年 3 月

4. CIIA 考试中，国际通用知识考试包括基础考试和最终资格考试。其中，基础知识考试教材采用瑞士协会所编的教材，其考试课程及内容认可有效期限为（　　）。

　　A. 1 年　　　　　　　　　　　　B. 3 年

　　C. 5 年　　　　　　　　　　　　D. 10 年

5. ASAF 的宗旨是通过亚太地区证券分析师协会之间的交流与合作，促进证券分析行业的发展，提高亚太地区投资机构的效益。其注册地在（　　）。

　　A. 日本　　　　　　　　　　　　B. 韩国

　　C. 中国香港　　　　　　　　　　D. 澳大利亚

6. CFA 协会是一家全球性非营利专业机构。CFA 协会的前身是（　　）。

　　A. AIMR　　　　　　　　　　　B. FAF

　　C. EFFAS　　　　　　　　　　　D. ACIIA

7. （　　）原则是指证券分析师应当依据公开披露的信息资料和其他合法获得的信息，进行科学的分析研究，审慎、客观地提出投资分析、预测和建议。

　　A. 遵纪守法　　　　　　　　　　B. 谨慎客观

　　C. 勤勉尽职　　　　　　　　　　D. 公正公平

8. （　　）原则，是指执业者提出的建议和结论不得违背社会公共利益。

　　A. 遵纪守法　　　　　　　　　　B. 独立诚信

　　C. 勤勉尽职　　　　　　　　　　D. 公正公平

9. 拉丁美洲金融分析师和投资经理协会联盟以（　　）协会为中心，于 1998 年召开成立大会。

　　A. 巴西　　　　　　　　　　　　B. 墨西哥

　　C. 阿根廷　　　　　　　　　　　D. 智利

10. 《证券法》规定，在证券交易活动中作出虚假陈述或者信息误导的，责令改正，处以（　　）的罚款。

　　A. 5 万元以上 10 万元以下　　　B. 3 万元以上 20 万元以下

　　C. 5 万元以上 30 万元以下　　　D. 10 万元以上 50 万元以下

11. ASAF 秘书处设在（　　）。

　　A. 日本　　　　　　　　　　　　B. 韩国

　　C. 中国香港　　　　　　　　　　D. 澳大利亚

12. 亚洲证券分析师联合会的简称为（   ）。
    A. AIMR   B. EFFAS
    C. ASAF   D. ACIIA

13. 中国证券业协会证券分析师专业委员会的任务不包括（   ）。
    A. 制定证券投资咨询行业自律性公约   B. 制定证券分析师职业行为准则
    C. 制定证券分析师行业法规   D. 制定证券分析师职业道德规范

14. 中国证券业协会证券分析师专业委员会于（   ）在北京成立。
    A. 2000 年 5 月   B. 2000 年 7 月
    C. 2001 年 1 月   D. 2001 年 6 月

15. 我国证券分析师执业道德的十六字原则是（   ）。
    A. 公开公平、独立诚信、谨慎客观、勤勉尽职
    B. 独立透明、诚信客观、谨慎负责、公平公正
    C. 独立诚信、谨慎客观、勤勉尽职、公正公平
    D. 独立诚实、谨慎客观、勤勉尽职、公正公平

16. CIIA 考试每年举行两次，时间一般定于（   ）。
    A. 5 月和 9 月   B. 6 月和 12 月
    C. 4 月和 8 月   D. 3 月和 9 月

17. 欧洲证券分析师公会，成立于 1962 年，由欧洲 19 个国家的协会组成，其总部位于
    （   ）。
    A. 瑞士苏黎世   B. 荷兰阿姆斯特丹
    C. 英国伦敦   D. 德国法兰克福

18. 1998 年，（   ）通过了《国际伦理纲领、职业行为标准》。
    A. EFFAS   B. CFA
    C. ICIA   D. ASIF

19. （   ）原则是指证券分析师应当诚实守信，高度珍惜证券分析师的职业信誉；在执业过程中应当坚持独立判断原则，不因上级、客户或其他投资者的不当要求而放弃自己的独立立场。
    A. 独立诚信   B. 谨慎客观
    C. 勤勉尽职   D. 公正公平

20. （   ）原则，是指证券分析师应当本着对客户与投资者高度负责的精神执业，对与投资分析、预测及咨询服务相关的主要因素进行尽可能全面、详尽、深入的调查研究，采取必要的措施避免遗漏与失误，切实履行应尽的职业责任，向投资者或客户提供规范的专业意见。
    A. 独立诚信   B. 谨慎客观
    C. 勤勉尽职   D. 公正公平

21. （   ）是指证券公司、证券投资咨询机构接受客户委托，按照约定，向客户提供涉及证券及证券相关产品的投资建议服务，辅助客户作出投资决策，并直接或者间接获取经济利益的经营活动。

    A. 证券经纪业务　　　　　　　　　　B. 证券自营业务

    C. 证券投资顾问业务　　　　　　　　D. 证券研发业务

22. 从法律法规出台的顺序来看，中国证监会对证券投资咨询从业人员的行政监管起于
    （　　　）。

    A. 1997 年　　　　　　　　　　　　B. 1996 年

    C. 1999 年　　　　　　　　　　　　D. 1998 年

23. 从内部控制的角度来看，（　　　）是内控制度的重点。

    A. 信息披露　　　　　　　　　　　　B. 执业回避

    C. 禁止荐股　　　　　　　　　　　　D. 隔离墙

24. （　　　）是证券公司一项重要的基础性制度。建立健全该项制度是证券公司实现有效
    内部控制的保障，也是业务发展中赢得客户和公众信任的基础。

    A. 执业回避　　　　　　　　　　　　B. 信息隔离墙制度

    C. 信息披露　　　　　　　　　　　　D. 诚信公正

25. 2002 年 12 月 13 日设立了中国证券业协会证券分析师委员会，成为中国证券业协会
    设立的（　　　）个专业委员会之一

    A. 9　　　　　　　　　　　　　　　B. 10

    C. 11　　　　　　　　　　　　　　D. 12

26. 2005 年，修订《中国证券分析师执业道德准则》并更名为（　　　）。

    A.《证券从业人员资格管理暂行规定》

    B.《中国证券业协会证券分析师职业道德守则》

    C.《证券分析师职业行为准则》

    D.《职业行为道德守则》

27. 我国证券分析师行业自律组织是（　　　）。

    A. 中国证券监督管理委员会

    B. 中国证券业协会

    C. 中国证券业协会证券分析师专业委员会

    D. 证券交易所投资分析师协会

28. 投资管理与研究协会（AIMR）是（　　　）。

    A. 北美的证券分析师组织　　　　　　B. 欧洲证券分析师的协会组织

    C. 亚洲证券分析师的协会组织　　　　D. 拉丁美洲证券分析师公会

29. （　　　）一般指证券机构担任证券公开发行活动的承销商或财务顾问，在本机构承销
    或管理的证券发行活动之前和之后的一段时期内，其研究人员不得对外发布关于该
    发行人的研究报告。

    A. 执业回避　　　　　　　　　　　　B. 信息隔离墙制度

    C. 信息披露　　　　　　　　　　　　D. 静默期

30. （　　　）的基本特征是接受客户全权委托，管理客户的资产。

    A. 证券咨询业务　　　　　　　　　　B. 证券资产管理业务

    C. 证券经纪业务　　　　　　　　　　D. 证券托管业务

31.《证券法》第二百零七条规定，在证券交易活动中作出虚假陈述或者信息误导的，责令改正，处以（　　）的罚款。该条款的主体包括证券投资咨询机构及证券投资咨询从业人员在内的一切机构与个人。

A. 3 万元以上 20 万元以下　　　　　　B. 5 万元以上 30 万元以下

C. 10 万元以上 30 万元以下　　　　　　D. 3 万元以上 10 万元以下

32.（　　）年证券分析师委员会制定了《中国证券分析师职业道德守则》，对证券分析师职业道德标准和行为方式进行了细化，建立了证券分析师职业道德的原则和纪律。

A. 2005　　　　　　　　　　　　　　　B. 2000

C. 2003　　　　　　　　　　　　　　　D. 2001

33. 通过 CIIA 考试的人员，如果拥有在财务分析、资产管理或投资等领域（　　）年以上相关的工作经历，即可获得由国际注册投资分析师协会授予的 CIIA 称号。

A. 1　　　　　　　　　　　　　　　　B. 2

C. 3　　　　　　　　　　　　　　　　D. 5

34. 中国证券业协会三届三次常务理事会（　　）通过《关于推广国际注册投资分析师水平考试的议案》，同意在国内水平考试的平台上引进国际注册投资分析师水平考试，将其作为高级证券分析师水平的衡量标准。

A. 2004 年 2 月 12 日　　　　　　　　B. 2004 年 3 月 12 日

C. 2002 年 2 月 12 日　　　　　　　　D. 2005 年 2 月 12 日

35. 证券投资顾问服务协议应当约定，自签订协议之日起（　　）个工作日内，客户可以书面通知方式提出解除协议。

A. 1　　　　　　　　　　　　　　　　B. 2

C. 3　　　　　　　　　　　　　　　　D. 5

二、多项选择题

1. 证券投资建议服务内容包括（　　）。

A. 投资的品种选择　　　　　　　　　　B. 投资组合

C. 理财规划建议　　　　　　　　　　　D. 证券法规的制定

2. 证券投资建议服务的基本原则是（　　）。

A. 守法合规　　　　　　　　　　　　　B. 诚实信用

C. 忠实客户利益　　　　　　　　　　　D. 勤勉尽责

3.《证券、期货投资咨询管理暂行办法》第二十二条规定，证券、期货投资咨询机构向投资人或者客户提供的证券、期货投资咨询传真件必须注明（　　）。

A. 机构名称　　　　　　　　　　　　　B. 机构地址

C. 联系电话　　　　　　　　　　　　　D. 联系人姓名

4. 证券分析师组织的功能主要有（　　）。

A. 为会员进行资格认证

B. 对会员进行职业道德、行为标准管理

C. 证券分析师组织还会定期或不定期地对证券分析师进行培训、组织研讨会、为会

员内部交流及国际交流提供支持等

    D. 监督证券分析师的行为规范

5. CIIA 考试由（　　）组成。

    A. 基础考试   B. 专业考试

    C. 最终考试   D. 综合考试

6. 下列属于 CIIA 考试的基本规则的是（　　）。

    A. 分析师考试内容分为由当地成员组织主办的当地国家知识考试（3 小时）和国际通用知识考试（15 小时）

    B. 国际通用知识考试由经过成员组提名的专家们严格挑选和过滤，由此避免对某成员组织的依赖

    C. 国际通用知识考试包括基础考试（9 小时、3 份试卷）和最终资格考试（6 小时、2 份试卷）

    D. 国际通用知识考试以世界主要语言进行，避免考生在语言上的障碍

7. 获得 CFA 证书需要通过三级考试，包括（　　）。

    A. 一级要求掌握财务分析、宏观/微观经济学及数理统计的基本理论

    B. 二级要求运用所学到的金融理论，比较并推荐最合理的投资工具

    C. 三级则要求深刻理解基金管理理论并通过案例分析作出投资决策

    D. 考试内容包括职业道德准则

8. 《国际伦理纲领、职业行为标准》提出的投资分析师道德规范原则是（　　）。

    A. 公平对待已有客户和潜在客户原则   B. 独立性和客观性原则

    C. 诚实守信原则   D. 信托责任原则

9. 2005 年新《证券法》规定，投资咨询机构及其从业人员从事证券服务业务不得有以下（　　）行为。

    A. 代理委托人从事证券投资

    B. 买卖本咨询机构提供服务的上市公司股票

    C. 利用传播媒介或者通过其他方式提供、传播虚假或者误导投资者的信息

    D. 与委托人约定分享证券投资收益或者分担证券投资损失

10. 证券、期货投资咨询人员在报刊、电台、电视台或者其他传播媒体上发表投资咨询文章、报告或者意见时，必须（　　）。

    A. 注明所在证券、期货投资咨询机构的名称

    B. 注明个人真实姓名

    C. 联系电话

    D. 对投资风险作充分说明

11. 我国涉及证券投资咨询业务操作规则的现行法律、法规乃至部门规章或其他规范性文件包括（　　）。

    A.《中华人民共和国证券法》

    B.《证券、期货投资咨询管理暂行办法》

    C.《关于规范面向公众开展的证券投资咨询业务行为若干问题的通知》

D.《证券公司内部控制指引》

12. 下面关于投资分析师执业纪律的说法，不正确的是（   ）。

    A. 投资分析师不应当作出有关服务项目、个人资格、执业证明、投资成绩等方面的不正确表述，但可以作出关于投资回报方面的任何保证或担保

    B. 投资分析师为客户或者雇主代理的证券或投资应当比其自身所持有的相同证券具有交易优先权

    C. 投资分析师在客户不知情或者在与客户没有达成一致意见的情况下，也可以自行对客户的账户进行交易

    D. 投资分析师不应当对没有最终发布的信息或者不正确的信息进行传播，但可以根据这些信息进行交易

13.《国际伦理纲领、职业行为标准》对投资分析师执业行为操作规则包括（   ）。

    A. 在作出投资建议和操作时应注意适宜性

    B. 合理的分析和表述

    C. 信息披露

    D. 保存客户机密、资金以及证券

14. AIMR 由原来的（   ）于 1990 年合并而成，总部设在美国。

    A. 金融分析师联盟   B. 特许金融分析师学院

    C. 欧洲证券分析师公会   D. 亚洲证券分析师联合会

15. ASAF 执行委员会下设（   ）。

    A. 教育委员会   B. 公共关系委员会

    C. 倡议委员会   D. 会员大会

16. CIIA 考试每年举行两次，时间一般定于（   ）。

    A. 3 月   B. 5 月

    C. 9 月   D. 10 月

17. ASAF 的发起者为（   ）的证券分析师协会。

    A. 澳大利亚   B. 中国香港

    C. 日本   D. 韩国

18. CIIA 考试分为标准知识（国际通用知识）考试和国家知识考试两部分。其中，国际通用知识考试的内容涉及（   ）。

    A. 经济学   B. 股票定价与分析

    C. 财务会计和财务报表分析   D. 金融衍生工具定价和分析

19. 国际注册投资分析师协会由（   ）经过 3 年多的策划，于 2000 年 6 月正式成立。

    A. 欧洲金融分析师协会   B. 亚洲证券分析师联合会

    C. 巴西投资分析师协会   D. 中国证券业协会证券分析师专业委员会

20.（   ）的规定适用于所有提供证券投资咨询服务的场合。

    A. 诚信原则   B. 隔离制度

    C. 勤勉尽职   D. 民事责任

21. 2001 年发布的《关于规范面向公众开展的证券投资咨询业务行为若干问题的通知》

核心内容是（　　），其规范方式是事前预防与事后查处相结合。

　　A. 执业道德　　　　　　　　　　　B. 执业回避

　　C. 执业披露　　　　　　　　　　　D. 执业隔离

22. 2001 年发布的《关于规范面向公众开展的证券投资咨询业务行为若干问题的通知》，其规范方式是（　　）相结合。

　　A. 事中检查　　　　　　　　　　　B. 事后查处

　　C. 事前预防　　　　　　　　　　　D. 事后反思

23. 证券分析师职业道德的原则有（　　）。

　　A. 谨慎客观　　　　　　　　　　　B. 独立诚信

　　C. 勤勉尽职　　　　　　　　　　　D. 公正公平

24. 关于 CFA 证书，下列说法正确的有（　　）。

　　A. 获得 CFA 证书需要通过两级考试

　　B. CFA 一级要求掌握财务分析、宏/微观经济学、数理统计的基本理论

　　C. CFA 二级要求运用所学到的金融理论，比较并推荐最合理的投资工具

　　D. CFA 证书获得者必须具备 3 年相关工作经验

25. CIIA 考试的特点有（　　）。

　　A. 考虑到国际注册投资分析师水平的基本要求

　　B. 考虑到不同国家和地区证券市场具有不同的地区属性

　　C. 尊重各个国家/地区的相关组织保持相对的独立性和自主权

　　D. 允许 CIIA 考试本土化

26. 《关于规范面向公众开展的证券投资咨询业务行为若干问题的通知》包括的基本原则有（　　）。

　　A. 资格原则　　　　　　　　　　　B. 回避原则

　　C. 披露（备案）原则　　　　　　　D. 诚信原则

27. 证券公司探索形成的证券投资顾问业务流程主要有（　　）环节。

　　A. 服务模式的选择和设计　　　　　B. 客户签约

　　C. 形成服务产品　　　　　　　　　D. 服务提供

28. 1997 年发布的《证券、期货投资咨询管理暂行办法》明确对证券投资咨询机构和证券投资咨询从业人员实行从业资格审批制度和年检制度，并对（　　）等方面作出了明文规定。

　　A. 从业条件和要求　　　　　　　　B. 行为规范

　　C. 业务管理　　　　　　　　　　　D. 责任承担

29. 2005 年修订的《证券法》第一百七十三条规定，证券服务机构为证券的发行、上市、交易等证券业务活动制作、出具审计报告、资产评估报告、财务顾问报告、资信评级报告或者法律意见书等文件，应当勤勉尽责，对所制作、出具的文件内容的（　　）进行核查和验证。

　　A. 真实性　　　　　　　　　　　　B. 准确性

　　C. 完整性　　　　　　　　　　　　D. 公正性

30. 关于中国证券业协会证券分析师委员会说法正确的是( )。

　　A. 中国证券业协会证券分析师委员会的成立，有利于证券分析师的继续教育，促进证券分析的深入

　　B. 中国证券业协会证券分析师专业委员会于 2001 年 1 月正式加入亚洲证券分析师联合会

　　C. 2001 年 10 月，中国证券业协会证券分析师专业委员会致函国际注册分析师协会（ACIIA），申请以融资会员的身份加入，并在同年 11 月的 ACIIA 理事会上，正式加入国际注册分析师协会，并当选为该组织的理事会理事

　　D. 开展会员之间以及与境外同行的业务交流，从而促进证券分析师业务能力的提高，为证券分析师职业的专家化提供组织保障

31. 关于证券分析师组织的功能说法正确的是( )。

　　A. 为会员进行资格认证

　　B. 对会员进行职业道德、行为标准管理

　　C. 证券分析师组织还会定期或不定期地对证券分析师进行培训、组织研讨会、为会员内部交流及国际交流提供支持等

　　D. 有的协会还把这些职业伦理编进分析师的指定考试科目中去，会员违反协会的有关规定，会受到相应的惩罚

32. 关于国际注册投资分析师协会说法正确的是( )。

　　A. 于 2000 年 6 月正式成立，注册地在英国

　　B. 秘书处于 2002 年由英国迁至瑞士苏黎世

　　C. 2001 年 6 月，中国证券业协会代表团以观察员身份列席了会员大会

　　D. 2001 年 11 月，中国证券分析师协会正式被接受成为 ACIIA 的会员

33. 关于 CFA 协会说法正确的是( )。

　　A. CFA 协会是一家全球性非营利专业机构

　　B. CFA 协会的前身是投资管理与研究协会

　　C. AIMR 于 2004 年 5 月改名为"CFA 协会"

　　D. CFA 协会总部位于美国弗吉尼亚州沙罗特斯韦尔市

34. 以下是投资分析师执业纪律的是( )。

　　A. 禁止不正确表述

　　B. 利益冲突的披露

　　C. 投资分析师在客户不知情或者与客户没有达成一致意见的情况下，不能自行对客户的账户进行交易

　　D. 投资分析师不应当在没有通知作者本人或者注明文章出处的情况下，复制或者应用与原有文章相同的格式和内容

35. 《国际伦理纲领、职业行为标准》从总体上对投资分析师提出的要求有( )。

　　A. 诚实、正直、公平

　　B. 以谨慎认真的态度，从道德标准出发进行各种行为

　　C. 努力保持和提高自己的职业水平和竞争力

D. 掌握和应用所有本职业所适用的法律、法规和政府规章制度

三、判断题

1. ASAF 最高决策机构是会员大会。（　　）

　A. 正确　　　　　　　　　　　B. 错误

2. 证券、期货投资咨询人员在报刊、电台、电视台或者其他传播媒体上发表投资咨询文章、报告或者意见时，可以不注明所在证券、期货投资咨询机构的名称和个人真实姓名。（　　）

　A. 正确　　　　　　　　　　　B. 错误

3. 2001 年 6 月，中国证券业协会代表团以观察员身份列席了会员大会。2001 年 10 月，中国证券分析师协会正式被接受成为 ACIIA 的会员。（　　）

　A. 正确　　　　　　　　　　　B. 错误

4. 证券分析师自律组织基本上都不以营利为目的，属于自发组织的非营利性团体。（　　）

　A. 正确　　　　　　　　　　　B. 错误

5. EFFAS 成立于 1962 年，由欧洲 19 个国家的协会组成，其总部位于英国的伦敦。（　　）

　A. 正确　　　　　　　　　　　B. 错误

6. 证券公司应通过部门设置、人员管理、信息管理等方面的隔离措施，建立健全研究咨询部门与投资银行、自营等部门之间的隔离墙制度。（　　）

　A. 正确　　　　　　　　　　　B. 错误

7. 证券分析师职业道德的十六字原则中的谨慎客观原则，是指证券分析师应当本着对客户与投资者高度负责的精神执业，对与投资分析、预测及咨询服务相关的主要因素进行尽可能全面、详尽、深入的调查研究，采取必要的措施避免遗漏与失误，切实履行应尽的职业责任，向投资者或客户提供规范的专业意见。（　　）

　A. 正确　　　　　　　　　　　B. 错误

8. 投资分析师负有告知雇主有关国际和国内职业道德标准的责任，以避免不必要的制裁和冲突。（　　）

　A. 正确　　　　　　　　　　　B. 错误

9. 投资分析师不应当对没有最终发布的信息或者不正确的信息进行传播，但可以根据这些信息进行交易。（　　）

　A. 正确　　　　　　　　　　　B. 错误

10. 投资分析师通过特别渠道或者机密渠道获得正确的非公开信息时，不应当传播这些信息，但是可以根据这些信息进行操作。（　　）

　A. 正确　　　　　　　　　　　B. 错误

11. 如果投资分析师意欲通过阐述自己或者自己公司在投资方面所作出的成绩，向客户或者潜在客户推销业务时，必须尽一切努力保证这些成绩信息的正确性、公平性。（　　）

　A. 正确　　　　　　　　　　　B. 错误

12. CIIA 资格被授予后，只要保持成员国国家协会的会员资格，CIIA 资格将永远被保

留。（　　）

    A. 正确   B. 错误

13. 通过最终能力考试，并具有 3 年以上金融分析、基金管理或其他投资领域工作经验的考生将被授予注册国际投资分析师（CIIA）资格。（　　）

    A. 正确   B. 错误

14. 自律组织的成立在提高证券分析师的职业水准和树立证券分析师良好的社会形象方面具有非常重要的作用。（　　）

    A. 正确   B. 错误

15. 2001 年 11 月，中国证券业协会代表团以会员身份列席了会员大会。（　　）

    A. 正确   B. 错误

16. 通过 CIIA 考试的人员，如果拥有在财务分析、资产管理或投资等领域 5 年以上相关的工作经历，即可获得由国际注册投资分析师协会授予的 CIIA 称号。（　　）

    A. 正确   B. 错误

17. CIIA 考试分为国际通用知识考试和国家知识考试两部分。（　　）

    A. 正确   B. 错误

18. 中国证券业协会三届三次常务理事会于 2004 年 2 月 12 日通过《关于推广国际注册投资分析师水平考试的议案》，同意在国内水平考试的平台上引进国际注册投资分析师水平考试，将其作为高级证券分析师水平的衡量标准。（　　）

    A. 正确   B. 错误

19. ASAF 前身是成立于 1979 年 11 月的亚洲证券分析师委员会（Asian Securities Analy sts Council，ASAC）。（　　）

    A. 正确   B. 错误

20. ASIF 目前的正式会员单位有 12 个。（　　）

    A. 正确   B. 错误

21. AIMR 于 2004 年 5 月改名为 "CFA 协会"。（　　）

    A. 正确   B. 错误

22. 拉丁美洲金融分析师和投资经理协会联盟，前身为拉丁美洲证券分析师公会以阿根廷协会为中心，包含墨西哥、巴西，于 1998 年召开成立大会。（　　）

    A. 正确   B. 错误

23. 中国证券分析师行业自律组织的一个重要任务就是制定证券投资咨询行业自律性公约和证券分析师执业行为准则与职业道德规范。（　　）

    A. 正确   B. 错误

24. 中国证券业协会证券分析师专业委员会于 2001 年 11 月正式加入亚洲证券分析师联合会，同年先后成为其教育委员会与倡议委员会成员，并于当年 12 月的 ASAF 年会上当选亚洲证券分析师联合会执行委员会委员。（　　）

    A. 正确   B. 错误

25. 2005 年 9 月出台的《中国证券业协会证券分析师职业道德守则》结合我国证券分析师发展的现实状况，对 2000 年《中国证券分析师职业道德守则》进行了大幅度的

修改，使守则更具有现实性和可操作性，并对很多原则性的规定进行了细化。（　　）

A. 正确　　　　　　　　　　　B. 错误

26. 公正公平原则，是指证券分析师应当依据公开披露的信息资料和其他合法获得的信息，进行科学的分析研究，审慎、客观地提出投资分析、预测和建议。（　　）

A. 正确　　　　　　　　　　　B. 错误

27. 独立诚信原则，是指证券分析师提出建议和结论不得违背社会公共利益。（　　）

A. 正确　　　　　　　　　　　B. 错误

28. 《证券公司内部控制指引》是中国证监会 2005 年 12 月 12 日发布并施行的。（　　）

A. 正确　　　　　　　　　　　B. 错误

29. 证券、期货投资咨询机构及其投资咨询人员，应当完整、客观、准确地运用有关信息、资料向投资人或者客户提供投资分析、预测和建议，不得断章取义地引用或者篡改有关信息、资料；引用有关信息、资料时，应当注明出处和著作权人。（　　）

A. 正确　　　　　　　　　　　B. 错误

30. 《证券、期货投资咨询管理暂行办法》第二十二条规定，证券、期货投资咨询人员在报刊、电台、电视台或者其他传播媒体上发表投资咨询文章、报告或者意见时，必须注明所在证券、期货投资咨询机构的名称和个人真实姓名，并对投资风险作充分说明。（　　）

A. 正确　　　　　　　　　　　B. 错误

31. 2003 年发布的《证券公司内部控制指引》用专门的章节规定了研究咨询业务内部控制（第五节），以重点防范传播虚假信息、误导投资者、无资格执业、违规执业以及利益冲突等风险为目标，提出建立证券公司研究咨询业务的有效内部控制机制的要求。（　　）

A. 正确　　　　　　　　　　　B. 错误

32. 证券公司、证券投资咨询机构从事证券投资顾问业务，应当建立客户回访机制，明确客户回访的程序、内容和要求，可由其他部门人员兼职实施。（　　）

A. 正确　　　　　　　　　　　B. 错误

33. 证券公司、证券投资咨询机构应当按照公平、合理、自愿的原则，与客户协商并书面约定收取证券投资顾问服务费用的安排，可以按照服务期限、客户资产规模收取服务费用，但不能采用差别佣金等其他方式收取服务费用。（　　）

A. 正确　　　　　　　　　　　B. 错误

34. 证券公司、证券投资咨询机构应当规范证券投资顾问业务推广和客户招揽行为，禁止对服务能力和过往业绩进行虚假、不实、误导性的营销宣传，禁止以任何方式承诺或者保证投资收益。（　　）

A. 正确　　　　　　　　　　　B. 错误

35. 分析师不得参与投资银行交易推介活动，如项目投标、项目路演等。（　　）

A. 正确　　　　　　　　　　　B. 错误

36. 从防范内幕交易和利益冲突出发，财务顾问业务与证券投资顾问业务应当严格隔

离。（　　）

    A. 正确　　　　　　　　　　　　B. 错误

37. 证券经纪人和证券投资顾问均是证券公司的正式员工。（　　）

    A. 正确　　　　　　　　　　　　B. 错误

38. 投资分析师在作出投资建议可以不对客户状况、投资经验、投资目标进行调查。（　　）

    A. 正确　　　　　　　　　　　　B. 错误

39. 在世界各国，证券分析师一般都有自律性组织。这些组织基本上都不以营利为目的，属于自发组织的非营利性团体；会员只是个人。（　　）

    A. 正确　　　　　　　　　　　　B. 错误

40. 中国证券业协会证券分析师专业委员会于 2003 年 1 月正式加入亚洲证券分析师联合会。（　　）

    A. 正确　　　　　　　　　　　　B. 错误

41. 按照该规定，在发布的证券研究报告（包括涉及证券及证券相关产品的价值分析报告、行业研究报告、投资策略报告等）上署名的人员，应当具有证券投资咨询执业资格，并在中国证券业协会注册登记为证券分析师。（　　）

    A. 正确　　　　　　　　　　　　B. 错误

42. 证券投资顾问在了解客户的基础上，依据合同约定，向特定客户提供适当的、有针对性的操作性投资建议，关注品种选择、组合管理建议以及买卖时机等；证券研究报告操作上向特定的客户发布，提供证券估值等研究成果，关注证券定价，关注买卖时机选择等具体的操作性投资建议。（　　）

    A. 正确　　　　　　　　　　　　B. 错误

43. 《证券法》第二百零七条规定，在证券交易活动中作出虚假陈述或者信息误导的，责令改正，并处以 5 万元以上 30 万元以下的罚款。该条款的主体包括证券投资咨询机构及证券投资咨询从业人员在内的一切机构与个人。（　　）

    A. 正确　　　　　　　　　　　　B. 错误

44. 证券研究报告的基本要素包括：宏观经济、行业或上市公司的基本面分析；上市公司盈利预测、法规解读、估值及投资评级；相关信息披露和风险提示。其中，投资评级是基于基本面分析而作出的估值定价建议，不是具体的操作性买卖建议。（　　）

    A. 正确　　　　　　　　　　　　B. 错误

45. 实践中，在证券研究报告发布前，部分证券公司由合规管理部门对研究报告进行合规审查；部分证券公司由研究部门的合规专员岗进行合规审查。（　　）

    A. 正确　　　　　　　　　　　　B. 错误

46. 在隔离墙制度中，券商的员工根据是否接触敏感信息，分别处于隔离墙的公开侧或者保密侧。如果处于公开侧的员工有合理的业务需求而接触敏感信息的，可以申请临时跨越隔离墙进入保密侧。（　　）

    A. 正确　　　　　　　　　　　　B. 错误

47. 证券分析师在跨墙期间不得依据投资银行项目的非公开信息，对外发布相关上市公司的研究报告。《发布证券研究报告暂行规定》对证券公司和证券投资咨询机构执行隔离墙制度和跨越隔离墙管理作出明确规定。（　　）

A. 正确　　　　　　　　　　　　　　B. 错误

48. 证券经纪业务的基本要素是市场席位进入、账户管理、结算清算，包括接受开户、接收下单、传递交易、验资验股、参与撮合等系列过程，以及客户资金和证券的存管、清算、交收等事项，其功能是帮助客户完成交易并保障证券交易通畅。（　　）

A. 正确　　　　　　　　　　　　　　B. 错误

49. 《证券法》第一百七十一条明确规定，投资咨询机构及其从业人员从事证券服务业务，不得代理委托人从事证券投资。因此，目前证券投资咨询机构从事定向资产管理业务存在实质法律障碍。（　　）

A. 正确　　　　　　　　　　　　　　B. 错误

50. 财务顾问主要为企业融资及相关企业改制、并购、资产重组等活动提供方案设计、交易估值、提出专业意见等专业服务，服务对象为企业、上市公司等。证券业内通常不将财务顾问业务纳入投资银行业务范畴。（　　）

A. 正确　　　　　　　　　　　　　　B. 错误

参考答案

一、单项选择题

1. B	2. C	3. A	4. C	5. D
6. A	7. B	8. D	9. A	10. B
11. A	12. A	13. C	14. B	15. C
16. D	17. D	18. C	19. A	20. C
21. C	22. A	23. D	24. B	25. C
26. B	27. A	28. C	29. A	30. B
31. A	32. B	33. C	34. A	35. D

二、多项选择题

1. ABC	2. ABC	3. ABCD	4. ABC	5. AC
6. ABCD	7. ABCD	8. ABD	9. ABCD	10. ABD
11. ABCD	12. ACD	13. ABCD	14. AB	15. ABC
16. AC	17. ABCD	18. ABCD	19. ABC	20. ABD
21. BCD	22. BC	23. ABCD	24. BCD	25. ABCD
26. ABCD	27. ABCD	28. ABCD	29. ABC	30. ABCD
31. ABCD	32. ABCD	33. ABCD	34. ABCD	35. ABCD

三、判断题

1. A	2. B	3. B	4. A	5. B
6. A	7. B	8. A	9. B	10. B

11. A	12. A	13. A	14. A	15. B
16. B	17. A	18. A	19. A	20. B
21. A	22. B	23. A	24. B	25. A
26. B	27. B	28. B	29. A	30. A
31. A	32. B	33. B	34. A	35. A
36. A	37. B	38. B	39. B	40. B
41. A	42. B	43. B	44. A	45. A
46. A	47. A	48. A	49. A	50. B

第三篇　《证券投资分析》
模拟题及参考答案

模拟题及参考答案（一）

模拟题

一、单项选择题（共 60 题，每题 0.5 分，不答或答错不给分）

1. 证券投资的理想结果是证券投资（　　）最大化。
   A. 收益
   B. 风险
   C. 净效用
   D. 股票数量

2. 投资者从事证券投资是为了获得投资回报（预期收益），但这种回报是以承担相应
   （　　）为代价的。
   A. 风险
   B. 价格
   C. 时间成本
   D. 价格波动

3. 预期收益水平越高，投资者要承担的风险也就越（　　）；预期收益水平越（　　），
   投资者要承担的风险也就越小。
   A. 大　低
   B. 小　低
   C. 大　高
   D. 小　高

4. 证券投资分析最古老、最著名的股票价格分析理论可以追溯到（　　）理论。
   A. 套利定价
   B. 道氏
   C. 波浪
   D. 证券组合

5. 威廉姆斯 1938 年提出了公司（股票）价值评估的（　　），为定量分析虚拟资本、资
   产和公司价值奠定了理论基础，也为证券投资的基本分析提供了强有力的理论根据。
   A. 股利贴现模型
   B. 单因素模型
   C. 均值方差模型
   D. 资本资产定价模型

6. 上年年末某公司支付每股股息为 4 元，预计在未来该公司的股票按每年 4% 的速度增
   长，必要收益率为 12%，则该公司股票的内在价值为（　　）。
   A. 26.37 元
   B. 37.87 元

C. 45 元   D. 52 元

7. 关于影响股票投资价值的因素,以下说法错误的是(   )。

    A. 在一般情况下,股利水平越高,股价越高;股利水平越低,股价越低

    B. 从理论上讲,公司净资产增加,股价上涨;净资产减少,股价下跌

    C. 股份分割往往比增加股利分配对股价上涨的刺激作用更大

    D. 公司增资一定会使每股净资产下降,因而促使股价下跌

8. 在决定优先股的内在价值时,(   )相当有用。

    A. 可变增长模型   B. 不变增长模型

    C. 二元增长模型   D. 零增长模型

9. 下列对股票市盈率的简单估计方法中不属于利用历史数据进行估计的方法是(   )。

    A. 算术平均数法或中间数法   B. 市场预期回报率倒数法

    C. 趋势调整法   D. 回归调整法

10. 金融期货的标的物包括(   )。

    A. 股票   B. 外汇

    C. 利率   D. 以上都是

11. 下列说法正确的是(   )。

    A. 从理论上说,实值期权的内在价值为正,虚值期权的内在价值为负,平价期权的内在价值为零

    B. 对看跌期权而言,若市场价格高于协定价格,期权的买方执行期权将有利

    C. 对看涨期权而言,若市场价格低于协定价格,期权的买方执行期权将有利

    D. 实际上,期权的内在价值可能大于零,可能等于零,也可能为负值

12. 下列对金融期权价格影响的因素,说法不正确的是(   )。

    A. 利率提高,期权标的物的市场价格将下降,从而使看涨期权的内在价值下降,看跌期权的内在价值提高

    B. 在其他条件不变的情况下,期权期间越长,期权价格越高;反之,期权价格越低

    C. 在期权有效期内标的资产产生的收益将使看涨期权价格上升,使看跌期权价格下降

    D. 标的物价格的波动性越大,期权价格越高;波动性越小,期权价格越低

13. 下列不是影响股票投资价值内部因素的是(   )。

    A. 公司净资产   B. 公司盈利水平

    C. 股份分割   D. 市场因素

14. 股票内在价值的计算方法模型中,假定股票永远支付固定股利的模型是(   )。

    A. 现金流贴现模型   B. 市盈率估价模型

    C. 不变增长模型   D. 零增长模型

15. 劳动力人口是指年龄在(   )具有劳动能力的人的全体。

    A. 20 岁以上   B. 16 岁以上

    C. 18 岁以上   D. 以上都不正确

16. 下列关于通货膨胀的说法，错误的是( )。
    A. 通货膨胀有被预期和未被预期之分，从程度上则有温和的、严重的和恶性的三种
    B. 温和的通货膨胀是指年通货膨胀率低于60％的通货膨胀
    C. 严重的通货膨胀是指两位数的通货膨胀
    D. 恶性通货膨胀则是指三位数以上的通货膨胀

17. 长期资本是指合同规定偿还期超过( )的资本或未定偿还期的资本。
    A. 半年   B. 1年
    C. 2年   D. 3年

18. 居民储蓄存款是居民( )扣除消费支出以后形成的。
    A. 总收入   B. 工资收入
    C. 可支配收入   D. 税前收入

19. 从利率角度分析，( )形成了利率下调的稳定预期。
    A. 温和的通货膨胀   B. 严重的通货膨胀
    C. 恶性通货膨胀   D. 通货紧缩

20. ( )具有强制性、无偿性和固定性的特征，它既是筹集财政收入的主要工具，又是调节宏观经济的重要手段。
    A. 国债   B. 税收
    C. 财政补贴   D. 转移支付

21. ( )是指中央银行规定的金融机构为保证客户提取存款和资金清算需要而准备的在中央银行的存款占其存款总额的比例。
    A. 法定存款准备金率   B. 存款准备金率
    C. 超额准备金率   D. 再贴现率

22. ( )筹备10年的深圳证券交易所创业板终于正式开板。
    A. 2009年10月23日   B. 2010年1月1日
    C. 2008年10月1日   D. 2007年1月1日

23. ( )是指银行同业之间的短期资金借贷利率。
    A. 同业拆借利率   B. 贴现率
    C. 回购利率   D. 再贴现率

24. 根据行业中企业数量的多少、进入限制程度和产品差别，行业基本上可以分为四种市场结构，即( )。
    A. 完全竞争、不完全竞争、垄断竞争、完全垄断
    B. 公平竞争、不公平竞争、完全垄断、不完全垄断
    C. 完全竞争、垄断竞争、寡头垄断、完全垄断
    D. 完全竞争、垄断竞争、部分垄断、完全垄断

25. ( )行业的产品往往是生活必需品或必要的公共服务。
    A. 增长型   B. 周期型
    C. 防守型   D. 初创型

26. 在道琼斯股价平均指数中，商业属于（   ）。
    A. 公用事业　　　　　　　　　　　B. 工业
    C. 运输业　　　　　　　　　　　　D. 农业

27. （   ）主要是利用行业的历史数据，分析过去的增长情况，并据此预测行业的未来发展趋势。
    A. 横向比较　　　　　　　　　　　B. 纵向比较
    C. 历史资料研究法　　　　　　　　D. 调查研究法

28. 政府实施较多干预的行业是（   ）。
    A. 所有的行业
    B. 大企业
    C. 关系到国计民生基础行业和国家发展的战略性行业
    D. 初创行业

29. 耐用品制造业属于（   ）。
    A. 增长型行业　　　　　　　　　　B. 周期型行业
    C. 防守型行业　　　　　　　　　　D. 衰退型行业

30. 生产者众多，各种生产资料可以完全流动的市场属于（   ）。
    A. 完全竞争　　　　　　　　　　　B. 不完全竞争
    C. 寡头竞争　　　　　　　　　　　D. 完全垄断

31. 在比较研究法中，（   ）一般是取某一时点的状态或者某一固定时段（比如1年）的指标，在这个横截面上对研究对象及其比较对象进行比较研究。
    A. 横向比较　　　　　　　　　　　B. 环比
    C. 同比　　　　　　　　　　　　　D. 纵向比较

32. （   ）是对两个具有相关关系的数量指标进行线性拟合获得最佳直线回归方程，从而在相关分析的基础上进行指标预测。
    A. 大数法则　　　　　　　　　　　B. 相关分析
    C. 时间数列　　　　　　　　　　　D. 一元线性回归

33. （   ）是应收账款周转率的倒数乘以360天，也称应收账款回收期或平均收现期，它表示公司从取得应收账款的权利到收回款项转换为现金所需要的时间，是用时间表示的应收账款周转速度。
    A. 存货周转率　　　　　　　　　　B. 应收账款周转天数
    C. 流动资产周转率　　　　　　　　D. 总资产周转率

34. 某公司2009年的营业收入为33838万元，年初应收账款余额为6970万元，年末应收账款余额为18133万元，假设期末、期初坏账准备为0。则该公司的应收账款周转率为（   ）。
    A. 1.08次　　　　　　　　　　　　B. 2.08次
    C. 2.35次　　　　　　　　　　　　D. 1.35次

35. （   ）是营业收入与全部流动资产的平均余额的比值。
    A. 存货周转率　　　　　　　　　　B. 应收账款周转天数

C. 流动资产周转率 D. 总资产周转率

36. （　　）是指公司偿付到期长期债务的能力，通常以反映债务与资产、净资产的关系的负债比率来衡量。

A. 变现能力 B. 营运能力

C. 长期偿债能力 D. 盈利能力

37. （　　）反映在总资产中有多大比例是通过借债来筹资的，也可以衡量公司在清算时保护债权人利益的程度。

A. 有形资产净值债务率 B. 资产负债率

C. 已获利息倍数 D. 产权比率

38. （　　）是负债总额与股东权益总额之间的比率，也称为债务股权比率。

A. 有形资产净值债务率 B. 资产负债率

C. 已获利息倍数 D. 产权比率

39. 某公司 2009 年期末负债总额为 58880 万元，股东权益为 45680 万元，无形资产净值为 430 万元，则该公司有形资产净值债务率为（　　）。

A. 132.85% B. 130.12%

C. 129.23% D. 127.46%

40. （　　）指标是指公司经营业务收益与利息费用的比率，用以衡量偿付借款利息的能力，也称利息保障倍数。

A. 有形资产净值债务率 B. 资产负债率

C. 已获利息倍数 D. 产权比率

41. （　　）是测算股价与移动平均线偏离程度的指标，其基本原理是：如果股价偏离移动平均线太远，不管是在移动平均线上方或下方，都有向平均线回归的要求。

A. MA B. WMS

C. BIAS D. RSI

42. （　　）是从投资者的买卖趋向心理方面，将一定时期内投资者看多或看空的心理事实转化为数值，来研判股价未来走势的技术指标。

A. PSY B. WMS

C. BIAS D. RSI

43. 关于 ADR 的应用法则下列说法不正确的是（　　）。

A. 从 ADR 的取值看大势：ADR 在 0.5～1.5 之间是常态情况，此时多空双方处于均衡状态

B. ADR 可与综合指数配合使用，有一致与背离两种情况

C. 从 ADR 曲线的形态上看大势：ADR 从低向高超过 0.5，并在 0.5 上下来回移动几次，是多头进入末期的信号

D. 在大势短期回档或反弹方面，ADR 有先行示警作用

44. 关于 OBOS 的应用法则下列说法不正确的是（　　）。

A. 当 OBOS 的走势与指数背离时，是采取行动的信号，大势可能反转

B. 形态理论和切线理论中的结论不可用于 OBOS 曲线

C. 当 OBOS 曲线第一次进入发出信号的区域时，应该特别注意是否出现错误

D. OBOS 比 ADR 的计算简单，意义直观易懂，所以使用 OBOS 的时候较多，使用 ADR 的时候较少，但放弃 ADR 是不对的

45. （　　）是以证券市场过去和现在的市场行为作为分析对象，应用数学和逻辑的方法，探索出一些典型变化规律，并据此预测证券市场未来变化趋势的技术方法。

　　A. 技术分析　　　　　　　　　　　　B. 行业分析

　　C. 证券组合分析　　　　　　　　　　D. 公司分析

46. 所谓（　　），就是应用一定的数学公式，对原始数据进行处理，得出指标值，将指标值绘成图表，从定量的角度对股市进行预测的方法。

　　A. 技术指标法　　　　　　　　　　　B. 行业分析法

　　C. 证券组合分析法　　　　　　　　　D. 公司分析法

47. 在确定趋势时，交易量是重要的附加信息，交易量应在（　　）的方向上放大。

　　A. 次要趋势　　　　　　　　　　　　B. 主要趋势

　　C. 短暂趋势　　　　　　　　　　　　D. 长期趋势

48. （　　）是当收盘价、开盘价、最高价、最低价 4 个价格相等时出现的 K 线图。

　　A. 光头阳线　　　　　　　　　　　　B. 光脚阴线

　　C. 十字形　　　　　　　　　　　　　D. 一字形

49. 在分析证券组合的可行域时，其组合线实际上在期望收益率和标准差的坐标系中描述了证券 A 和证券 B（　　）组合。

　　A. 收益最大的　　　　　　　　　　　B. 风险最小的

　　C. 收益和风险均衡的　　　　　　　　D. 所有可能的

50. 给定证券 A、B 的期望收益率和方差，证券 A 与证券 B 的不同的（　　）将决定 A、B 的不同形状的组合线。

　　A. 收益性　　　　　　　　　　　　　B. 风险性

　　C. 关联性　　　　　　　　　　　　　D. 流动性

51. （　　）决定组合线在证券 A 与证券 B 之间的弯曲程度。

　　A. 权重　　　　　　　　　　　　　　B. 证券价格的高低

　　C. 相关系数　　　　　　　　　　　　D. 证券价格变动的敏感性

52. 从组合线的形状来看，相关系数越小，在不卖空的情况下，证券组合的风险越小，特别是在（　　）的情况下，可获得无风险组合。

　　A. 正完全相关　　　　　　　　　　　B. 负完全相关

　　C. 不相关　　　　　　　　　　　　　D. 不完全负相关

53. 最优证券组合是指，相对于其他有效组合，该组合所在的无差异曲线的（　　），是使投资者最满意的有效组合。

　　A. 位置最低　　　　　　　　　　　　B. 位置最高

　　C. 曲度最大　　　　　　　　　　　　D. 曲度最小

54. 不同投资者的无差异曲线簇可获得各自的最佳证券组合，一个只关心风险的投资者将选取（　　）作为最佳组合。

    A. 最小方差组合　　　　　　　　　　B. 最大方差组合

    C. 最高收益率组合　　　　　　　　　D. 适合自己风险承受力的组合

55. 以下资本资产定价模型假设条件中，（　　）是对现实市场的简化。

    A. 投资者都依据期望收益率评价证券组合的收益水平

    B. 投资者依据方差（或标准差）评价证券组合的风险水平

    C. 投资者对证券的收益、风险及证券间的关联性具有完全相同的预期

    D. 资本市场没有摩擦

56. 金融工程（Financial Engineering）是 20 世纪（　　）在西方发达国家兴起的一门新兴学科。

    A. 80 年代中后期　　　　　　　　　B. 80 年代早期

    C. 70 年代早期　　　　　　　　　　D. 70 年代后期

57. 以下不属于原生金融工具的有（　　）。

    A. 外汇　　　　　　　　　　　　　B. 货币

    C. 债券　　　　　　　　　　　　　D. 期权

58. 金融工程的核心分析原理是（　　）。

    A. 无套利均衡理论　　　　　　　　B. MM 理论

    C. 波浪理论　　　　　　　　　　　D. 道氏理论

59. 目前，不是主要的风险管理工具的有（　　）。

    A. 远期　　　　　　　　　　　　　B. 期货

    C. 期权　　　　　　　　　　　　　D. 股票

60. 以下不属于运用风险管理工具进行风险控制主要方法的是（　　）。

    A. 通过多样化的投资组合降低乃至消除非系统风险

    B. 将风险资产进行对冲

    C. 购买债券

    D. 购买损失保险

二、多项选择题（共 40 题，每题 1 分，多选或少选不给分）

1. 法玛（1970）根据市场对信息反应的强弱将有效市场分为三种，即（　　）有效市场。

    A. 弱势　　　　　　　　　　　　　B. 半强势

    C. 强势　　　　　　　　　　　　　D. 半弱势

2. 在强势有效市场中、有关证券产品信息的（　　）几乎是同时的。

    A. 产生　　　　　　　　　　　　　B. 公开

    C. 处理　　　　　　　　　　　　　D. 反馈

3. 行为金融学对人类个体和群体行为的研究日益重视。其中，个体心理分析基于（　　）分析理论进行分析。

    A. 人的生存欲望　　　　　　　　　B. 人的竞争欲望

    C. 人的权力欲望　　　　　　　　　D. 人的存在价值欲望

4. 国际金融市场比较常见且相对成熟的行为金融投资策略包括（　　）和时间分散化策略等。

A. 动量投资策略　　　　　　　　B. 反向投资策略

C. 小盘股策略　　　　　　　　　D. 风险投资策略

5. 目前，进行证券投资分析所采用的分析方法主要有（　　）。

　　A. 基本分析法　　　　　　　　B. 宏观经济分析法

　　C. 技术分析法　　　　　　　　D. 量化分析法

6. 关于内在价值，以下说法正确的有（　　）。

　　A. 是一种相对"客观"的价格

　　B. 围绕着内在价值形成的

　　C. 由证券自身的内在属性或者基本面因素决定

　　D. 不受外在因素比如短期供求关系变动、投资者情绪波动等影响

7. 关于安全边际，以下说法正确的有（　　）。

　　A. 任何投资活动均以之为基础

　　B. 证券的市场价格高于其内在价值的部分

　　C. 对债券或优先股而言，它通常代表盈利能力超过利率或者必要红利率

　　D. 对普通股而言，它代表了计算出的内在价值高于市场价格的部分

8. 在任一时点上，影响利率期限结构形状的因素有（　　）。

　　A. 市场效率低下

　　B. 债券预期收益中可能存在的流动性溢价

　　C. 对未来利率变动方向的预期

　　D. 资金在长期和短期市场之间的流动可能存在的障碍

9. 影响期权价格的因素包括（　　）。

　　A. 利率　　　　　　　　　　　B. 协定价格与市场价格

　　C. 标的资产的收益　　　　　　D. 权利期间

10. 根据协定价格与标的物市场价格的关系，可将期权分为（　　）。

　　A. 看涨期权　　　　　　　　　B. 虚值期权

　　C. 平价期权　　　　　　　　　D. 实值期权

11. 货币政策工具可分为一般性政策工具和选择性政策工具，其中选择性政策工具包括（　　）。

　　A. 再贴现政策　　　　　　　　B. 公开市场业务

　　C. 直接信用控制　　　　　　　D. 间接信用指导等

12. 直接信用控制是指以行政命令或其他方式，直接对金融机构尤其是商业银行的信用活动进行控制。其具体手段包括（　　）。

　　A. 规定利率限额与信用配额　　B. 信用条件限制

　　C. 规定金融机构流动性比率　　D. 直接干预

13. 财政政策是当代市场经济条件下国家干预经济、与货币政策并重的一项手段，财政政策手段包括（　　）。

　　A. 国家预算　　　　　　　　　B. 税收

　　C. 国债　　　　　　　　　　　D. 财政补贴

14. 税收具有( )的特征。

    A. 强制性   B. 时间性

    C. 无偿性   D. 固定性

15. 我国财政补贴主要包括( )。

    A. 价格补贴   B. 企业亏损补贴

    C. 财政贴息   D. 房租补贴

16. 判断一个行业的成长能力,可以考察的方面有( )。

    A. 需求弹性和生产技术   B. 行业在空间的转移活动

    C. 产业关联度   D. 市场容量与潜力

17. 根据上海证券交易所公司行业分类,下面属于"可选消费"行业是( )。

    A. 休闲设备和产品   B. 纸类与林业加工

    C. 饮料   D. 纺织品、服装

18. 时间数列分析的一个重要任务是根据现象发展变化的规律进行外推预测。最常见的时间数列预测方法有( )。

    A. 趋势外推法   B. 移动平均法

    C. 回归分析法   D. 指数平滑法

19. 根据时间数列自相关系数可以对时间数列的性质和特征作出判别,判别的标准是( )。

    A. 如果所有的自相关系数都近似地等于零,表明该时间数列属于平稳性时间数列

    B. 如果 r_1 比较大,r_2、r_3 渐次减小,从 r_4 开始趋近于零,表明该时间数列是随机性时间数列

    C. 如果 r_1 最大,r_2、r_3 等多个自相关系数逐渐递减但不为零,表明该时间数列存在着某种趋势

    D. 如果一个数列的自相关系数出现周期性变化,每间隔若干个便有一个高峰,表明该时间数列是季节性时间数列

20. 下列关于时间数列的说法,正确的是( )。

    A. 季节性时间数列是指按月统计的各期数值,随一年内季节变化而周期性波动的时间数列

    B. 趋势性时间数列是指各期数值逐期增加或逐期减少,呈现一定的发展变化趋势的时间数列

    C. 平稳性时间数列是指由确定性变量构成的时间数列,其特点是影响数列各期数值的因素是确定的,且各期的数值总是保持在一定的水平上下波动

    D. 随机性时间数列是指由随机变量组成的时间数列

21. 证券分析师在进行公司调研时通常遵循的流程有( )。

    A. 调研前的室内案头工作   B. 编写调研计划

    C. 实地调研   D. 编写调研报告

22. 常见的关联交易主要有( )。

    A. 关联购销   B. 资产租赁

C. 担保
D. 关联方共同投资

23. 下列属于利润表主要反映的内容是(　　)。
　　A. 构成营业收入的各项要素
　　B. 构成营业利润的各项要素
　　C. 构成利润总额的各项要素
　　D. 构成净利润的各项要素

24. 利润表中的每股收益包括(　　)。
　　A. 特别每股收益
　　B. 基本每股收益
　　C. 附加每股收益
　　D. 稀释每股收益

25. 现金流量表主要分(　　)产生的现金流量。
　　A. 经营活动
　　B. 投资活动
　　C. 生产活动
　　D. 筹资活动

26. (　　)的特殊之处在于,它们都有明确的形态方向,并且形态方向与原有的趋势方向相反。
　　A. 三角形
　　B. 矩形
　　C. 旗形
　　D. 楔形

27. 应用旗形时,要注意的问题是(　　)。
　　A. 旗形出现之前,一般应有一个旗杆,这是由于价格的直线运动形成的
　　B. 旗形持续的时间不能太长,时间一长,保持原来趋势的能力将下降
　　C. 旗形形成之前和被突破之后,成交量都很大
　　D. 在旗形的形成过程中,成交量从左向右逐渐减少

28. 关于缺口下列说法正确的是(　　)。
　　A. 缺口的出现往往伴随着向某个方向运动的一种较强动力
　　B. 缺口的宽度表明这种运动的强弱
　　C. 一般来说,缺口愈宽,运动的动力愈小;反之,则愈大
　　D. 一般来说,缺口愈宽,运动的动力愈大;反之,则愈小

29. 有关的技术分析著作常将缺口划分为(　　)。
　　A. 普通缺口
　　B. 突破缺口
　　C. 持续性缺口
　　D. 消耗性缺口

30. 与波浪理论密切相关的理论有(　　)。
　　A. 大数法则
　　B. 经济周期
　　C. 斐波那奇数列
　　D. 道氏理论

31. 使用詹森指数、特雷诺指数以及夏普指数评价组合业绩的不足主要表现在(　　)。
　　A. 三种指数均以资本资产定价模型为基础,后者隐含与现实环境相差较大的理论假设,可能导致评价结果失真
　　B. 三种指数中都含有用于测度风险的指标,而计算这些风险指标有赖于样本的选择
　　C. 三种指数的计算均与市场组合发生直接或间接关系,而现实中用于替代市场组合的证券价格指数具有多样性
　　D. 导致基于不同市场指数所得到的评估结果不同,也不具有可比性

32. 现金流量匹配与资产免疫的区别有( )。
    A. 现金流匹配方法要求债券资产组合的久期与债券的期限一致
    B. 采用现金流量匹配方法之后不需要进行任何调整,除非选择的债券的信用等级下降
    C. 现金流匹配法不存在再投资风险、利率风险,债务不能到期偿还的唯一风险是提前赎回或违约风险
    D. 采用现金流匹配法建立的资产组合的成本比采用资产免疫方法的成本要高出13%~17%

33. 债券资产的主动管理通常采用( )。
    A. 水平分析
    B. 利率消毒
    C. 债券掉换
    D. 骑乘收益率曲线

34. 债券的全部报酬由( )组成。
    A. 时间价值
    B. 收益率变化的影响
    C. 息票利息
    D. 息票利息再投资获得的利息

35. 主动债券组合管理中,债券掉换方法大体的类型有( )。
    A. 替代掉换
    B. 市场内部价差掉换
    C. 利率预期掉换
    D. 纯收益率调换

36. 关于金融工程,下列说法正确的有( )。
    A. 它是 20 世纪 90 年代中后期在西方发达国家兴起的一门新兴学科
    B. 1998 年,美国金融学教授费纳蒂首次给出了金融工程的正式定义
    C. 金融工程将工程思维引入金融领域
    D. 金融工程是一门将金融学、统计学、工程技术、计算机技术相结合的交叉性学科

37. 广义的金融工程是指一切利用工程化手段来解决金融问题的技术开发,它包括( )。
    A. 金融产品设计
    B. 金融产品定价
    C. 交易策略设计
    D. 金融风险管理

38. 金融工序主要指运用金融工具和其他手段实现既定目标的程序和策略,它包括( )。
    A. 金融工具的创新
    B. 原生金融工具的设计
    C. 金融工具运用的创新
    D. 金融制度的设计

39. 关于卖出套期保值说法正确的是( )。
    A. 卖出套期保值又称"空头套期保值"
    B. 卖出套期保值是指现货商因担心价格下跌而在期货市场上卖出期货
    C. 卖出套期保值目的是锁定卖出价格,免受价格下跌的风险
    D. 在股指期货中,卖出套期保值是指在期货市场上卖出股指期货合约的套期保值行为

40. 关于买进套期保值说法正确的是( )。

A. 买进套期保值又称"多头套期保值"

B. 买进套期保值是指现货商因担心价格上涨而在期货市场上买入期货

C. 买进套期保值目的是锁定买入价格，免受价格上涨的风险

D. 在股指期货中，买进套期保值是指在期货市场上买进股指期货合约的套期保值行为，主要目的是规避股价上涨造成的风险

三、判断题（共 60 题，每题 0.5 分，不答或答错不给分）

1. 证券投资是指投资者购买股票、债券、基金有价证券以及这些有价证券的衍生产品，以获取红利、利息及资本利得的投资行为和投资过程。（ ）

   A. 正确　　　　　　　　　　　　　B. 错误

2. 在风险既定的条件下投资收益率最大化和在收益率既定的条件下风险最小化是证券投资的两大具体目标。（ ）

   A. 正确　　　　　　　　　　　　　B. 错误

3. 无论是均值方差模型、CAPM 还是 APT 模型，都没有隐含着理性人假设和市场有效的假设。（ ）

   A. 正确　　　　　　　　　　　　　B. 错误

4. 在半强势有效市场中，证券当前价格完全反映所有公开信息，不仅包括证券价格序列信息，还包括有关公司价值、宏观经济形势和政策方面的信息。（ ）

   A. 正确　　　　　　　　　　　　　B. 错误

5. 在半强势有效市场中，已公布的基本面信息有助于分析师挑选价格被高估或低估的证券。（ ）

   A. 正确　　　　　　　　　　　　　B. 错误

6. 美式权证的持有人只有在约定的到期日才有权买卖标的证券，而欧式权证的持有人在到期日前的任意时刻都有权买卖标的证券。（ ）

   A. 正确　　　　　　　　　　　　　B. 错误

7. 期货价格相当于交易者持有现货金融工具至到期日所必须支付的成本，也称为持有成本。（ ）

   A. 正确　　　　　　　　　　　　　B. 错误

8. 金融期权的内在价值是指期权的买方如果立即执行该期权所能获得的收益。（ ）

   A. 正确　　　　　　　　　　　　　B. 错误

9. 金融期权时间价值也称"外在价值"，是指期权的买方购买期权而实际支付的价格超过该期权内在价值的那部分价值。（ ）

   A. 正确　　　　　　　　　　　　　B. 错误

10. 全价报价的优点有更好地反映债券价格的波动程度。（ ）

    A. 正确　　　　　　　　　　　　　B. 错误

11. 净价报价的缺点是含混了债券价格涨跌的真实原因。（ ）

    A. 正确　　　　　　　　　　　　　B. 错误

12. 我国目前对于贴现发行的零息债券按照实际全年天数计算累计利息，闰年 2 月 29 日也计利息。（ ）

A. 正确   B. 错误

13. 有价证券的市场价格是指该证券在市场中的交易价格，反映了市场参与者对该证券价值的评估。（   ）

     A. 正确   B. 错误

14. 如果通货膨胀率是正数，今天 100 元所代表的购买力比明年的 100 元要小。（   ）

     A. 正确   B. 错误

15. 一般来说，国际金融市场上的外汇汇率是由一国货币所代表的实际社会购买力平价和自由市场对外汇的供求关系决定的。（   ）

     A. 正确   B. 错误

16. 如果财政赤字过大，就会引起社会总需求的膨胀和社会总供求的失衡。（   ）

     A. 正确   B. 错误

17. 发行国债对国内需求总量是会产生影响的。（   ）

     A. 正确   B. 错误

18. 从长期看，在上市公司的行业结构与该国产业结构基本一致的情况下，股票平均价格的变动与 GDP 的变化趋势是相吻合的。（   ）

     A. 正确   B. 错误

19. 如果 GDP 一定时期以来呈负增长，当负增长速度逐渐减缓并呈现向正增长转变的趋势时，表明恶化的经济环境逐步得到改善，证券市场走势也将由下跌转为上升。（   ）

     A. 正确   B. 错误

20. 由于影响证券市场走势的因素很多，有时一国证券市场与本国 GDP 走势在 2～5 年内都有可能出现背离。（   ）

     A. 正确   B. 错误

21. 温和的、稳定的通货膨胀对股价的影响较小。通货膨胀提高了债券的必要收益率，从而引起债券价格下跌。（   ）

     A. 正确   B. 错误

22. 财政投资主要运用于能源、交通及重要的基础产业、基础设施的建设，财政投资的多少和投资方向直接影响和制约国民经济的部门结构，因而具有造就未来经济结构框架的功能，也有矫正当期结构失衡状态的功能。（   ）

     A. 正确   B. 错误

23. 财政补贴往往使财政支出扩大。其政策效应是扩大社会总需求和刺激供给增加，从而使整个证券市场的总体水平趋于下跌。（   ）

     A. 正确   B. 错误

24. 当经济衰退时，防御型行业或许会有实际增长。（   ）

     A. 正确   B. 错误

25. 周期型行业的运动状态与经济周期呈负相关，即当经济处于上升时期，这些行业会收缩；当经济衰退时，这些行业会扩张。（   ）

     A. 正确   B. 错误

26. 公用事业、稀有金属矿藏开采业等属于寡头垄断的市场类型。（　　）

    A. 正确　　　　　　　　　　　　　　B. 错误

27. 经济全球化的不断深化，使生产要素与商品、服务跨国界流动的障碍与成本大大降低，但一个国家的优势行业还是主要取决于资源禀赋。（　　）

    A. 正确　　　　　　　　　　　　　　B. 错误

28. 当需要对研究对象进行研究时，并不一定能够完全得到研究者想要的资料，这时可以采取问卷调查或电话访问的方式。（　　）

    A. 正确　　　　　　　　　　　　　　B. 错误

29. 在调查研究法采取的方式中，深度访谈的最大好处就是研究者能够在行为现场观察并且思考，具有其他研究方法所不及的弹性。（　　）

    A. 正确　　　　　　　　　　　　　　B. 错误

30. 演绎法是先推论后观察，归纳法则是从观察开始。（　　）

    A. 正确　　　　　　　　　　　　　　B. 错误

31. 在完全竞争的市场类型中，所有的企业都无法控制市场的价格和产品差异化。（　　）

    A. 正确　　　　　　　　　　　　　　B. 错误

32. 如果一个数列的自相关系数出现周期性变化，每间隔若干个便有一个高峰，表明该时间数列是趋势性时间数列。（　　）

    A. 正确　　　　　　　　　　　　　　B. 错误

33. 存货周转天数（存货周转率）指标的好坏反映存货管理水平，它不仅影响公司的短期偿债能力，也是整个公司管理的重要内容。（　　）

    A. 正确　　　　　　　　　　　　　　B. 错误

34. 一般来说，应收账款周转率越高，平均收账期越短，说明应收账款的收回越快；否则，公司的营运资金会过多地滞留在应收账款上，影响正常的资金周转。（　　）

    A. 正确　　　　　　　　　　　　　　B. 错误

35. 产权比率低，是高风险、高报酬的财务结构；产权比率高，是低风险、低报酬的财务结构。（　　）

    A. 正确　　　　　　　　　　　　　　B. 错误

36. 有形资产净值债务率考虑无形资产——商誉、商标、专利权以及非专利技术等的价值。（　　）

    A. 正确　　　　　　　　　　　　　　B. 错误

37. 利息费用是指本期发生的全部应付利息，不仅包括财务费用中的利息费用，还应包括计入固定资产成本的资本化利息。（　　）

    A. 正确　　　　　　　　　　　　　　B. 错误

38. 一般情况下，长期债务可以超过营运资金。（　　）

    A. 正确　　　　　　　　　　　　　　B. 错误

39. 一般来说，公司的盈利能力涉及正常的营业状况和非正常的营业状况。（　　）

    A. 正确　　　　　　　　　　　　　　B. 错误

40. 营业毛利率表示每 1 元营业收入扣除营业成本后，有多少钱可以用于各项期间费用和形成盈利。（ ）

    A. 正确   B. 错误

41. 普通缺口具有的一个比较明显特征是，它一般会在 3 日内回补；同时，成交量很小，很少有主动的参与者。（ ）

    A. 正确   B. 错误

42. 持续性缺口的市场含义非常明显，它表明证券价格的变动将沿着既定的方向发展变化，并且这种变动距离大致等于突破缺口至持续性缺口之间的距离，即缺口的测量功能。（ ）

    A. 正确   B. 错误

43. 判断消耗性缺口最简单的方法就是考察缺口是否会在短期内封闭。（ ）

    A. 正确   B. 错误

44. 艾略特波浪理论认为证券市场应该遵循一定的周期，周而复始地向前发展，同时每一个周期（无论是上升还是下降）可以分成 6 个小的过程。（ ）

    A. 正确   B. 错误

45. 技术指标法的本质是通过数学公式产生技术指标。（ ）

    A. 正确   B. 错误

46. 西方投资机构非常看重 300 天移动平均线，并以此作为长期投资的依据：若行情价格在 300 天均线以下，属空头市场；反之，则为多头市场。（ ）

    A. 正确   B. 错误

47. 在 MA 的应用上，最常见的是葛兰威尔的移动平均线八大买卖法则。（ ）

    A. 正确   B. 错误

48. 现在行情价位于长期与短期 MA 之下，短期 MA 又向下突破长期 MA 时，则为卖出信号，交叉称之为"黄金交叉"。（ ）

    A. 正确   B. 错误

49. 证券组合管理理论最早由美国著名经济学家哈理·马柯威茨于 1952 年系统提出。（ ）

    A. 正确   B. 错误

50. 资本市场线揭示了有效组合的收益和风险之间的均衡关系。（ ）

    A. 正确   B. 错误

51. 证券市场线方程揭示任意证券或组合的期望收益率和风险之间的关系。（ ）

    A. 正确   B. 错误

52. β 系数反映了证券或组合的收益水平对市场平均收益水平变化的敏感性。β 系数值绝对值越大，表明证券或组合对市场指数的敏感性越弱。（ ）

    A. 正确   B. 错误

53. 多只债券的组合久期等于各只债券久期的算术平均，其权数等于每只债券在组合中所占的比重。（ ）

    A. 正确   B. 错误

54. 避税型证券组合通常投资于免税债券。（　　）

A. 正确　　　　　　　　　　　　　　B. 错误

55. 相关系数决定结合线在 A 与 B 点之间的弯曲程度。随着 ρ_{AB} 的增大，弯曲程度将增大。（　　）

A. 正确　　　　　　　　　　　　　　B. 错误

56. 广义的金融工程主要是指利用先进的数学及通信工具，在各种现有基本金融产品的基础上进行不同形式的组合分解，以设计出符合客户需要并具有特定风险与收益的新的金融产品。（　　）

A. 正确　　　　　　　　　　　　　　B. 错误

57. 金融工程是一门将金融学、统计学、工程技术、计算机技术相结合的交叉性学科。（　　）

A. 正确　　　　　　　　　　　　　　B. 错误

58. 套利活动是对冲原则的具体运用，在市场均衡无套利机会时的价格就是无套利分析的定价基础。（　　）

A. 正确　　　　　　　　　　　　　　B. 错误

59. 现有的大多数金融工具或金融产品都有其特定的结构形式与风险特性。（　　）

A. 正确　　　　　　　　　　　　　　B. 错误

60. 无论运用传统的有效组合技术管理风险还是运用分解技术来拆分风险、分离风险，都只能降低风险而不能彻底消除金融工具或产品本身的风险。（　　）

A. 正确　　　　　　　　　　　　　　B. 错误

参考答案

一、单项选择题

1. C	2. A	3. A	4. B	5. A
6. D	7. D	8. D	9. B	10. D
11. A	12. C	13. D	14. D	15. B
16. B	17. B	18. C	19. D	20. B
21. A	22. A	23. A	24. C	25. C
26. B	27. B	28. C	29. B	30. A
31. A	32. D	33. B	34. D	35. C
36. C	37. B	38. D	39. B	40. C
41. C	42. A	43. C	44. B	45. A
46. A	47. B	48. D	49. B	50. C
51. C	52. B	53. B	54. A	55. D
56. A	57. D	58. A	59. D	60. D

二、多项选择题

1. ABC	2. ABCD	3. ACD	4. ABC	5. ACD

6. ABCD	7. ACD	8. ABCD	9. ABCD	10. BCD
11. CD	12. ABCD	13. ABCD	14. ACD	15. ABCD
16. ABCD	17. AD	18. ABD	19. CD	20. ABCD
21. ABCD	22. ABCD	23. ABCD	24. BD	25. ABD
26. CD	27. ABCD	28. ABD	29. ABCD	30. BCD
31. ABCD	32. BC	33. ACD	34. ABCD	35. ABCD
36. BCD	37. ABCD	38. AC	39. ABCD	40. ABCD

三、判断题

1. A	2. A	3. B	4. A	5. B
6. B	7. A	8. A	9. A	10. B
11. B	12. A	13. A	14. B	15. A
16. A	17. B	18. A	19. A	20. A
21. A	22. A	23. B	24. A	25. B
26. B	27. B	28. A	29. B	30. A
31. A	32. B	33. A	34. A	35. B
36. B	37. A	38. B	39. B	40. A
41. A	42. A	43. A	44. B	45. A
46. B	47. A	48. B	49. A	50. A
51. A	52. B	53. B	54. A	55. B
56. B	57. A	58. A	59. A	60. B

模拟题及参考答案（二）

模拟题

一、单项选择题（共 60 题，每题 0.5 分，不答或答错不给分）

1. 1939 年艾略特（R. N. Elliott）在道氏理论的基础上，提出分析预测股价变化的（　　）理论。
   A. 套利定价
   B. 道氏
   C. 波浪
   D. 证券组合

2. 马柯威茨发展了（　　）理论，标志着现代组合投资理论的开端。
   A. 套利定价
   B. 道氏
   C. 波浪
   D. 证券组合

3. 1964 年、1965 年和 1966 年，威廉·夏普、约翰·林特耐（John Lintner）和简·摩辛（Jan Mossin）3 人几乎同时独立地提出了著名的（　　）。
   A. 股利贴现模型
   B. 单因素模型
   C. 均值方差模型
   D. 资本资产定价模型

4. 在（　　）有效市场中，证券价格充分反映了历史上一系列交易价格和交易量中所隐含的信息，从而投资者不可能通过分析以往价格获得超额利润。
   A. 弱势
   B. 半强势
   C. 强势
   D. 半弱势

5. （　　）作为一种企业价值评估的新概念、理论、方法和体系，最早是由美国西北大学拉巴波特、哈佛大学詹森等学者于 20 世纪 80 年代提出的。
   A. 股利贴现模型
   B. 自由现金流
   C. 资本资产定价模型
   D. 期权定价理论

6. 下列说法正确的是（　　）。
   A. 从理论上说，实值期权的内在价值为正，虚值期权的内在价值为负，平价期权的内在价值为零
   B. 对看跌期权而言，若市场价格高于协定价格，期权的买方执行期权将有利
   C. 对看涨期权而言，若市场价格低于协定价格，期权的买方执行期权将有利
   D. 实际上，期权的内在价值可能大于零，可能等于零，也可能为负值

7. 下列对金融期权价格影响的因素，说法不正确的是（　　）。
   A. 利率提高，期权标的物的市场价格将下降，从而使看涨期权的内在价值下降，看跌期权的内在价值提高
   B. 在其他条件不变的情况下，期权期间越长，期权价格越高；反之，期权价格越低

C. 在期权有效期内标的资产产生的收益将使看涨期权价格上升，使看跌期权价格下降

D. 标的物价格的波动性越大，期权价格越高；波动性越小，期权价格越低

8. 下列不是影响股票投资价值内部因素的是（　　）。

　　A. 公司净资产　　　　　　　　　B. 公司盈利水平

　　C. 股份分割　　　　　　　　　　D. 市场因素

9. 股票内在价值的计算方法模型中，假定股票永远支付固定股利的模型是（　　）。

　　A. 现金流贴现模型　　　　　　　B. 市盈率估价模型

　　C. 不变增长模型　　　　　　　　D. 零增长模型

10. 可转换证券转换价值的公式是（　　）。

　　A. 转换价值＝标的股票市场价格×转换比例

　　B. 转换价值＝标的股票净资产×转换比例

　　C. 转换价值＝标的股票市场价格÷转换比例

　　D. 转换价值＝标的股票净资产÷转换比例

11. 某公司可转换债券的转换比例为 20，其普通股股票当期市场价格为 40 元，债券的市场价格为 1000 元，则（　　）。

　　A. 转换升水比率 15%　　　　　　B. 转换贴水比率 15%

　　C. 转换升水比率 25%　　　　　　D. 转换贴水比率 25%

12. 下列关于认股权证的杠杆作用的说法正确的是（　　）。

　　A. 对于某一认股权证来说，其溢价越高杠杆作用就越高

　　B. 认股权证价格的涨跌能够引起其可选购股票价格更大幅度的涨跌

　　C. 认股权证的市场价格同其可选购股票的市场价格保持相同的涨跌数

　　D. 认股权证的市场价格要比其可选购股票的市场价格的上涨或下跌的速度快得多

13. 转换贴水的计算公式是（　　）。

　　A. 可转换证券的转换价值＋可转换证券的市场价格

　　B. 可转换证券的投资价值＋可转换证券的市场价格

　　C. 可转换证券的转换价值－可转换证券的市场价格

　　D. 可转换证券的市场价格－可转换证券的转换价值

14. （　　）是全体股东的权益，是决定股票投资价值的重要基准。

　　A. 总负债　　　　　　　　　　　B. 总资产

　　C. 资产净值　　　　　　　　　　D. 股票股利

15. 一般来说，债券的期限越长，流动性溢价（　　），体现了期限长的债券拥有较高的价格风险。

　　A. 越小　　　　　　　　　　　　B. 越大

　　C. 不变　　　　　　　　　　　　D. 不确定

16. （　　）是指中央银行规定的金融机构为保证客户提取存款和资金清算需要而准备的在中央银行的存款占其存款总额的比例。

　　A. 法定存款准备金率　　　　　　B. 存款准备金率

C. 超额准备金率   D. 再贴现率

17. ( )筹备10年的深圳证券交易所创业板终于正式开板。
     A. 2009年10月23日   B. 2010年1月1日
     C. 2008年10月1日   D. 2007年1月1日

18. ( )是指银行同业之间的短期资金借贷利率。
     A. 同业拆借利率   B. 贴现率
     C. 回购利率   D. 再贴现率

19. 同业拆借有两个利率，即( )。
     A. 存款利率和贷款利率   B. 拆进利率与拆出利率
     C. 回购利率和转出利率   D. 贴现率和再贴现率

20. 同业拆借中大量使用的利率是( )。
     A. 巴黎同业拆借利率   B. 伦敦同业拆借利率
     C. 柏林同业拆借利率   D. 纽约同业拆借利率

21. 通过货币乘数的作用，( )的作用效果十分明显。
     A. 再贴现率   B. 直接信用控制
     C. 法定存款准备金率   D. 公开市场业务

22. 恶性通货膨胀是指年通货膨胀率达( )的通货膨胀。
     A. 10%以下   B. 2位数
     C. 3位数以上   D. 4位数以上

23. ( )是指中央银行通过道义劝告、窗口指导等办法来间接影响商业银行等金融机构行为的做法。
     A. 再贴现率   B. 间接信用指导
     C. 法定存款准备金率   D. 公开市场业务

24. 下面关于货币政策对证券市场的影响，错误的是( )。
     A. 一般来说，利率下降时，股票价格就上升；而利率上升时，股票价格就下降
     B. 如果中央银行大量购进有价证券，会推动利率下调，推动股票价格上涨
     C. 如果中央银行提高存款准备金率，货币供应量便大幅度减少，证券市场价格趋于下跌
     D. 如果中央银行提高再贴现率，会使证券市场行情走势上扬

25. ( )主要反映一国的贸易和劳务往来状况，包括贸易收支（也就是通常的进出口）、劳务收支（如运输、港口、通信和旅游等）和单方面转移（如侨民汇款、无偿援助和捐赠、国际组织收支等），是最具综合性的对外贸易的指标。
     A. 经常项目   B. 资本项目
     C. 短期资本   D. 长期资本

26. 在比较研究法中，( )一般是取某一时点的状态或者某一固定时段（比如1年）的指标，在这个横截面上对研究对象及其比较对象进行比较研究。
     A. 横向比较   B. 环比
     C. 同比   D. 纵向比较

27. ( )是对两个具有相关关系的数量指标进行线性拟合获得最佳直线回归方程，从而在相关分析的基础上进行指标预测。

    A. 大数法则　　　　　　　　　　　B. 相关分析

    C. 时间数列　　　　　　　　　　　D. 一元线性回归

28. ( )是指指标变量之间不确定的依存关系。

    A. 渐变关系　　　　　　　　　　　B. 因果关系

    C. 相关关系　　　　　　　　　　　D. 近因关系

29. ( )是对指标变量之间的相关关系的分析，其任务是对指标变量之间是否存在必然的联系、联系的形式、变动的方向作出符合实际的判断，并测定它们联系的密切程度，检验其有效性。

    A. 大数法则　　　　　　　　　　　B. 相关分析

    C. 时间数列　　　　　　　　　　　D. 一元线性回归

30. 通常认为显著相关时，相关系数 r 的取值范围是( )。

    A. $0 < |r| \leq 0.3$　　　　　　　　B. $0.3 < |r| \leq 0.5$

    C. $0.5 < |r| \leq 0.8$　　　　　　　D. $0.8 < |r| < 1$

31. 关于归纳法和演绎法，下列论述正确的是( )。

    A. 归纳法是从个别出发以达到一般性　　B. 演绎法是从个别出发以达到一般性

    C. 归纳法是先推论后观察　　　　　　　D. 演绎法是先观察后推论

32. ( )是通过对已存在资料的深入研究，寻找事实和一般规律，然后根据这些信息去描述、分析和解释过去的过程，同时揭示当前的状况，并依照这种一般规律对未来进行预测。

    A. 历史资料研究法　　　　　　　　B. 调查研究法

    C. 归纳与演绎法　　　　　　　　　D. 数理统计法

33. 目前多数国家和组织以( )投入占产业或行业销售收入的比重来划分或定义技术产业群。

    A. 人力资源　　　　　　　　　　　B. 设备

    C. 市场营销　　　　　　　　　　　D. R&D

34. 随着行业生产技术的成熟、生产成本的降低和市场需求的扩大，新行业从幼稚期迈入成长期，其变化是( )。

    A. 由低风险、低收益变为高风险、高收益

    B. 由高风险、低收益变为高风险、高收益

    C. 由低风险、高收益变为高风险、高收益

    D. 由高风险、低收益变为低风险、高收益

35. 下列关于行业生命周期分析的说法，错误的是( )。

    A. 在幼稚期，由于新行业刚刚诞生或初建不久，只有为数不多的投资公司投资于这个新兴的行业

    B. 成长期企业的利润虽然增长很快，但所面临的竞争风险也非常大，破产率与被兼并率相当高

C. 一般而言，技术含量高的行业成熟期历时相对较长，而公用事业行业成熟期持续的时间较短

D. 行业的衰退期往往比行业生命周期的其他三个阶段的总和还要长，大量的行业都是衰而不亡

36. （　　）反映每1元营业收入带来的净利润是多少，表示营业收入的收益水平。
   A. 资产净利率　　　　　　　　　B. 营业净利率
   C. 净资产收益率　　　　　　　　D. 营业毛利率

37. （　　）是净利润与净资产的百分比，也称净值报酬率或权益报酬率。
   A. 资产净利率　　　　　　　　　B. 营业净利率
   C. 净资产收益率　　　　　　　　D. 营业毛利率

38. 美国杜邦公司最先采用的杜邦财务分析法是以（　　）为主线，将公司在某一时期的销售成果以及资产营运状况全面联系在一起，层层分解，逐步深入，构成一个完整的分析体系。
   A. 资产净利率　　　　　　　　　B. 营业净利率
   C. 净资产收益率　　　　　　　　D. 营业毛利率

39. （　　）是衡量上市公司盈利能力最重要的财务指标，它反映普通股的获利水平。
   A. 股利支付率　　　　　　　　　B. 市盈率
   C. 每股净资产　　　　　　　　　D. 每股收益

40. （　　）是衡量上市公司盈利能力的重要指标，反映投资者对每1元净利润所愿支付的价格，可以用来估计公司股票的投资报酬和风险，是市场对公司的共同期望指标。
   A. 股利支付率　　　　　　　　　B. 市盈率
   C. 每股净资产　　　　　　　　　D. 每股收益

41. 由于一般的期望报酬率为5%～20%，所以通常认为正常的市盈率为（　　）倍。
   A. 5～50　　　　　　　　　　　B. 5～20
   C. 2～20　　　　　　　　　　　D. 6～30

42. （　　）是普通股每股股利与每股收益的百分比。
   A. 股利支付率　　　　　　　　　B. 市盈率
   C. 每股净资产　　　　　　　　　D. 每股收益

43. （　　）是年末净资产（即年末股东权益）与发行在外的年末普通股总数的比值，也称为每股账面价值或每股权益。
   A. 股利支付率　　　　　　　　　B. 市盈率
   C. 每股净资产　　　　　　　　　D. 每股收益

44. （　　）是将每股股价与每股净资产相比，表明股价以每股净资产的若干倍在流通转让，评价股价相对于每股净资产而言是否被高估。
   A. 市净率　　　　　　　　　　　B. 每股净资产
   C. 市盈率　　　　　　　　　　　D. 每股收益

45. （　　）是指公司适应经济环境变化和利用投资机会的能力。
   A. 变现能力　　　　　　　　　　B. 营运能力

C. 长期偿债能力 D. 财务弹性

46. （　　）是在证券价格向某一方向有效突破之后，由于急速运动而在途中出现的缺口，它是一个趋势的持续信号。

　　A. 普通缺口 B. 突破缺口

　　C. 持续性缺口 D. 消耗性缺口

47. 艾略特的波浪理论以周期为基础。每个周期无论时间长短，都是以一种模式进行，即每个周期都是由上升（或下降）的（　　）过程和下降（或上升）的（　　）过程组成。

　　A. 2个　6个 B. 4个　4个

　　C. 1个　7个 D. 5个　3个

48. 关于 PSY 的应用法则错误的是（　　）。

　　A. PSY（N）的取值在 25～95，说明多空双方基本处于平衡状态

　　B. 一般说来，如果 PSY（N）<10 或 PSY（N）>90 这两种极端情况出现，是强烈的买入和卖出信号

　　C. 一般都要求 PSY（N）进入高位或低位两次以上才能采取行动

　　D. PSY 的曲线如果在低位或高位出现大的 W 底或 M 头，也是买入或卖出的行动信号

49. 技术分析中历史会重演的假设是从（　　）方面考虑的。

　　A. 人的心理因素 B. 经济理论

　　C. 历史经验 D. 证券价值变化

50. 支撑线和压力线之所以能起支撑和压力作用，两者之间之所以能相互转化，很大程度上是（　　）因素方面的影响，这也是支撑线和压力线理论上的依据。

　　A. 心理 B. 经济环境

　　C. 时间成本 D. 股票价格

51. 套期保值效果的好坏取决于（　　）的变化。

　　A. 股价 B. 基差

　　C. 合约价格 D. 购买合约至行权的时间间隔长短

52. 以下关于股指期货的套期保值交易叙述错误的是（　　）。

　　A. 利用股指期货套期保值的目的是规避股票价格波动导致的风险

　　B. 与股市相关的避险工具并非只有股指期货，在发达市场中，还有股指期权、股票期货、股票期权等

　　C. 尽管保值交易是厌恶风险、拒绝投机的交易行为，但实质上投资者何时进行保值仍具有投机的属性

　　D. 利用股指期货套期保值的目的是规避股票价格波动导致的风险，实现这一目的不会放弃进一步获利的可能

53. 在股指期货的套期保值交易中关于期货合约数量确定，以下叙述错误的是（　　）。

　　A. 期货的套期保值最为重要的是要回答买卖多少份合约才能完全进行保值

　　B. 为了比较准确地确定合约数量，首先需要确定套期保值比率（Hedge Ratio）

C. 一般来说，有绝对精确的方法计算套期保值比率

D. 套期保值比率是指为达到理想的保值效果，套期保值者在建立交易头寸时所确定的期货合约的总值与所保值的现货合同总价值之间的比率关系

54. 以下关于 β 系数叙述错误的是（　　）。

　　A. 基本含义是指当指数变化 1% 时证券投资组合变化的百分比

　　B. 如果一个现货组合的 β 值越大，则需要对冲的合约份数就越多

　　C. 计算投资组合的 β 系数可以选择回归法

　　D. 如果一个现货组合的 β 值越大，则需要对冲的合约份数就越少

55. 以下不是进行套期保值操作要遵循的基本原则是（　　）。

　　A. 买卖方向对应的原则　　　　　　　　B. 品种相同原则

　　C. 品种不同原则　　　　　　　　　　　D. 数量相等原则

56. （　　）中国证券分析师协会正式被接受成为 ACIIA 的会员。

　　A. 2001 年 6 月　　　　　　　　　　　B. 2001 年 11 月

　　C. 2002 年 6 月　　　　　　　　　　　D. 2002 年 11 月

57. 通过 CIIA 考试的人员，如果拥有在财务分析、资产管理或投资等领域（　　）以上相关的工作经历，即可获得由国际注册投资分析师协会授予的 CIIA 称号。

　　A. 8 年　　　　　　　　　　　　　　　B. 2 年

　　C. 3 年　　　　　　　　　　　　　　　D. 5 年

58. 在中国证券业协会的积极努力下，ACIIA 于（　　）认可通过中国证券业协会从业人员资格考试全部五门考试的人员，可免试基础标准知识考试，而直接报名参加最终考试。

　　A. 2005 年 2 月　　　　　　　　　　　B. 2005 年 3 月

　　C. 2004 年 2 月　　　　　　　　　　　D. 2004 年 3 月

59. CIIA 考试中，国际通用知识考试包括基础考试和最终资格考试。其中，基础知识考试教材采用瑞士协会所编的教材，其考试课程及内容认可有效期限为（　　）。

　　A. 1 年　　　　　　　　　　　　　　　B. 3 年

　　C. 5 年　　　　　　　　　　　　　　　D. 10 年

60. ASAF 的宗旨是通过亚太地区证券分析师协会之间的交流与合作，促进证券分析行业的发展，提高亚太地区投资机构的效益。其注册地在（　　）。

　　A. 日本　　　　　　　　　　　　　　　B. 韩国

　　C. 中国香港　　　　　　　　　　　　　D. 澳大利亚

二、多项选择题（共 40 题，每题 1 分，多选或少选不给分）

1. 基本分析主要包括（　　）内容。

　　A. 宏观经济分析　　　　　　　　　　　B. 行业和区域

　　C. 公司　　　　　　　　　　　　　　　D. 经济市场

2. 技术分析的理论基础是建立在几个假设之上的，即（　　）。

　　A. 市场的行为包含一切信息　　　　　　B. 价格沿趋势移动

　　C. 价格围绕价值　　　　　　　　　　　D. 历史会重复

3. 按照策略适用期限的不同，分为（　　）投资策略。

    A. 战略性   B. 主动性

    C. 被动性   D. 战术性

4. 常见的长期投资策略包括( )。

    A. 投资组合策略   B. 买入持有策略

    C. 固定比例策略   D. 投资组合保险策略

5. 从总体上看，所发布的信息可能会对证券市场产生影响的政府部门包括( )。

    A. 国务院   B. 中国证券监督管理委员会

    C. 财政部   D. 中国人民银行

6. 以下情况属于实值期权的有( )。

    A. 对看跌期权而言，当市场价格高于协定价格时

    B. 对看涨期权而言，当市场价格低于协定价格时

    C. 对看涨期权而言，当市场价格高于协定价格时

    D. 内在价值为正的金融期权

7. 下列期权属于虚值期权的是( )。

    A. 市场价格低于协定价格的看涨期权   B. 市场价格高于协定价格的看跌期权

    C. 市场价格高于协定价格的看涨期权   D. 市场价格低于协定价格的看跌期权

8. 下列关于影响期权价格的论述正确的有( )。

    A. 期权期间越长，期权价格越高

    B. 协定价格与市场价格间的差距越大，时间价值越小

    C. 标的物价格的波动性越小，期权价格越高

    D. 利率提高，股票看涨期权的内在价值下降，而看跌期权的内在价值会提高

9. 下列关于可转换证券价值的说法正确的是( )。

    A. 可转换证券的投资价值是指将可转换证券转股前的利息收入和转股时的转换价值
       按适当的必要收益率折算的现值

    B. 可转换证券的理论价值是指当它作为不具有转股选择权的一种证券的价值

    C. 可转换证券的转换价值是指实施转换时得到的标的股票的市场价值

    D. 可转换证券的价值有投资价值、转换价值、理论价值及市场价值之分

10. 下面关于权证的说法正确的是( )。

    A. 认股权证的持有人有权买入标的证券，认沽权证的持有人有权卖出标的证券

    B. 按权证的内在价值，可以将权证分为平价权证、价内权证和价外权证

    C. 美式权证的持有人只有在约定的到期日才有权买卖标的证券，而欧式权证的持
       有人在到期日前的任意时刻都有权买卖标的证券

    D. 现金结算权证行权时，发行人仅对标的证券的市场价与行权价格的差额部分进
       行现金结算，实物交割权证行权时则涉及标的证券的实际转移

11. 扩大财政支出，加大财政赤字。其政策效应是( )。

    A. 扩大社会总需求   B. 刺激投资

    C. 减少社会总需求   D. 扩大就业

12. 通常来讲，汇率制度主要有( )。

A. 自由浮动汇率制度　　　　　　　B. 有管理的浮动汇率制度

C. 目标区间管理制度　　　　　　　D. 固定汇率制度

13. 央行对外汇市场的干预分为两种（　　）。

A. 积极的　　　　　　　　　　　　B. 被动的

C. 有对冲的　　　　　　　　　　　D. 无对冲的

14. 如果一个国家货币处于贬值压力之中，比如长时间的贸易赤字，政府可以通过下面一些货币政策来减轻这种贬值压力（　　）。

A. 外汇市场操作　　　　　　　　　B. 提高本币的利率

C. 削减政府支出和增加税收　　　　D. 增加政府支出和减少税收

15. "三元悖论"确实存在，即（　　）是不可能同时达到的，一个国家只能达到其中两个目标。

A. 自由的资本流动　　　　　　　　B. 固定的汇率

C. 独立的货币政策　　　　　　　　D. 浮动的汇率

16. 按照指标变量的性质和数列形态不同，时间数列可分为（　　）。

A. 随机性时间数列　　　　　　　　B. 非随机性时间数列

C. 平稳性时间数列　　　　　　　　D. 趋势性时间数列

17. 行业成熟表现在（　　）方面。

A. 产业组织上的成熟　　　　　　　B. 产品的成熟

C. 生产工艺的成熟　　　　　　　　D. 技术上的成熟

18. 行业衰退可以分为（　　）。

A. 绝对衰退　　　　　　　　　　　B. 自然衰退

C. 相对衰退　　　　　　　　　　　D. 偶然衰退

19. 数理统计法包括（　　）。

A. 对比研究　　　　　　　　　　　B. 时间数列

C. 线性回归　　　　　　　　　　　D. 相关分析

20. 下列关于比较研究法的说法，正确的是（　　）。

A. 横向比较一般是取某一时点的状态或者某一固定时段的指标，在这个横截面上对研究对象及其比较对象进行比较研究

B. 纵向比较主要是利用行业的历史数据，分析过去的增长情况，并据此预测行业的未来发展趋势

C. 如果在大多数年份中该行业的年增长率都高于国民经济综合指标的年增长率，说明这一行业是增长型行业

D. 如果在国民经济繁荣阶段行业的销售额也逐年同步增长，或是在国民经济处于衰退阶段时行业的销售额也同步下降，说明这一行业很可能是周期性行业

21. 经营活动产生的现金流量通常可以采用（　　）反映。

A. 间接法　　　　　　　　　　　　B. 调查法

C. 研究法　　　　　　　　　　　　D. 直接法

22. 具体而言，公司财务报表的使用主体不同，其分析的目的也不完全相同，下列说法

正确的是( )。

A. 公司的经理人员通过分析财务报表判断公司的现状、可能存在的问题，以便进一步改善经营管理

B. 公司的现有投资者及潜在投资者主要关心公司的财务状况、盈利能力

C. 公司的债权人主要关心自己的债权能否收回

D. 公司雇员关心企业是否有能力提供报酬和养老金

23. 财务报表分析的一般目的可以概括为( )。

A. 评价过去的经营业绩   B. 衡量现在的财务状况

C. 预测未来的发展趋势   D. 提高公司的收益

24. 财务报表分析的方法有( )。

A. 比较分析法   B. 直接法

C. 因素分析法   D. 间接法

25. 财务报表分析法中，最常用的比较分析方法有( )。

A. 单个年度的财务比率分析

B. 对公司不同时期的财务报表比较分析

C. 与同行业其他公司之间的财务指标比较分析

D. 结构百分比分析

26. 波浪理论考虑的因素主要有( )。

A. 股价走势所形成的形态

B. 股价走势图中各个高点和低点所处的相对位置

C. 完成某个形态所经历的时间长短

D. 股价走势所形成的波谷

27. 关于葛兰碧九大法则下列说法正确的是( )。

A. 在一个波段的涨势中，股价随着递增的成交量而上涨，突破前一波的高峰，创下新高价，继续上扬

B. 股价走势因成交量的递增而上升，是十分正常的现象，并无特别暗示趋势反转的信号

C. 股价下跌，向下突破股价形态、趋势线或移动平均线，同时出现了大成交量，是股价下跌的信号，明确表示出下跌的趋势

D. 价格随着成交量的递增而上涨，为市场行情的正常特性，此种量增价升的关系，表示股价将继续上升

28. 在涨跌停板制度下，量价分析基本判断为( )。

A. 涨停量小，将继续上扬；跌停量小，将继续下跌

B. 涨停中途被打开次数越多、时间越久、成交量越大，反转下跌的可能性越大；同样，跌停中途被打开的次数越多、时间越久、成交量越大，则反转上升的可能性越大

C. 涨停关门时间越早，次日涨势可能性越大；跌停关门时间越早，次日跌势可能越大

D. 封住涨停板的买盘数量大小和封住跌停板时卖盘数量大小说明买卖盘力量大小

29. 以技术指标的功能为划分依据，可将常用的技术指标分为（　　）。

    A. 趋势型指标　　　　　　　　　　B. 超买超卖型指标

    C. 人气型指标　　　　　　　　　　D. 大势型指标

30. 根据对数据处理方法的不同，移动平均可分为（　　）。

    A. 算术移动平均线　　　　　　　　B. 加权移动平均线

    C. 指数加权移动平均线　　　　　　D. 指数平滑移动平均线

31. 根据计算期的长短，MA 可分为（　　）。

    A. 短期移动平均线　　　　　　　　B. 中期移动平均线

    C. 长期移动平均线　　　　　　　　D. 超短期移动平均线

32. 下列属于 MA 的特点的是（　　）。

    A. 追踪趋势　　　　　　　　　　　B. 支撑线和压力线的特性

    C. 稳定性　　　　　　　　　　　　D. 助涨助跌性

33. 以 DIF 和 DEA 的取值和这两者之间的相对取值对行情进行预测，MACD 的应用法则为（　　）。

    A. DIF 和 DEA 均为正值时，属多头市场，DIF 向上突破 DEA 是买入信号；DIF 向下跌破 DEA 只能认为是回落，做获利了结

    B. DIF 和 DEA 均为负值时，属空头市场，DIF 向下突破 DEA 是卖出信号；DIF 向上穿破 DEA 只能认为是反弹，做暂时补空

    C. 当 DIF 向下跌破 0 轴线时，此为卖出信号

    D. 当 DIF 上穿 0 轴线时，为买入信号

34. WMS 的操作法则从两方面考虑，下列说法正确的是（　　）。

    A. 从 WMS 的取值方面考虑，当 WMS 高于 80 时，处于超卖状态，行情即将见底，应当考虑买进

    B. 从 WMS 的取值方面考虑，当 WMS 低于 20 时，处于超买状态，行情即将见顶，应当考虑卖出

    C. 从 WMS 的曲线形状考虑，在 WMS 进入低数值区位后（此时为超买），一般要回头

    D. 从 WMS 的曲线形状考虑，在 WMS 进入高数值区位后（此时为超卖），一般要反弹

35. RSI 的应用法则包括（　　）。

    A. 根据 RSI 取值的大小判断行情　　B. 两条或多条 RSI 曲线的联合使用

    C. 从 RSI 的曲线形状判断行情　　　D. 从 RSI 与股价的背离方面判断行情

36. 评价组合业绩的基本原则为（　　）。

    A. 要考虑组合投资中单个证券风险的大小

    B. 要考虑组合收益的高低

    C. 要考虑组合投资中单个证券收益的高低

    D. 要考虑组合所承担风险的大小

37. 关于詹森指数，下列说法正确的有（　　）。

    A. 詹森指数是 1969 年由詹森提出的

B. 指数值实际上就是证券组合的实际平均收益率与由证券市场线所给出的该证券组合的期望收益率之间的差

C. 詹森指数就是证券组合所获得的高于市场的那部分风险溢价

D. 詹森指数值代表证券组合与证券市场线之间的落差

38. 关于特雷诺指数，下列说法正确的有（　　）。

A. 特雷诺指数是 1969 年由特雷诺提出的

B. 特雷诺指数用获利机会来评价绩效

C. 特雷诺指数值由每单位风险获取的风险溢价来计算

D. 特雷诺指数是连接证券组合与无风险证券的直线的斜率

39. 现代证券组合理论包括（　　）。

A. 马柯威茨的均值方差模型　　　　B. 单因素模型

C. 资本资产定价模型　　　　　　　D. 套利定价理论

40. 债券资产组合管理目的是（　　）。

A. 规避系统风险，获得稳定市场收益

B. 规避利率风险，获得较高的投资收益

C. 通过组合管理鉴别出非正确定价的债券

D. 力求通过对市场利率变化的总趋势的预测来选择有利的市场时机以赚取债券市场价格变动带来的资本利得收益

三、判断题（共 60 题，每题 0.5 分，不答或答错不给分）

1. 在强势有效市场中，证券价格总是能及时充分地反映所有相关信息，包括所有公开的信息和内幕信息。（　　）

A. 正确　　　　　　　　　　　　　B. 错误

2. 对于证券组合的管理者来说，如果市场是强势有效的，管理者会选择积极进取的态度。（　　）

A. 正确　　　　　　　　　　　　　B. 错误

3. 行为金融学弥补了现代金融理论只注重最优决策模型，简单地认为理性投资决策模型就是决定证券市场价格变化的不足。（　　）

A. 正确　　　　　　　　　　　　　B. 错误

4. 目前，世界上几乎所有的公众上市公司都需要披露现金流量表。（　　）

A. 正确　　　　　　　　　　　　　B. 错误

5. 基本分析流派是指以宏观经济形势、行业特征及上市公司的基本财务数据作为投资分析对象与投资决策基础的投资分析流派，是目前西方投资界的主流派别。（　　）

A. 正确　　　　　　　　　　　　　B. 错误

6. 净价报价的缺点是含混了债券价格涨跌的真实原因。（　　）

A. 正确　　　　　　　　　　　　　B. 错误

7. 我国目前对于贴现发行的零息债券按照实际全年天数计算累计利息，闰年 2 月 29 日也计利息。（　　）

A. 正确　　　　　　　　　　　　　B. 错误

8. 有价证券的市场价格是指该证券在市场中的交易价格，反映了市场参与者对该证券价值的评估。（　　）

    A. 正确　　　　　　　　　　　　　　B. 错误

9. 如果通货膨胀率是正数，今天 100 元所代表的购买力比明年的 100 元要小。（　　）

    A. 正确　　　　　　　　　　　　　　B. 错误

10. 债券投资者持有债券，会获得利息和本金偿付，把它的现金流入用适当的贴现率进行贴现并求和，便可得到债券的理论价格。（　　）

    A. 正确　　　　　　　　　　　　　　B. 错误

11. 市净率越大，说明股价处于较低水平；市净率越小，则说明股价处于较高水平。（　　）

    A. 正确　　　　　　　　　　　　　　B. 错误

12. 市净率与市盈率相比，前者通常用于考察股票的供求状况，更为短期投资者所关注；后者通常用于考察股票的内在价值，多为长期投资者所重视。（　　）

    A. 正确　　　　　　　　　　　　　　B. 错误

13. 理论上，期货价格一定高于相应的现货金融工具。（　　）

    A. 正确　　　　　　　　　　　　　　B. 错误

14. 金融期权合约是约定在未来时间以事先协定的价格买卖某种金融工具的双边合约。（　　）

    A. 正确　　　　　　　　　　　　　　B. 错误

15. 一般来说，凡是有利于发行人的条款都会相应增加债券价值；反之，有利于持有人的条款则会降低债券价值。（　　）

    A. 正确　　　　　　　　　　　　　　B. 错误

16. 温和的、稳定的通货膨胀对股价的影响较小。通货膨胀提高了债券的必要收益率，从而引起债券价格下跌。（　　）

    A. 正确　　　　　　　　　　　　　　B. 错误

17. 财政投资主要运用于能源、交通及重要的基础产业、基础设施的建设，财政投资的多少和投资方向直接影响和制约国民经济的部门结构，因而具有造就未来经济结构框架的功能，也有矫正当期结构失衡状态的功能。（　　）

    A. 正确　　　　　　　　　　　　　　B. 错误

18. 财政补贴往往使财政支出扩大。其政策效应是扩大社会总需求和刺激供给增加，从而使整个证券市场的总体水平趋于下跌。（　　）

    A. 正确　　　　　　　　　　　　　　B. 错误

19. 在资本自由流动的世界经济中，央行不能在实施固定汇率的同时实施独立的货币政策。（　　）

    A. 正确　　　　　　　　　　　　　　B. 错误

20. 一个国家如果允许资本流动，同时也可能在汇率固定的条件下实施国内货币政策从而稳定经济增长。（　　）

    A. 正确　　　　　　　　　　　　　　B. 错误

21. 一般来讲，一国的经济越开放，证券市场的国际化程度越高，证券市场受汇率的影响越大。（　　）

    A. 正确　　　　　　　　　　　　B. 错误

22. 一般而言，以外币为基准，汇率上升，本币贬值，本国产品竞争减弱，出口型企业将减少收益。（　　）

    A. 正确　　　　　　　　　　　　B. 错误

23. 一般而言，以外币为基准，汇率上升时，本币表示的进口商品价格提高，进而带动国内物价水平上涨，引起通货膨胀。（　　）

    A. 正确　　　　　　　　　　　　B. 错误

24. 收入结构目标着眼于近期的宏观经济总量平衡，着重处理积累和消费、人们近期生活水平改善和国家长远经济发展的关系以及失业和通货膨胀的问题。（　　）

    A. 正确　　　　　　　　　　　　B. 错误

25. 国际金融市场按经营业务的种类划分，可以分为债务市场、证券市场、外汇市场、黄金市场和期权期货市场。（　　）

    A. 正确　　　　　　　　　　　　B. 错误

26. 在完全竞争的市场类型中，所有的企业都无法控制市场的价格和产品差异化。（　　）

    A. 正确　　　　　　　　　　　　B. 错误

27. 如果一个数列的自相关系数出现周期性变化，每间隔若干个便有一个高峰，表明该时间数列是趋势性时间数列。（　　）

    A. 正确　　　　　　　　　　　　B. 错误

28. 利用回归方程进行统计控制，通过控制 X 的范围来实现指标 Y 统计控制的目标。（　　）

    A. 正确　　　　　　　　　　　　B. 错误

29. 判定系数 r_2 表明指标变量之间的依存程度，r_2 越大表明依存度越大。（　　）

    A. 正确　　　　　　　　　　　　B. 错误

30. 所谓自相关，是指时间数列前后各期数值之间的相关关系，对这种相关关系程度的测定便是自相关系数。（　　）

    A. 正确　　　　　　　　　　　　B. 错误

31. 横向比较主要是利用行业的历史数据，如销售收入、利润、企业规模等，分析过去的增长情况，并据此预测行业的未来发展趋势。（　　）

    A. 正确　　　　　　　　　　　　B. 错误

32. 协议性分工主要是由跨国公司经营的分工和由地区经贸集团成员内组织的分工。（　　）

    A. 正确　　　　　　　　　　　　B. 错误

33. 产业组织创新的间接影响包括创造产业增长机会、促进产业增长实现、构筑产业赶超效应、适应产业经济增长等多项功效。（　　）

    A. 正确　　　　　　　　　　　　B. 错误

34. 产业结构政策是调整市场结构和规范市场行为的政策，以反对垄断、促进竞争、规

范大型企业集团、扶持中小企业发展为主要核心。（　　）

    A. 正确　　　　　　　　　　　　B. 错误

35. 对战略产业的保护和扶植政策是产业组织政策的重点。（　　）

    A. 正确　　　　　　　　　　　　B. 错误

36. 资产净利率是公司净利润与平均资产总额的百分比。（　　）

    A. 正确　　　　　　　　　　　　B. 错误

37. 目前我国上市公司须根据归属于公司普通股股东的净利润和扣除非经常性损益后归属于公司普通股股东的净利润分别计算和披露基本每股收益和稀释每股收益。（　　）

    A. 正确　　　　　　　　　　　　B. 错误

38. 在市价确定的情况下，每股收益越低，市盈率越高，投资风险越小；反之亦然。在每股收益确定的情况下，市价越低，市盈率越高，风险越大；反之亦然。（　　）

    A. 正确　　　　　　　　　　　　B. 错误

39. 股票获利率主要应用于上市公司的少数股权。（　　）

    A. 正确　　　　　　　　　　　　B. 错误

40. 市净率越小，说明股票的投资价值越高，股价的支撑越有保证；反之，则投资价值越低。（　　）

    A. 正确　　　　　　　　　　　　B. 错误

41. 现金流量分析不仅要依靠现金流量表，还要结合资产负债表和利润表。（　　）

    A. 正确　　　　　　　　　　　　B. 错误

42. 如果收益能如实反映公司业绩，则认为收益的质量不好；如果收益不能很好地反映公司业绩，则认为收益的质量好。（　　）

    A. 正确　　　　　　　　　　　　B. 错误

43. 会计报表附注是为了便于会计报表使用者理解会计报表的内容而对会计报表的编制基础、编制依据、编制原则和方法及主要项目等所作的解释。（　　）

    A. 正确　　　　　　　　　　　　B. 错误

44. 会计政策是指企业在会计核算时所遵循的具体原则以及企业所采纳的具体会计处理方法，是指导企业进行会计核算的基础。（　　）

    A. 正确　　　　　　　　　　　　B. 错误

45. 在先进先出法下销售成本偏低，而期末存货则低，这样计算出来的存货周转率偏低。而应用后进先出法则相反，存货周转率会偏高。（　　）

    A. 正确　　　　　　　　　　　　B. 错误

46. 对轨道线的突破并不是趋势反转的开始，而是趋势加速的开始，即原来的趋势线的斜率将会增加，趋势线的方向将会更加陡峭。（　　）

    A. 正确　　　　　　　　　　　　B. 错误

47. 一般而言，轨道线被触及的次数越多，延续的时间越短，其被认可的程度和重要性越高。（　　）

    A. 正确　　　　　　　　　　　　B. 错误

48. 股价的移动是由多空双方力量大小决定的。（　　）

    A. 正确　　　　　　　　　　　　B. 错误

49. 证券市场中的胜利者往往是在原来的平衡快要打破之前或者是在打破的过程中采取行动而获得收益的。（　　）

    A. 正确　　　　　　　　　　　　B. 错误

50. 头肩顶形态是一个可靠的沽出时机，一般通过连续的 3 次起落构成该形态的 3 个部分，也就是要出现 3 个局部的高点。（　　）

    A. 正确　　　　　　　　　　　　B. 错误

51. 金融工程是金融业不断进行金融创新、提高自身效率的自然结果，其原因在于金融工程的应用范围来自于金融实践且全部应用于金融实践。概括地说，金融工程应用于四大领域：公司金融、金融工具交易、投资管理和风险管理。（　　）

    A. 正确　　　　　　　　　　　　B. 错误

52. 布莱克—斯科尔斯期权定价理论等都采用了无套利均衡定价原理。（　　）

    A. 正确　　　　　　　　　　　　B. 错误

53. 套期保值是以规避现货风险为目的的期货交易行为。（　　）

    A. 正确　　　　　　　　　　　　B. 错误

54. 拥有庞大资金的交易专家在进行避险交易时，通常会一次性针对所有持股进行保值避险。（　　）

    A. 正确　　　　　　　　　　　　B. 错误

55. 套利的经济学原理是差价定律。（　　）

    A. 正确　　　　　　　　　　　　B. 错误

56. 证券公司应通过部门设置、人员管理、信息管理等方面的隔离措施，建立健全研究咨询部门与投资银行、自营等部门之间的隔离墙制度。（　　）

    A. 正确　　　　　　　　　　　　B. 错误

57. 证券分析师职业道德的十六字原则中的谨慎客观原则，是指证券分析师应当本着对客户与投资者高度负责的精神执业，对与投资分析、预测及咨询服务相关的主要因素进行尽可能全面、详尽、深入的调查研究，采取必要的措施避免遗漏与失误，切实履行应尽的职业责任，向投资者或客户提供规范的专业意见。（　　）

    A. 正确　　　　　　　　　　　　B. 错误

58. 投资分析师负有告知雇主有关国际和国内职业道德标准的责任，以避免不必要的制裁和冲突。（　　）

    A. 正确　　　　　　　　　　　　B. 错误

59. 投资分析师不应当对没有最终发布的信息或者不正确的信息进行传播，但可以根据这些信息进行交易。（　　）

    A. 正确　　　　　　　　　　　　B. 错误

60. 投资分析师通过特别渠道或者机密渠道获得正确的非公开信息时，不应当传播这些信息，但是可以根据这些信息进行操作。（　　）

    A. 正确　　　　　　　　　　　　B. 错误

参考答案

一、单项选择题

1. C	2. D	3. D	4. A	5. B
6. A	7. C	8. D	9. D	10. A
11. C	12. D	13. C	14. C	15. B
16. A	17. A	18. A	19. B	20. B
21. C	22. C	23. B	24. D	25. A
26. A	27. D	28. C	29. B	30. C
31. A	32. A	33. D	34. B	35. C
36. B	37. C	38. C	39. D	40. B
41. B	42. A	43. C	44. A	45. D
46. C	47. D	48. A	49. A	50. A
51. B	52. D	53. C	54. D	55. C
56. B	57. C	58. A	59. C	60. D

二、多项选择题

1. ABC	2. ABD	3. AD	4. BCD	5. ABCD
6. CD	7. AB	8. ABD	9. CD	10. ABD
11. ABD	12. ABCD	13. CD	14. ABC	15. ABC
16. AB	17. ABCD	18. ABCD	19. BCD	20. ABCD
21. AD	22. ABCD	23. ABC	24. AC	25. ABC
26. ABC	27. ABCD	28. ABCD	29. ABCD	30. ABD
31. ABC	32. ABCD	33. ABCD	34. ABCD	35. ABCD
36. BD	37. ABCD	38. BCD	39. ABCD	40. ACD

三、判断题

1. A	2. B	3. A	4. A	5. A
6. B	7. A	8. A	9. B	10. A
11. B	12. B	13. B	14. B	15. B
16. A	17. A	18. B	19. A	20. B
21. A	22. B	23. A	24. B	25. B
26. A	27. B	28. A	29. A	30. A
31. B	32. A	33. A	34. B	35. B
36. A	37. A	38. B	39. B	40. A
41. A	42. B	43. A	44. A	45. B
46. A	47. B	48. B	49. A	50. A
51. A	52. A	53. A	54. B	55. B
56. A	57. B	58. A	59. B	60. B